湖北省汽车维修类技能高考推荐教材

汽车维修类专业知识汇编

主　编　张宏立　谢　名　黄长江
　　　　郭　强
副主编　李国华　刘小娟　乔南华
　　　　鲍　童　刘　敏　梅加元
　　　　华秋生　周　彬
参　编　张生强　朱胜平　罗　伟
　　　　孙玉林　陈志成　赵延虎
　　　　祝　潇　高　宏　万贻鹏

北京理工大学出版社
BEIJING INSTITUTE OF TECHNOLOGY PRESS

版权专有　侵权必究

图书在版编目（CIP）数据

汽车维修类专业知识汇编 / 张宏立等主编. —北京：北京理工大学出版社，2019.3（2022.5重印）

ISBN 978-7-5682-6849-3

Ⅰ. ①汽⋯　Ⅱ. ①张⋯　Ⅲ. ①汽车-车辆修理-中等专业学校-升学参考资料　Ⅳ. ①U472.4

中国版本图书馆CIP数据核字（2019）第052907号

出版发行 / 北京理工大学出版社有限责任公司
社　　址 / 北京市海淀区中关村南大街5号
邮　　编 / 100081
电　　话 /（010）68914775（总编室）
　　　　　（010）82562903（教材售后服务热线）
　　　　　（010）68944723（其他图书服务热线）
网　　址 / http://www.bitpress.com.cn
经　　销 / 全国各地新华书店
印　　刷 / 定州市新华印刷有限公司
开　　本 / 787毫米×1092毫米　1/16　　　　　　　　　　责任编辑 / 张荣君
印　　张 / 16　　　　　　　　　　　　　　　　　　　　　文案编辑 / 梁　潇
字　　数 / 524千字　　　　　　　　　　　　　　　　　　 责任校对 / 周瑞红
版　　次 / 2019年3月第1版　2022年5月第3次印刷　　　　　责任印制 / 边心超
定　　价 / 59.00元

图书出现印装质量问题，请拨打售后服务热线，本社负责调换

前言

  随着国家对专业技能型人才的需求和关注，普通高考的形式已经不能完全适应未来人才的需求。为加大对中等专业学校毕业生的职业再教育和引导，培养社会急需的人才，拓宽学生升学的通道，让更多的学生和人才进入大学继续深造。近年湖北有统一组织高等学校对口招收中职毕业生，率先实施以技能考核为重点的中等职业学校毕业生升入高等院校的办法，力图在中等职业教育与高等职业教育，职业教育与普通教育之间搭建起沟通衔接的"立交桥"。

  本书是以《湖北省普通高等学校招收中职毕业生技能高考汽车维修类技能考试大纲》为蓝本而编写的汽车类专业知识复习资料，帮助学生系统复习技能高考"应知"专业知识，从而达到考试大纲规定的应知目标。本书根据考试大纲分为八个模块，模块一 汽车概论；模块二 汽车机械基础；模块三 汽车电工电子基础；模块四 汽车发动机维修；模块五 汽车底盘维修；模块六 汽车空调检修；模块七 汽车电气维修和模块八 汽车维护与保养。

  每个模块根据其内容分为若干项目，突出汽车维修专业知识点和汽车维修基本技能点，培养学生可持续发展的关键能力。每个模块都附有练习题和答案，各部分的专项练习题紧扣考试大纲，练习题注重客观、科学地考查知识点，以帮助学生厘清各类知识点，明确考试考点和考查的重难点。本书最后附有十套汽车专业知识模拟试卷，模拟试卷的题型、题量、难度遵循考试大纲的要求。同时附一套汽车维修类专业实操手册。

  本书由张宏立、谢名、黄长江、郭强担任主编，李国华、刘小娟、乔南华、鲍童、刘敏、梅加元、华秋生、周彬担任副主编，张生强、朱胜平、罗伟、孙玉林、陈志成、赵延虎、祝潇、高宏、万贻鹏担任参编。

  由于编写时间仓促，也限于编者的水平，书中难免有不妥或错误之处，恳请广大使用者批评指正。

编者
2018 年 11 月

目 录 contents

模块一　汽车概论 1
　　项目一　汽车概述 1
　　　　习题及答案 4
　　项目二　汽车性能的评价指标 7
　　　　习题及答案 8
　　项目三　汽车新技术知识 10
　　　　习题及答案 12
　　项目四　汽车维修作业安全知识 13
　　　　习题及答案 16

模块二　汽车机械基础 18
　　项目一　机械制图的基本规定 18
　　　　习题及答案 22
　　项目二　识读零件图、装配图 23
　　　　习题及答案 36
　　项目三　轴 40
　　　　习题及答案 41
　　项目四　汽车常用材料 42
　　　　习题及答案 49

模块三　汽车电工电子基础 52
　　项目一　基本电子元器件 52

目录

　　习题及答案 …………………………………………58
　项目二　基本电路 …………………………………………58
　　习题及答案 …………………………………………63
　项目三　半导体 ……………………………………………65
　　习题及答案 …………………………………………69
　项目四　磁场与电磁部件 …………………………………70
　　习题及答案 …………………………………………76
　项目五　交流电 ……………………………………………77
　　习题及答案 …………………………………………89

模块四　汽车发动机维修 …………………………………80
　项目一　发动机工作原理 …………………………………80
　　习题及答案 …………………………………………84
　项目二　曲柄连杆机构 ……………………………………85
　　习题及答案 …………………………………………93
　项目三　配气机构 …………………………………………94
　　习题及答案 …………………………………………98
　项目四　冷却系统 …………………………………………100
　　习题及答案 …………………………………………104
　项目五　润滑系统 …………………………………………106
　　习题及答案 …………………………………………111
　项目六　燃料供给系统 ……………………………………112
　　习题及答案 …………………………………………118

模块五　汽车底盘维修 ……………………………………120
　项目一　传动系统 …………………………………………120
　　习题及答案 …………………………………………130
　项目二　行驶系统 …………………………………………135
　　习题及答案 …………………………………………138
　项目三　转向系统 …………………………………………142
　　习题及答案 …………………………………………148
　项目四　制动系统 …………………………………………150

习题及答案 ··· 156

模块六 汽车空调检修 ··· 161
项目一 概述 ··· 161
习题及答案 ··· 167
项目二 汽车空调的制冷系统 ································· 169
习题及答案 ··· 174
项目三 制冷剂 ··· 175
习题及答案 ··· 178
项目四 汽车空调的常见故障 ································· 179
习题及答案 ··· 181

模块七 汽车电气维修 ··· 183
项目一 电源系统 ··· 183
习题及答案 ··· 188
项目二 起动系统 ··· 190
习题及答案 ··· 193
项目三 汽车点火系统 ··· 195
习题及答案 ··· 198
项目四 汽车电路图 ··· 199
习题及答案 ··· 201
项目五 汽车照明与信号系统 ································· 203
习题及答案 ··· 206
项目六 汽车仪表和报警系统 ································· 208
习题及答案 ··· 211
项目七 汽车辅助电器设备 ····································· 212
习题及答案 ··· 216

模块八 汽车维护与保养 ··· 218
项目一 汽车维护的基本知识 ································· 218
习题及答案 ··· 219
项目二 汽车维修工基本知识 ································· 220

　　习题及答案……………………………………………225
　项目三　汽车的日常维护与不定期维护…………226
　　习题及答案……………………………………………227
　项目四　汽车一级维护……………………………228
　　习题及答案……………………………………………235
　项目五　汽车二级维护……………………………237
　　习题及答案……………………………………………240
　项目六　汽车零部件拆装与检修…………………242
　项目七　发动机控制系统诊断原理与故障诊断…242
　　习题及答案……………………………………………244

参考文献……………………………………………246

模块一 汽车概论

项目一 汽车概述

一、汽车的定义、分类和识别

1. 汽车的定义

汽车是指由动力驱动,具有4个或4个以上车轮的非轨道承载的车辆,主要用于:载运人员或货物;牵引载运人员或货物及其他特殊用途。

汽车主要由发动机、底盘、电气和车身四大部分组成。

2. 汽车的分类

(1)汽车按照用途可分为普通运输车辆、专用汽车。

①普通运输车辆又可分为轿车、客车、货车。

轿车:用于载送人员(2~9人)及其随身物品且座位布置在两轴之间的车辆。按照发动机排量划分:有微型轿车(1 L以下)、轻级轿车(1~1.6 L)、中级轿车(1.6~2.5 L)、中高级轿车(2.5~4 L)、高级轿车(4 L以上)。

客车:具有长方形车厢,主要用于载送人员(9人以上)及其随身物品的汽车。按照长度划分:有微型客车(3.5 m以下)、小型客车(3.5~7 m)、中型客车(7~10 m)和大型客车(10 m以上)。

货车:主要用于运送货物的车辆。

②专用汽车:分为作业型专用汽车和运输型专用汽车。

3. 汽车的识别

车辆识别代码(VIN),由17位字符组成,俗称十七位码。相当于车辆的"身份证",每辆汽车的VIN码不一样,各字符的含义如图1-1-1所示。

二、发动机概述

1. 汽车发动机的概念

汽车发动机是将某一种形式的能量转换为机械能的机器。其功用是将液体或气体的化学能通过燃烧后转化为热能,再把热能通过膨胀转化为机械能并对外输出动力。汽车的动力来自发动机。

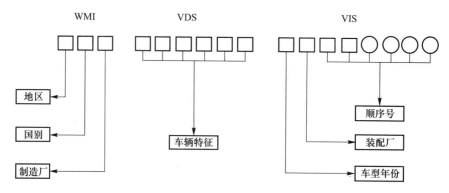

图 1-1-1　车辆 VIN 码含义

2. 汽车发动机的分类

(1)按活塞运动方式分类：活塞式内燃机可分为往复活塞式和旋转活塞式两种。

(2)按照气缸排列方式分类：内燃机按照气缸排列方式不同可以分直列式、V 型式、W 型式和水平对置式。

(3)按照冷却方式分类：内燃机按照冷却方式不同可以分为水冷发动机和风冷发动机。

(4)按照行程分类：内燃机按照完成一个工作循环所需的冲程数可分为四冲程内燃机和二冲程内燃机。

(5)按照所用燃料分类：内燃机按照所使用燃料的不同可以分为汽油机和柴油机。

3. 汽车发动机的总体组成

汽车发动机主要由两大机构和五大系统组成，即曲柄连杆机构、配气机构、冷却系统、燃料供给系统、润滑系统、点火系统、起动系统，但是柴油机比汽油机少一个点火系统。

(1)曲柄连杆机构：实现工作循环、完成能量转换。

(2)配气机构：控制进排气门，排出废气，实现换气过程。

(3)冷却系统：降温，吸收热量并及时散发出去。

(4)润滑系：对零件表面进行润滑、清洗、冷却。

(5)燃油供给系统：向气缸供给一定浓度的适量混合气。

(6)点火系统：产生电火花，点燃混合气。

(7)起动系统：完成发动机的起动过程。

4. 发动机型号编制规则

1991 年我国重新审定颁布了《内燃机产品名称和型号编制规则》(GB 725—1991)。该标准规定内燃机型号由首部、中部、后部和尾部四部分组成，如图 1-1-2 所示。

发动机型号编制举例：

(1)EQ6100－1 型汽油机：EQ 表示二汽生产、六缸、四冲程、缸径 100 mm、水冷、通用型、第一种变型产品。

(2)6120Q 柴油机：表示六缸、四冲程、缸径 120 mm、水冷、车用。

(3)12V135Z 柴油机：表示十二缸、V 型、四冲程、缸径 135 mm、水冷、增压。

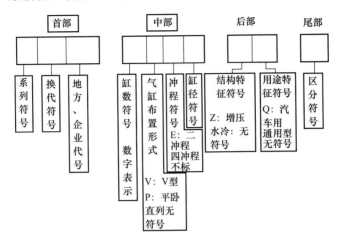

图 1-1-2　发动机型号编制规则

三、底盘概述

1. 底盘的组成和功用

(1)底盘组成：传动系统、行驶系统、转向系统和制动系统。

(2)底盘功用：接受发动机的动力，使汽车运动并按照驾驶员的操纵而正常行驶。

2. 传动系统

(1)传动系统组成：指从发动机到驱动车轮之间所有动力传递装置的总称，包括离合器、变速器、万向传动装置、驱动桥等组成。

①离合器：保证换挡平顺，必要时中断动力传动。

②变速器：变速、降速增矩、变向、中断动力传动。

③万向传动装置：实现有夹角和相对位置经常发生变的两轴之间的动力传动。

④主减速器：将动力传给差速器，并实现降速增矩、改变传动方向。

⑤差速器：将动力传给半轴，并允许左右半轴以不同的转速旋转。

⑥半轴：将差速器的动力传给驱动车轮。

⑦驱动桥：由主减速器、差速器、半轴和桥壳组成。

(2)传动系统功用：将发动机的动力传至驱动轮。

3. 行驶系统

(1)行驶系统组成：车架、悬架、车桥和车轮等。

(2)行驶系统功用：支承、安装汽车的各零部件总成，传递和承受车上、车下各种载荷的作用，以保证汽车的正常行驶。

4. 转向系统

(1)转向系统组成：转向操纵机构、转向器和转向传动机构。

(2)转向系统功用：保证汽车能够按照驾驶员规定的方向行驶。

5. 制动系统

(1)制动系统组成：行车制动系和驻车制动系。
(2)制动系统功用：使汽车减速、停车并能保证可靠地驻停。

四、电气设备概述

1. 汽车电气系统的特点

(1)采用直流电。
(2)采用低压电源。
(3)采用单线制。
(4)负极搭铁。

2. 汽车电气设备的组成

汽车的电气设备主要分为3大部分，即电源、用电设备和全车电路及配电装置，如图1-1-3所示。

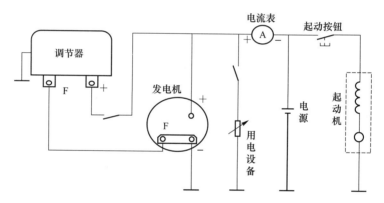

图1-1-3　汽车电源系统电路

(1)电源。汽车电源包括蓄电池、发电机及调节器。
(2)用电设备。汽车上的用电设备主要有起动系、点火系、照明系统、信号装置、仪表、报警装置、辅助电器和汽车电子控制系统等。
(3)全车电路及配电装置。全车电路及配电装置包括中央接线盒、保险装置、继电器、电线束、插接件及电路开关等，使全车电路构成一个统一的整体。

习题及答案

一、判断题

★1. 汽车的整车装备质量是指装备完全的汽车质量，包括冷却液、燃料及随车附件的质量。　　　　　　　　　　　　　　　　　　　　　　　　　　　　(　)

2. 汽车驱动力等于汽车行驶中的总阻力时，汽车就停止运动。　　　　(　)

3. 汽车正常行驶时所能获得的最大驱动力总是小于或等于车辆的附着力。（ ）
4. 载货汽车的主参数代号为车辆的总质量。（ ）
5. 四冲程循环又被称为奥托循环。（ ）
6. CA6102 代表六缸，四行程，缸径为 102 mm，风冷通用型。（ ）
7. 载货汽车的等级是按照最大装载质量划分的，可分为微型、轻型、中型和重型四个等级。（ ）
8. 汽车的总重是汽车自重和承载量的总和。（ ）
9. 汽车驱动力等于汽车行驶中的总阻力时，汽车就加速运动。（ ）
★10. 汽车正常行驶时所能获得的最大驱动力总是大于或等于车辆的附着力。（ ）
11. 汽车驱动力的大小取决于发动机输出功率的大小。（ ）
12. 汽车的最小离地间隙，是指汽车满载时，汽车最低点离地面的距离。（ ）
13. 世界上第一辆装有功率为 625 W 汽油机、最高车速为 15 km/h 的三轮汽车是 1769 年由法国人 NJ 居纽制造。（ ）
14. 汽车的出现得益于一代一代的汽车人的集体功劳，而不能说是某一个人的成果，只能说某个人集合了大家的集体智慧，设计出了汽车。（ ）
★15. 并不是所有的概念车都会进入市场流通的，目前典型的由概念车转为量产车的是日本丰田公司旗下的凯美瑞汽车。（ ）
16. 世界汽车工业经历的三次变革使世界汽车工业的发展重心发生了从欧洲—日本，日本—美国，美国—欧洲的转变。（ ）
17. 汽车外形的演变是机械工程学、人体工程学和空气动力学三者协调的结果。（ ）
18. 汽车的出现归功于卡尔·本茨、威廉·迈巴赫等德国人的努力。（ ）
19. 全身散发出纯正的贵族和皇家风范，同时那种与生俱来的追求"速度、高性能、操控至上"的是美国车系。（ ）
20. 最早实行汽车召回制度的国家是日本。（ ）

二、选择题

1. 在平直路面等速行驶的汽车受（　　）的作用。
   A. 滚动阻力
   B. 空气阻力
   C. 滚动阻力和空气阻力
   D. 滚动阻力、空气阻力、坡道阻力和加速阻力
2. 汽车的最高车速是指在（　　）行驶时所能达到的最高车速。
   A. 空载　　　B. 平坦公路　　　C. 满载平坦公路　　　D. 高速路
3. 客车的主参数代号用（　　）表示。
   A. 总质量　　　B. 长度　　　C. 排量　　　D. 高度
4. 1897 年成功研制出第一台实用型柴油机的是（　　）。
   A. 卡尔·本茨　　B. 戴姆勒　　　C. 奥托　　　D. 狄赛尔
5. 被认为是现代第一辆四轮汽车发明者的是（　　）。
   A. 卡尔·本茨　　B. 保时捷　　　C. 戴姆勒　　　D. 迈巴赫

6. 不是卡布奥雷意义的是（　　）。
   A. 第一辆蒸汽机车　　　　　　　B. 发明蒸汽机车的人
   C. 引起大马车商人的反感　　　　D. 第一起交通事故的制造者
7. 发明摩托车的是（　　）。
   A. 卡尔·本茨　　B. 保时捷　　C. 戴姆勒　　D. 迈巴赫
8. 第一辆蒸汽机车的是（　　）制造的。
   A. 古诺　　　　B. 卡诺　　　C. 本茨　　　D. 奥托
★9. 我国标准中将汽车分为（　　）两种。
   A. 乘用车　商用车　　　　　　B. 轿车　卡车
   C. 乘用车　专用车　　　　　　D. 民用车　商用车
10. 在设计上和技术特性上主要用于载运乘客和随身行李或临时物品的不超过9座的汽车是（　　）。
    A. 商用车　　B. 普通乘用车　　C. 旅行车　　D. 多用途乘用车
11. 世界上最早执行排放法规的是（　　）。
    A. 欧洲　　　B. 日本　　　C. 中国　　　D. 美国
12. 汽车诞生于（　　）。
    A. 德国　　　B. 日本　　　C. 中国　　　D. 美国
13. 以大规模生产为标志的汽车工业形成于（　　）。
    A. 欧洲　　　B. 日本　　　C. 中国　　　D. 美国
★14. （　　）的问世将世界置于车轮之上。
    A. 美国奥兹莫比尔　　　　　　B. 德国奔驰汽车
    C. 法国标志　　　　　　　　　D. 福特T型车
15. （　　）可查询到附近的加油站、宾馆、医院、ATM机等的位置信息。
    A. GPS系统　　B. 智能驾驶　　C. 车通信　　D. 盲区监控
16. （　　）年中国进口了第一辆汽车。
    A. 1902　　　B. 1903　　　C. 1901　　　D. 1900
17. 大众汽车的创始人是（　　）。
    A. 兰博基尼　　B. 费迪南德　　C. 迈巴赫　　D. 恩佐·法拉利
★18. Voss概念车是（　　）品牌旗下的。
    A. 东风　　　B. 力帆　　　C. 奇瑞　　　D. 长安
19. 据权威人士公布，汽车整备质量每减少100 kg，每公里耗油可降低（　　）。
    A. 0.1～0.2 L　　　　　　　　B. 0.3～0.6 L
    C. 0.6～0.8 L　　　　　　　　D. 0.8～0.9 L
20. （　　）使福特取得巨大成功，也成了普通民众的交通工具，将人类带入了汽车时代。
    A. N型车　　B. A型车　　C. T型车　　D. S型车

答　案

一、判断题

1. √　　2. ×　　3. √　　4. √　　5. √　　6. ×　　7. ×

| 8. √ | 9. × | 10. × | 11. × | 12. √ | 13. × | 14. √ |
| 15. √ | 16. × | 17. √ | 18. × | 19. × | 20. × | |

二、选择题

1. C	2. C	3. B	4. D	5. C	6. B	7. C
8. A	9. A	10. D	11. D	12. A	13. D	14. D
15. A	16. A	17. B	18. D	19. B	20. C	

项目二 汽车性能的评价指标

通常用来评定汽车的性能指标主要有动力性、燃油经济性、制动性、操控稳定性、平顺性以及通过性等。在一定使用条件下，汽车以最高效率工作的能力，称为汽车使用性能。它是决定汽车利用效率和方便性的结构特性表征。

一、动力性评价指标

汽车的动力性可用最高车速、加速能力、爬度能力三个指标来评定。

(1)汽车的最高车速：是指汽车满载时，在平直良好的路面上(水泥路面和沥青路面)所能达到的最高行驶速度。

(2)汽车的加速能力：是指汽车在行驶中迅速增加行驶速度的能力。汽车的加速能力常用汽车的原地起步加速性和超车加速性来评价。

(3)汽车的爬坡能力：是指汽车满载时，在良好的路面上以最低前进挡所能爬行的最大坡度(货车为30%，越野车为60%)。

二、燃油经济性评价指标

燃油经济性——汽车在一定的使用条件下，以最小的燃油消耗量完成单位运输工作的能力。

(1)L/100 km：我国与欧洲采用。同排量汽车，其数值越大，表明燃油经济性越差。

(2)mile/us-gal：美国采用。同排量汽车，其数值越大，表明燃油经济性越好。

(3)L/100(t·km)：货车采用。不同的载货质量的汽车，其数值越小，表明燃油经济性越好。

三、制动性评价指标

汽车的制动性主要由制动效能、制动抗热衰退性能和制动时方向稳定性三个方面来评价。

（1）制动效能——是指汽车迅速降低行驶速度直至停车的能力。

制动效能是制动性能最基本的评价指标，是由一定初速度下的制动距离、制动减速度和制动时间来评定。

（2）制动抗热衰退性——是指汽车高速制动、短时间多次重复制动或下长坡连续制动时制动效能的热稳定性。

（3）制动时方向稳定性——是指汽车在制动时按指定轨迹行驶的能力，即不发生跑偏、侧滑或失去转向的能力。

通常规定一定宽度的试验通道，制动稳定性良好的汽车，在试验时不允许产生不可控制的效能使它偏离通道。

四、其他评价指标

1. 操纵稳定性

汽车的操纵稳定性包含着互相联系的两部分内容，一个是操纵性，一个是稳定性。稳定性是指汽车受到外界扰动（路面扰动或突然阵风扰动）后，能自行尽快地恢复正常行驶状态和方向，而不发生失控，以及抵抗倾覆、侧滑的能力。

2. 行驶平顺性

汽车行驶时，对路面不平度的隔振特性，称为汽车的行驶平顺性。

路面不平度达到一定程度时，将使乘客感到不舒适和疲劳，或是运载的货物损坏。路面不平度激起的振动引起的附加动载荷将加速有关零件的磨损，缩短汽车的使用寿命。车轮载荷的波动会影响车轮与地面之间的附着性能，关系到汽车的操纵稳定性。

汽车的振动随行驶速度的提高而加剧。在汽车的使用过程中，常因车身的强烈振动而限制了行驶速度的发挥。

3. 排放污染物

汽车排放污染主要有三个排放源：一是发动机排气管排出的燃料燃烧后的废气；二是曲轴箱排放物；三是燃料蒸发排放物。

我国对轻型车、重型车、摩托车等各类车型的污染物排放的控制目标是：2000～2001年达到欧Ⅰ（即我国的第一阶段控制目标）；2004～2005年达到欧Ⅱ（即我国的第二阶段控制目标）；2010年与国际排放控制水平接轨。

4. 噪声

按照噪声产生的过程，汽车噪声源大致可分为：与发动机转速有关的声源和与车速有关的声源。

习题及答案

一、判断题

1. 我国一般要求越野车的最大爬坡度不小于60%。　　　　　　　　　　　　　　　（　　）

2. 传动系损失主要包括机械损失和液力损失。（　　）
3. 汽车行驶阻力主要包括滚动阻力、空气阻力、坡度阻力和加速阻力。（　　）
4. 汽车加速时间只包括原地起步加速时间。（　　）
★5. 对于前后、左右和垂直三个方向的振动，人体对垂直方向的振动最为敏感。
（　　）

二、选择题

1. 评价汽车动力性的指标是（　　）。
   A. 最高车速、最大功率、加速时间
   B. 最高车速、最大功率、最大扭矩
   C. 最高车速、加速时间、最大爬坡度
   D. 最大功率、最高车速、最大爬坡度

★2. 下列关于改善燃油经济性说法错误的是（　　）。
   A. 缩减汽车总尺寸　　　　　　B. 减少挡位数
   C. 降低汽车总质量　　　　　　D. 尽量使用高挡

★3. 最大传动比选择时，应主要考虑以下三方面的问题（　　）。
   A. 最大爬坡度、最大加速度、最高车速
   B. 最大爬坡度、燃油经济性、附着率
   C. 最大爬坡度、附着率、最低稳定车速
   D. 附着率、最低稳定车速、燃油经济性

★4. 最大地面制动力取决于（　　）。
   A. 制动器制动力　B. 附着率　　C. 附着力　　D. 滑动率

5. 在下列制动器中，制动效能稳定性最差的是（　　）。
   A. 盘式制动器　　　　　　　　B. 领从蹄式制动器
   C. 双领蹄式制动器　　　　　　D. 自增力式制动器

6. 在下列制动器中，制动效能稳定性最好的是（　　）。
   A. 盘式制动器　　　　　　　　B. 领从蹄式制动器
   C. 双领蹄式制动器　　　　　　D. 自增力式制动器

★7. 前、后制动器制动力具有固定比值的汽车，在同步附着系数路面上制动时，将出现（　　）。
   A. 前轮抱死，后轮不抱死　　　B. 前后轮同时抱死
   C. 前轮先抱死，再后轮抱死　　D. 后轮先抱死，再前轮抱死

8. 人体对垂直方向上的振动最敏感的频率范围是（　　）。
   A. 2～5 Hz　　B. 12～18.5 Hz　　C. 20～24 Hz　　D. 4～12.5 Hz

9. 当汽车制动抱死时，下列说法错误的是（　　）。
   A. 当前轮抱死时，汽车将失去转向能力
   B. 当后轮先抱死时，汽车可能出现侧滑甩尾现象
   C. 当车轮抱死时，汽车的制动效能将很低
   D. 当前、后轮同时抱死时，汽车将出现急转现象

★10. 汽车侧滑的原因是(　　)。
　　A. 悬架运动不协调　　　　　　　　B. 车轮抱死
　　C. 左右轮制动力不相等　　　　　　D. 制动管路泄漏

答　案

一、判断题
1. √　　2. √　　3. √　　4. ×　　5. ×
二、选择题
1. C　　2. B　　3. C　　4. C　　5. D
6. A　　7. B　　8. D　　9. D　　10. C

项目三　汽车新技术知识

一、汽车新技术

(1) TSI：T 代表涡轮增压，SI 代表燃油直喷。

(2) TFSI：发动机既分层喷射，又有涡轮增压，是 TSI 发动机的升级版。

(3) 4WD(4×4)/AWD/xDrive/sDrive：四轮驱动系统。宝马的 xDrive、奔驰的 4MATIC 与 AWD 一样是全时四驱系统，仅仅是称呼不一样，而 sDrive 则为后驱系统。

(4) VVT/CVVT/VVT-i/MIVEC/VTEC/i-VTEC：发动机可变气门正时技术。目前本田的 VTEC、i-VTEC；丰田的 VVT-i；日产的 CVVT；三菱的 MIVEC；铃木的 VVT；现代的 VVT；起亚的 CVVT；江淮的 VVT；长城的 VVT 等也逐渐开始使用。总的说来其实就是一种技术，名字不同。

(5) 车尾常见标志含义：

①T—涡轮增压车型；　　　　　　②L—加长车型；
③S—运动车型；　　　　　　　　④AT—自动挡车型；
⑤MT—手动挡车型；　　　　　　⑥V6—搭载 V 型 6 缸发动机；
⑦W12—搭载 W 型 12 缸发动机；　⑧G—基本型配置；
⑨GL—豪华型配置；　　　　　　　⑩GLS—顶级配置；
⑪ABS—带防抱死刹车系统。

二、新能源汽车

1. 新能源汽车定义

新能源汽车是指采用非常规的车用燃料作为动力来源(或使用常规的车用燃料、采用新型车载动力装置)，综合车辆的动力控制和驱动方面的先进技术，形成技术原理先进、具有新技术、新结构的汽车。

2. 新能源汽车分类

新能源汽车包括纯电动汽车、增程式电动汽车、混合动力汽车、燃料电池电动汽车、氢发动机汽车、其他新能源汽车等。

3. 纯电动汽车

（1）定义。纯电动汽车是一种采用单一蓄电池作为储能动力源的汽车，它利用蓄电池作为储能动力源，通过蓄电池向电动机提供电能，驱动电动机运转，从而推动汽车行驶。

（2）组成。电动汽车的组成：电力驱动、控制系统、驱动力传动等机械系统和完成既定任务的工作装置等，如图1-3-1所示。

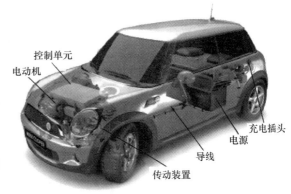

图1-3-1　电动汽车的主要结构

4. 混合动力汽车

（1）定义。混合动力汽车是指采用传统燃料，同时配以电动机来改善低速动力输出和燃油消耗的车型。

（2）分类。按照燃料种类的不同，可以分为汽油混合动力和柴油混合动力两种。

①工作原理。混合动力电动汽车的动力系统主要由控制系统、驱动系统、辅助动力系统和电池组等部分构成。

如图1-3-2所示，以串联混合动力电动汽车为例，介绍一下混合动力电动汽车的工作原理。

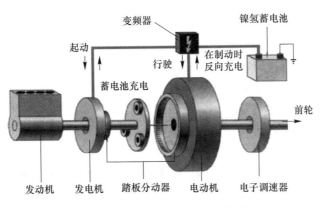

图1-3-2　混合动力汽车系统工作原理

在车辆行驶之初，蓄电池处于电量饱满状态，其能量输出可以满足车辆要求，辅助动力系统不需要工作。电池电量低于60%时，辅助动力系统起动，当车辆能量需求较大时，辅助动力系统与蓄电池组同时为驱动系统提供能量，当车辆能量需求较小时，辅助动力系统为驱动系统提供能量的同时，还给蓄电池组进行充电。由于蓄电池组的存在，使发动机工作在一个相对稳定的工况，使其排放得到改善。

5. 燃料电池电动汽车

（1）定义。燃料电池电动汽车是利用氢气和空气中的氧气在催化剂的作用下，在燃料电池中经电化学反应产生的电能作为主要动力源驱动的汽车。

（2）工作原理。如图1-3-3所示，燃料电池是通过电化学反应将化学能转化为电能，电化学反应所需的还原剂一般采用氢气，氧化剂则采用氧气。

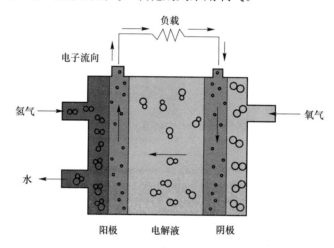

图1-3-3　燃料电池的工作原理

习题及答案

一、判断题

1. 所有增压系统都是由排气驱动的。　　　　　　　　　　　　　　　　　　（　　）
2. 汽车有前座气囊，在开车时驾驶员及乘员不必系上安全带。　　　　　　（　　）
3. 车身稳定控制系统只有在左或右转弯时才有作用。　　　　　　　　　　（　　）
★4. 当车速与轮速的线速度相同时，滑移率为0。　　　　　　　　　　　　（　　）
5. 涡轮增压器有消耗动力大的缺点。　　　　　　　　　　　　　　　　　（　　）

二、选择题

★1. 机械增压器是利用曲轴以（　　）、链条或皮带，做机械上的驱动。
　　A. 齿轮　　　　　　B. 皮带　　　　　　C. 曲轴　　　　　　D. 驱动
★2. 机械增压系统装置从发动机（　　）轴获得动力来驱动增压器的转子旋转。
　　A. 齿轮　　　　　　B. 输出　　　　　　C. 转子　　　　　　D. 驱动
★3. SRS系统的气囊爆开时间约为（　　）秒。
　　A. 0.01　　　　　　B. 0　　　　　　　　C. 0.03　　　　　　D. 0.5
4. 安全气囊内充入的气体是（　　）。
　　A. 空气　　　　　　B. 氮气　　　　　　C. 氩气　　　　　　D. 二氧化碳

5. 增压系统以增压压力分为（　　）压，中增压，高增压。
   A. 低增　　　　B. 输出　　　　C. 中增　　　　D. 高增

答　案

一、判断题
1. ×　　2. ×　　3. √　　4. √　　5. ×

二、选择题
1. A　　2. B　　3. C　　4. B　　5. A

项目四　汽车维修作业安全知识

一、汽车维修工作安全

1. 工作环境的安全

对维修车间的一般要求是：

维修企业建筑布局和结构应当合理，维修工位和车辆通道有合理的搭配，使维修车辆进出方便；配有完善的消防设施、消防安全通道和应急逃生通道。

每个维修工位要有足够的面积和高度，一般轿车维修工位的面积不小于 4 m×7 m，高度不小于 4 m。机修车间应配备专用汽车尾气排放设备，喷漆车间应当配有专用的通风装置，以保证通风良好。

维修车间的地面应当采用水泥或水磨石，不要采用光滑的瓷砖地面。采光应当良好，灯光应当齐全，并达到一定的亮度，避免出现死角。维修车间应当有合理的供排水系统。

维修车间应有车辆的专用通道、车辆的移动路线，并设置必要的限速牌、转弯处的反光镜等交通设施。维修车间的车辆通道上不要停放车辆，不要摆放任何物品。

电力配置合理，插座布局满足要求，配有漏电保护器。

2. 个人安全防护

(1)维修企业应当教育和督促全体人员严格执行本单位的安全生产规章制度和安全操作规程，依法为从业人员办理工伤保险。

(2)维修企业的特种作业人员，必须按国家有关规定经专门的安全作业培训，取得特种作业资格证书，方可上岗作业。在工作场所进行工作时，应当穿戴防护用品，包括：护目镜、工作帽、手套、工作鞋和合身的工作服等。

(3)维修人员应当接受安全生产教育和培训，掌握安全生产知识，提高安全意识，增强事故预防和应急处理能力。

(4)维修人员应了解作业场所和工作岗位存在的危险因素、防范措施以及事故应急措施，及时对维修企业的安全生产工作提出建议。维修作业时，应当严格遵守本企业的安全生产规章制度和操作规程，服从管理，正确使用劳动防护用品。

(5)维修人员发现事故隐患或不安全因素,应当及时向现场管理人员汇报,接到报告的人员应当及时处理。企业管理人员不得违章指挥,不能违反安全生产法律、法规,侵犯维修人员合法利益。

(6)搬运重物时要量力而行,确认抓牢物体后贴身用力抬升,搬运途中不要扭腰变向,必要时可整个身躯转向。放下重物时要保持物体贴身,挺背弯膝放下,切勿朝前弯腰,扭身放下。利用机械搬运重物时,应当注意机械的承载能力和机械、重物的平衡与稳定性。

3. 维修操作过程中的安全

(1)维修手册规定的安全注意事项和操作规程,要求维修人员都要熟知并严格遵守。

(2)当进行车辆检修时,要拔下点火钥匙,防止他人起动车辆。

(3)检修电喷发动机的燃油系统时,必须先对油路进行泄压处理,以防汽油泄漏飞溅到漏电的高压线或高温物体上,引起燃烧。检修安全气囊时必须断开蓄电池负极线,拆装安全气囊时必须轻拿轻放。对车身进行电焊作业时,应当断开蓄电池负极,以防损坏车用电脑。

(4)维修运转状态的发动机时,应注意防止风扇叶片打伤或高温件烫伤人体。发动机水温很高时,不能用手直接打开散热器盖,以防有压力的高温液体烫伤人员。

(5)发动机起动前应检查机油、冷却液是否符合要求;变速杆是否在空挡位置;是否拉紧手制动。在室内起动应打开门窗,使空气畅通。起动后,应立即切断油路或气路,以免发生"飞车"事故。试验发动机时,不得在车下作业。

(6)制动系统放气时,应当在放气螺栓上接上专用的储液瓶,以防制动液飞溅损伤眼睛或飞溅到轮胎、油漆上而造成损失。制动系统维修后应进行制动系统放气或踩几脚制动踏板,当制动踏板合适时,方可挂挡行驶。

(7)检修汽车电路时,不可乱拉电线。对于经常烧断熔丝的故障,应当查明故障原因,不可换上大容量的熔丝或用铜丝代替熔丝。

(8)在车下工作时,需确保汽车支承可靠。

(9)在烤漆房烤漆时,汽车的烤漆时间一般是30~40 min,温度一般是60 ℃~70 ℃,防止时间过长或温度过高引起车用计算机损坏或线路老化。

(10)修理油箱需要放油时,周围应严禁烟火,并停止电焊作业。

(11)在装配总成时,要采用正确的操作方法,以免受伤,甚至发生重大伤亡事故。

(12)在运转零件旁边工作时,要始终注意与运转件的安全工作距离。

(13)拆卸高温高压状态下的零部件,先要进行降温降压,以防高温烫伤或高压喷射伤人。

4. 汽车路试安全规则

(1)路试必须由安全意识和驾驶技术好的正式驾驶员担任,不允许未经批准的人员随意移动车辆或试车。

(2)试车前,应检查制动、转向是否齐全有效;风扇叶片、发动机罩未装固可靠,不准进行试车。

(3)仪表和各部件装配不符合要求或工作不正常,应排除后方可试车。

(4)路试车辆必须有明显的试车标牌。密切注意交通情况,尤其是在测试制动效果时,务必注意车后方情况,并在允许试车的路段上进行。

模块一 汽车概论

(5)行驶一段路程后，应停车检查车况，当发现有不正常的情况时，应修复后再继续试车。路试过程中，要密切注意冷却液温度、机油压力等信息，发现异常，立即停车检查排除。

二、维修工具设备的安全使用

1. 一般维修工具的安全规则

(1)作业中应使用大小合适的扳手。

(2)一字或十字旋具只能用来拧螺钉，切勿当做冲子或撬棍使用。

(3)鲤鱼钳有固定、夹紧、挤压和剪切作用，但不能用于转动。

(4)当使用切削工具时，一定要使金属屑朝飞离身体的方向飞出，使双手以及手指处在刀口的后边。手柄应清洁、干燥及确保握住牢固。

(5)电动、手动或冲击工具的套筒不应互换使用，否则会导致损坏或伤害。

(6)切勿用锤敲击锉刀或把锉刀当做撬棍使用。

(7)使用敲击工具时，要戴合适的眼睛保护装置。

(8)切勿把尖的或削尖的工具放在衣袋里。

2. 维修设备的安全要求

(1)维修企业必须对安全设备进行经常性的维护，并定期检测，保证设备正常运行。

(2)对设备的操作不了解或未经正确使用培训，切勿操作动力设备。开动设备前，应确定没有别的物件会碰到设备的运转部件。

(3)操作机器设备时要全神贯注，不要环顾四周或与人交谈。

(4)随车千斤顶和移动式举升机器常用来做汽车的局部举升。使用前要检查千斤顶、举升器有无损坏，确保完好方可使用。

(5)使用举升机进行维修作业时，务必严格遵守举升汽车安全操作规则。

3. 安全用电和防火安全常识

(1)安全用电知识。

①使用电动工具设备前要核对电动工具的使用电压与电源电压是否相符。

②汽车修理的局部近距离照明和可移动照明只能采用电源为36 V及以下的安全电压。

③各种电动设备，尤其是移动式电动设备，应建立经常的、定亲的检查制度。

④严禁使用导线头上不带插头的灯具和电气设备。湿手赤脚时不准接触电气开关及其他电气设备。

⑤未经过专门训练取得上岗证者，不准进行交流电工、焊工工作。

⑥使用移动式电动工具和气动工具，必须熟悉其安全操作规程。

⑦全部电动工具，都必须有接地措施。

(2)防火安全常识。

燃烧的三个条件是：可燃物，氧气，一定的温度。

防火知识：

①严禁一切低燃点的油、气、醇与照明设施及带电的线路接触。

②严禁用塑料桶盛装易燃液体，防止静电引发火灾。

· 15 ·

③进行电、气焊作业时，应当远离易燃易爆物品，并做好防火准备。
④维修作业现场要严禁烟火，要有消防设施和消防标志。
⑤严禁使用汽油清洗机件和擦洗地板。

灭火工作要根据不同的可燃物和客观条件采用不同的灭火方法和器材。

汽车维修常用灭火器有手提泡沫灭火筒，鸭嘴或开关灭火器，干粉灭火器，手提式1211灭火器等。

三、汽车危险性废料处理

汽车维修企业的危险品主要有：燃油添加剂、发动机机油、变速器油、制动液等。处理方法如下：

①危险品要存放于专用的危险品库，且有专人负责管理。危险品库内应有消防器材。

②危险品在运输、使用、存放时应注意密封良好、轻拿轻放，避免强光照射，避免高温。

③每一次用不完的危险品应及时回收，不得临时存放于车间。

④不能将危险性废料倒入草丛中、砂石路面、垃圾箱等。

⑤在车间内起动发动机时，应该将房门或排风装置打开，以便随时将废气排出车间。如果在露天作业，也不要在工作着的发动机排气管附近长时间停留。

⑥在作业中，千万不要用嘴去吸汽油，若将汽油吸入人体内，会导致中毒或死亡。万一吸入，应逼迫自己呕吐并及时到医院治疗。

⑦如果误食防冻液，应立即呕吐处理并及时到医院治疗。平时应注意对防冻液的保存，防止误食。

⑧大部分化油器清洗剂中都含有甲基氯化物、芳香烃类和乙醇。

⑨配制电解液时必须使用陶瓷或玻璃容器，并将硫酸慢慢倒入水中，绝对禁止将水倒入硫酸中。

⑩制动液有一定的毒性，对眼睛、皮肤也是有害的，要避免制动液与人的眼睛、皮肤接触，更不要误入口中，以免中毒。

习题及答案

一、判断题

★1. 维修人员不准染发。　　　　　　　　　　　　　　　　　　　　　　（　　）
2. 礼貌接待就是要对顾客微笑。　　　　　　　　　　　　　　　　　　（　　）
3. 实施作业时，可按照自己的标准来判断。　　　　　　　　　　　　　（　　）
4. 汽车维修对于确保客户的安全是一项重要的工作。　　　　　　　　　（　　）
5. 工作前的准备指工具和配件准备。　　　　　　　　　　　　　　　　（　　）
6. 维修人员要穿着规定的服装。　　　　　　　　　　　　　　　　　　（　　）
7. 职业素质是劳动者对社会职业了解与适应能力的一种综合体现。　　　（　　）

模块一 汽车概论

8. 维修人员要确认安全的情况下，方可实施操作。　　　　　　（　）
★9. 维修人员在二人一起工作的情况下，务必相互提醒，确认对方的反映。（　）
10. 用千斤顶举升车辆时，车轮要固定好。　　　　　　　　　　（　）
11. 工作物品始终要整齐摆放在规定位置。　　　　　　　　　　（　）

二、选择题

1. 用千斤顶举升车辆，正确的操作是（　　）。
   A. 用千斤顶直接举升　　　　　　B. 为确保安全，用二个千斤顶举升
   C. 用楔块把车轮先固定好　　　　D. 要把车辆停在粗糙地面，增加摩擦力
★2. 二人在一起工作，可能涉及安全方面的工作有（　　）。
   A. 起动发动机　　　　　　　　　B. 使用举升机举升或下降车辆
   C. 在举升机上驱动车轮　　　　　D. 其他各项都是
3. 维修车间防火是（　　）。
   A. 领导的责任　　B. 安全员的责任　　C. 每个人的责任　　D. 别人的责任
4. 客户来维修车辆（　　）。
   A. 让客户把车停在门口　　　　　B. 有专人引导车辆停到指定区域
   C. 客户随意停　　　　　　　　　D. 雇人为客户停车
★5. 对涉及旋转物体的工作，要（　　）。
   A. 注意安全　　B. 做好防护　　C. 按规程操作　　D. 其他各项都是
6. 安全驾驶就是（　　）。
   A. 慢速驾驶　　　　　　　　　　B. 中速驾驶
   C. 快速驾驶　　　　　　　　　　D. 始终保持规范操作的驾驶
★7. 维修作业标准来自（　　）。
   A. 维修手册　　B. 领导的建议　　C. 同事们的意见　　D. 自己的想法
8. 穿戴防护用具是为了（　　）。
   A. 保护自己身体　　B. 保护车辆　　C. 保护配件　　D. 保护设备
9. 职业道德素质的提高，一方面靠他律，即（　　）；另一方面取决于自我修养。
   A. 社会的培养和组织的教育　　　B. 主观努力
   C. 其他原因　　　　　　　　　　D. 客观原因
★10. 对维修人员而言，一般（　　）。
   A. 可在接待室闲谈　　　　　　　B. 可在接待室吃饭
   C. 可在接待室休息　　　　　　　D. 不进入接待室

答　案

一、判断题
1. ×　　2. ×　　3. ×　　4. √　　5. ×
6. √　　7. √　　8. √　　9. √　　10. √　　11. √

二、选择题
1. C　　2. D　　3. C　　4. B　　5. D
6. D　　7. A　　8. A　　9. A　　10. D

模块二 汽车机械基础

项目一 机械制图的基本规定

一、机械制图的基本知识

国家标准对图样的画法和尺寸标注等有关内容都作了统一规定,它们是图样绘制与使用的标准,我们必须严格遵守。

1. 图纸幅面和格式

(1)图纸幅面。绘制图样所采用的图纸规格大小。优先选用表 2-1-1 中所规定的基本幅面尺寸及图框尺寸。

表 2-1-1　图纸幅面尺寸　　　　　　　　　　　　(单位 mm)

幅面代号		A0	A1	A2	A3	A4
尺寸 $B×L$		841×1 189	594×841	420×594	297×420	210×297
图框	a	25				
	c	10			5	
	e	20			10	

(2)图框格式。图框是图纸上限定绘图范围的线框。在图纸上必须用粗实线画出图框。其格式分为留装订边(图 2-1-1)和不留装订边(图 2-1-2)两种。同一产品的所有图样必须采用同一种图框格式。

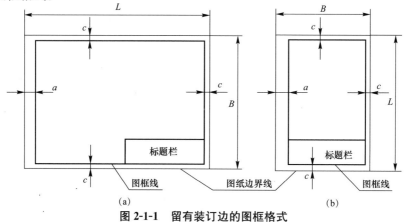

图 2-1-1　留有装订边的图框格式

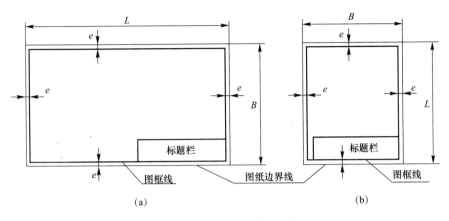

图 2-1-2 不留装订边的图框格式

(3)标题栏和明细栏。标题栏位于图幅右下角,明细栏位于标题栏的上方。如图 2-1-3、图2-1-4所示。

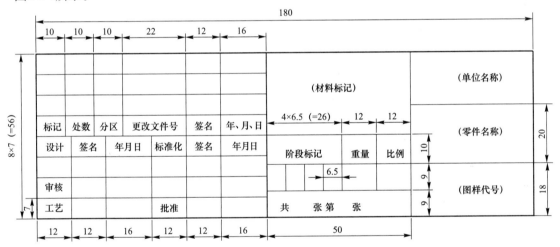

图 2-1-3 标题栏

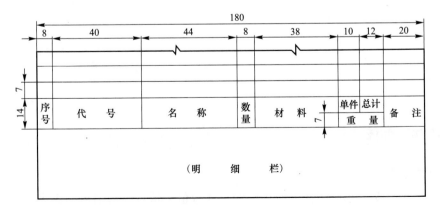

图 2-1-4 明细栏

2. 比例

图形与其实物相应要素的线性尺寸之比称为比例。绘图时，应优先从表 2-1-2 规定的常用的比例中选取。

表 2-1-2　常用的比例

种类	比例（第一系列）
原值比例	1∶1
缩小比例	1∶2　1∶5　1∶10^n　1∶2×10^n　1∶5×10^n
放大比例	2∶1　5∶1　10^n∶1　2×10^n∶1　5×10^n∶1

为了从图样上直接反映实物的大小，绘图时应优先选用原值比例。必须注意，图形不论放大或缩小，其尺寸都必须按机件的实际尺寸标注。

3. 字体

图样上和技术文件中所用的汉字应写成仿宋体。字体书写的基本要求是：字体工整、笔画清楚、间隔均匀、排列整齐。字体的号数即字体的高度。汉字只能写成直体，字母和数字可以写成直体和斜体，斜体字的字头向右倾斜，与水平线成 75°。

4. 图线

国家标准规定了图线的名称、型式、代号、宽度以及在图上的应用，机械图样中常用线型的名称、型式及应用等见表 2-1-3。

表 2-1-3　常用图线种类及其应用

图线名称	图线型式及代号	图线宽度	应用举例
粗实线	———————	d	可见轮廓线
细实线	———————	$d/2$	尺寸线、尺寸界线、剖面线、过渡线
细虚线	- - - - - - -	$d/2$	不可见轮廓线
细点画线	— · — · — · —	$d/2$	轴线、对称中心线
波浪线	～～～～～	$d/2$	断裂处的边界线、视图与剖视图的分界线
双折线	─/\─/\─	$d/2$	断裂处的边界线、视图与剖视图的分界线
双点画线	— ·· — ·· —	$d/2$	相邻辅助零件的轮廓线、极限位置的轮廓线、轨迹线

二、尺寸标注

1. 基本规则

（1）机件的真实大小以图样上所标注的尺寸数值为依据，与图形的大小及绘图的准确度无关。

模块二 汽车机械基础

(2)图样中所标注的尺寸,为该图样所示机件的最后完工尺寸,否则应另加说明。

(3)图样中的尺寸以毫米为单位时,不需标注其计量单位的代号或名称,如采用其他单位,则必须注明相应的计量单位代号或名称。

(4)机件的每一尺寸,在图样上一般只标注一次,并应标注在反映该结构最清晰的图形上。

2. 尺寸标注的三要素

一个完整的尺寸标注由尺寸界线、尺寸线和尺寸数字三个要素组成。

(1)尺寸界线用来表示所注尺寸的范围界限,用细实线绘制。

(2)尺寸线表示尺寸度量的方向,用细实线绘制。

(3)尺寸数字用来表示机件的实际大小。在同一张图样上,尺寸数字的字高应保持一致。

3. 常用尺寸标注方法

直径尺寸、角度尺寸、圆、圆弧、小尺寸等的常见标注方法见表2-1-4。

表2-1-4 常用尺寸标注示例

标注内容		示例	说明
圆或圆弧	直径尺寸	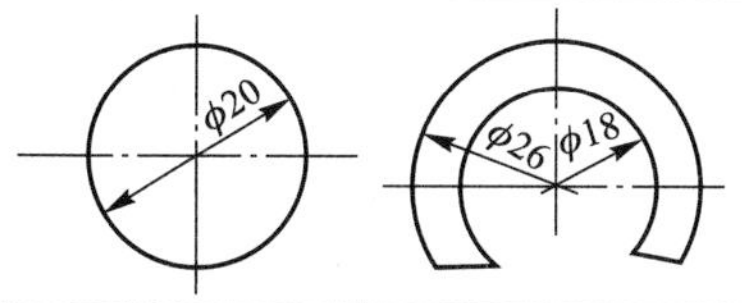	标注圆或大于半圆的圆弧时,尺寸线通过圆心,以圆周为尺寸界线,尺寸数字前加注直径符号"ϕ"
	半径尺寸	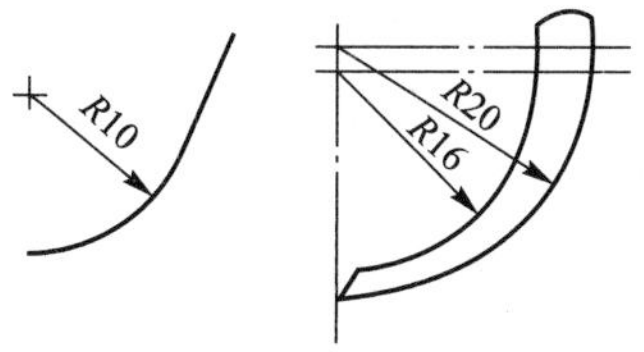	标注小于或等于半圆的圆弧时,尺寸线自圆心引向圆弧,只画一个箭头,尺寸数字前加注半径符号"R"
大圆弧			当圆弧的半径过大或在图纸范围内无法标注其圆心位置,可采用折线形式,若圆心位置不需注明,尺寸线可只画靠近箭头的一段
小尺寸			对于小尺寸,在没有足够的位置画箭头或注写数字时,箭头可画在外面,或用小圆点代替两个箭头,尺寸数字也可采用旁注或引出标注

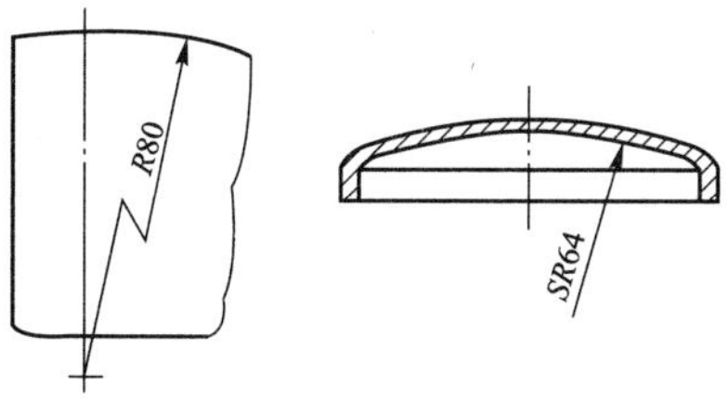

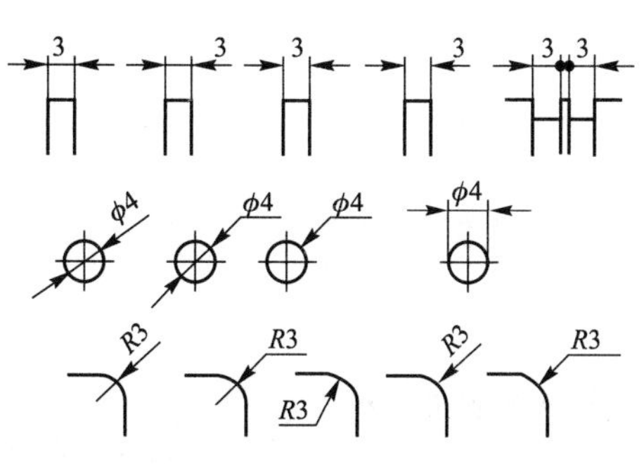

21

续表

标注内容	示例	说明
球面		标注球面的直径或半径时，应在尺寸数字前分别加注符号"$S\phi$"或"SR"
角度		尺寸界线应沿径向引出，尺寸线画成圆弧，圆心是角的顶点，尺寸数字一律水平书写，一般注写在尺寸线的中断处，必要时也可引出标注

习题及答案

一、判断题

★1. 绘制图样时应优先采用六种基本幅面，其中最大一号幅面为 A0。（　　）

2. 比例是指实物要素与其图样中图形相应要素的线性尺寸之比，绘图时应优先采用原值比例。（　　）

★3. 机件的真实大小为图样上所注尺寸，与所采用的比例无关。（　　）

4. 图样上和技术文件中所用的汉字可写成直体或斜体。（　　）

5. 尺寸标注一般由尺寸界线、尺寸线和尺寸数字三个要素组成。（　　）

6. 标注直径时，必须在数字前加"ϕ"。（　　）

7. 视图中，可见的轮廓线用虚线绘制。（　　）

二、单项选择题

1. 关于图纸幅面的说法，以下正确的是（　　）。

　　A. 图纸幅面有 A1、A2、A3、A4、A5 共 5 种

　　B. 图纸幅面有 A0、A1、A2、A3、A4 共 5 种

　　C. 图纸幅面有 A1、A2、A3、A4 共 4 种

　　D. A1 图幅是最大的

2. 关于绘图比例的说法，以下正确的是（　　）。

　　A. 比例为实际尺寸与图上尺寸之比

　　B. 图样中为使图形清晰应优先选用放大比例

　　C. 1∶2 是放大比例

　　D. 绘图时应优先采用原值比例

★3. 用下列比例分别画出同一个图形，所绘图形最大的是（　　）。

　　A. 1∶1　　　　B. 1∶4　　　　C. 1∶2　　　　D. 5∶1

4. 视图中，不可见的轮廓线用（　　）绘制。
   A. 粗实线　　　B. 细实线　　　C. 细虚线　　　D. 细点画线
★5. 关于尺寸标注，以下说法错误的是（　　）。
   A. 标注尺寸数值时，与图形比例无关
   B. 图样中的尺寸，如果没有特殊说明，一般以毫米为单位
   C. 图样的重要尺寸，可标注多次
   D. 机件标注尺寸为最后完工尺寸
6. 在工程图中，一个完整的尺寸标注应包括（　　）基本要素。
   A. 尺寸线、尺寸界线、尺寸数字　　　B. 尺寸符号、尺寸界线、尺寸数字
   C. 尺寸线、尺寸界线、尺寸符号　　　D. 尺寸符号、尺寸线、尺寸数字
7. 图样中的尺寸以（　　）为单位时，可以不必标注计量单位的符号。
   A. cm　　　　　B. mm　　　　　C. dm　　　　　D. m

答　案

一、判断题
1. ×　　2. ×　　3. √　　4. ×　　5. √　　6. √　　7. ×

二、单项选择题
1. B　　2. D　　3. D　　4. C　　5. C　　6. A　　7. B

项目二　识读零件图、装配图

一、投影基础

1. 投影法

（1）投影的概念

当日光或灯光照射物体时，在地面或墙上就会出现物体的影子，这就是日常生活中所见到的投影现象，人们将这种现象进行科学总结和抽象，提出了形成物体图形的方法——投影法。在投影法中得到图形的面称为投影面。

（2）投影的种类

①中心投影法：投射线汇交一点的投影法。

②平行投影法：投射线相互平行的投影法。

正投影法：投射线与投影面相垂直的平行投影法。

斜投影法：投射线平行，与投影面倾斜成一角度。

（3）正投影的基本性质

①实形性：当直线或平面与投影面平行时，直线的投影反映实长、平面的投影反映实形，如图2-2-1(a)所示。

②积聚性：当直线或平面与投影面垂直时，直线的投影积聚成一点、平面的投影积聚成一条直线，如图 2-2-1(b)所示。

③类似性：当直线或平面与投影面倾斜时，其直线的投影长度变短、平面的投影面积变小，但投影的形状仍与原来的形状相类似，如图 2-2-1(c)所示。

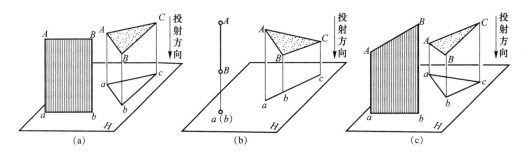

图 2-2-1　正投影的基本性质

2. 三视图形成及对应关系

(1)三投影面体系构成：如图 2-2-2 所示。

三个投影面：

正立投影面，简称 V 面；水平投影面，简称 H 面；侧立投影面，简称 W 面。

三条投影轴：

V 与 H 的交线，简称 OX 轴，代表物体的长度方向。

W 与 H 的交线，简称 OY 轴，代表物体的宽度方向。

V 与 W 的交线，简称 OZ 轴，代表物体的高度方向。

(2)三视图的形成和名称。

物体从前向后投射，在 V 面投影所得视图称为主视图。

物体从上向下投射，在 H 面投影所得视图称为俯视图。

物体从左向右投射，在 W 面投影所得视图称为左视图。

(3)三视图的关系及投影规律。如图 2-2-3 所示。

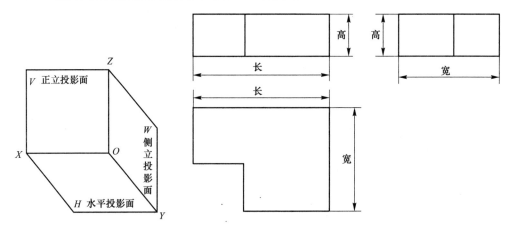

图 2-2-2　三投影面体系　　　　图 2-2-3　三视图投影规律

①位置关系：俯视图在主视图的正下方，左视图在主视图的正右方。
②投影关系：主俯视图长对正，主左视图高平齐，俯左视图宽相等。
③大小关系：主俯视图长相等，主左视图高相等，俯左视图宽相等。

二、基本体

任何物体都可以看成由若干基本体组合而成。基本体有平面体和曲面体两类。平面体的每个表面都是平面，如棱柱、棱锥等；曲面体至少有一个表面是曲面。常见的曲面体为回转体，如圆柱、圆锥、球等。

1. 平面基本体

(1) 棱柱。以正六棱柱为例，在三投影面体系做出正六棱柱三面投影，如图2-2-4所示。其画法为：

①画出正六棱柱轴线的正面投影和侧面投影，并画出水平投影的对称中心线，如图2-2-4(a)所示。

②画出上、下底面的水平投影(实形)后，再画正面投影，如图2-2-4(b)所示。

③连接上、下底面对应的顶点，即得三面投影图，如图2-2-4(c)。

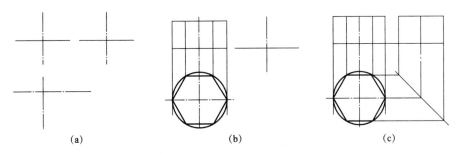

图 2-2-4　正六棱柱的投影作图

属于棱柱表面的点的投影，如图2-2-5所示。

当点属于棱柱的某个表面时，则该点的投影必在它所从属的表面的各同面投影范围内。若该表面的投影为可见，则该点的同面投影也可见；反之，为不可见。

(2) 棱锥。以四棱锥为例，在三投影面体系做出四棱锥三面投影，如图2-2-6所示。其画法为：

①作四棱锥的对称中心线、轴线和底面，先画出底面俯视图——矩形，如图2-2-6(a)所示。

②根据四棱锥的高度在轴线上定出锥顶的三面投影，如图2-2-6(b)所示。

③在主、俯视图上分别用直线连接锥顶与底面四个顶点的投影，即得四条棱线的投影。再由主、俯视

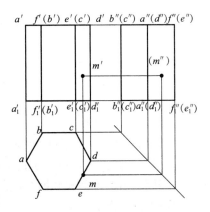

图 2-2-5　正六棱柱表面
上点的投影作图

图画出左视图，如图 2-2-6(c)。

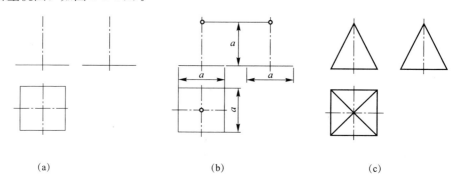

(a)   (b)   (c)

图 2-2-6 四棱锥的投影作图

2. 曲面基本体

（1）圆柱。圆柱的表面有圆柱面与上、下两底面。圆柱面可看作由一条直母线绕平行与它的轴线回转而成，如图 2-2-7 所示。直母线处于圆柱面上的任一位置时，称为圆柱面的素线。

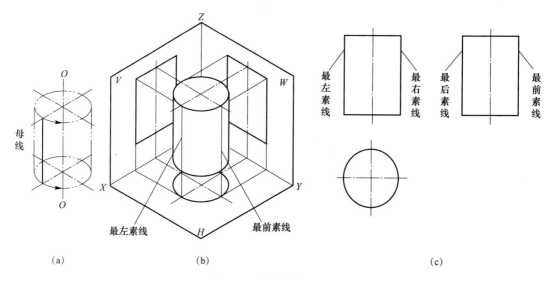

(a)   (b)   (c)

图 2-2-7 圆柱的投影作图

圆柱表面上点的投影

如图 2-2-8 所示，已知属于圆柱面上的点 A、B、C 的一个投影，求另外两面投影。

（2）圆锥。圆锥面是由一条直母线，绕与它相交的轴线旋转形成的，如图 2-2-9 所示。圆锥体表面是由圆锥面和底面组成。在圆锥面上任意位置的素线，均交于锥顶点。

圆锥表面上点的投影

如图 2-2-10 所示，已知圆锥表面上点 k 的正面投影 k'，求作 k 和 k'。根据点 k 的位置和可见性，可确定 k 在前、左圆锥面上，点 k 的三面投影均为可见。

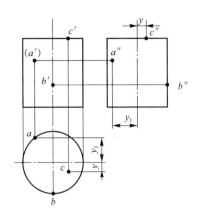

图 2-2-8 圆柱表面点的投影作图

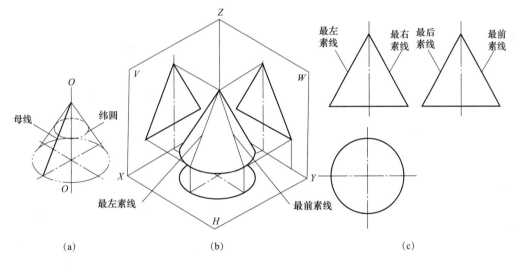

图 2-2-9 圆锥的投影作图

作图方法有两种

①辅助素线法　如图 2-2-10(a)所示，过锥顶 S 和点 K 作辅助素线 SA，即在投影图中作连线 $s'k'$，并延长到与底面的正面投影相交于 a'，由 $s'a'$ 作出 sa，由 sa 作出 $s''a''$，再按点在直线上的投影关系由 k' 作出 k 和 k''。

②辅助纬圆法　如图 2-2-10(b)所示，过点 K 在圆锥面上作垂直于圆锥轴线的水平辅助纬圆，点 K 的各投影必在该圆的同面投影上，即在投影图中过 k' 作圆锥轴线的垂直线，交圆锥左、右轮廓线，以 s 为圆心，sk 为直径，作辅助纬圆的水平投影。由 k' 求得 k，再由 k'、k 求得 k''。

(3) 圆球。圆球面可看作由一条圆母线绕其直径回转而成，如图 2-2-11 所示。三个投影分别为三个和圆球的直径相等的圆，它们分别是圆球三个方向转向轮廓线的投影。

圆球表面上点的投影可用纬圆法。

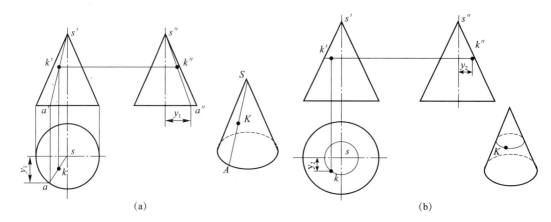

图 2-2-10 圆锥表面上点的投影

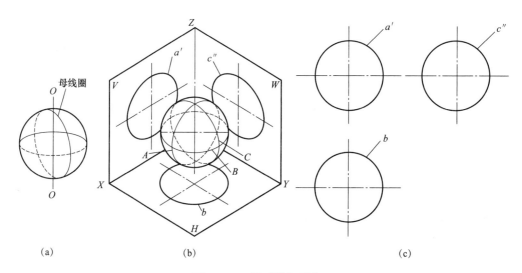

图 2-2-11 圆球的投影作图

3. 平面与圆柱相交

平面与圆柱相交所得截交线形状，如表 2-2-1 所示。

表 2-2-1 平面与圆柱相交

截平面的位置	平行于轴线	垂直于轴线	倾斜于轴线
截交线的形状	矩形	圆	椭圆
立体图			

续表

截平面的位置	平行于轴线	垂直于轴线	倾斜于轴线
投影图	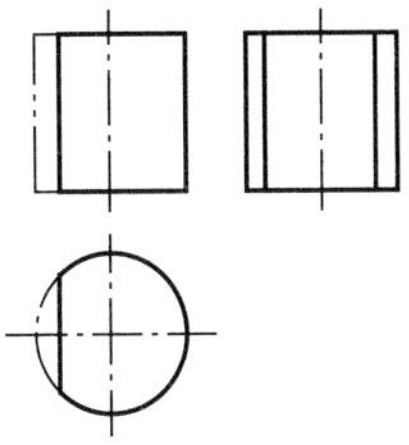	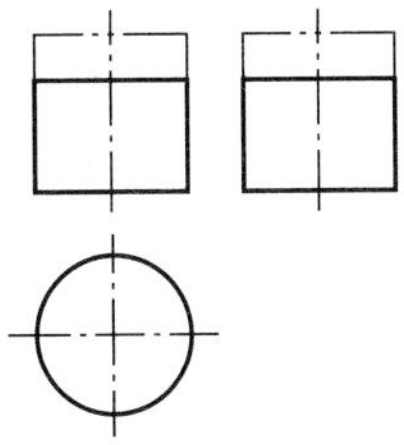	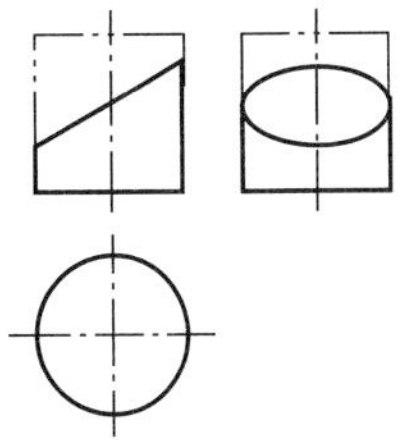

4. 平面与圆锥相交

平面与圆锥相交所得截交线形状，如表 2-2-2 所示。

表 2-2-2 平面与圆锥相交

截平面的位置	垂直于轴线	倾斜于轴线 $\theta>\alpha$	倾斜于轴线 $0\leq\theta<\alpha$	倾斜于轴线 $\theta=\alpha$	过锥顶
截交线的形状	圆	椭圆	双曲线	抛物线	两相交直线
立体图		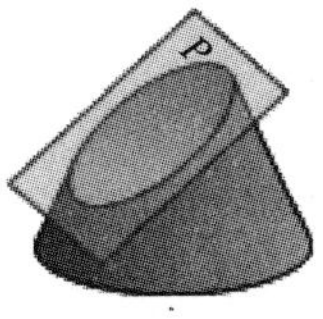	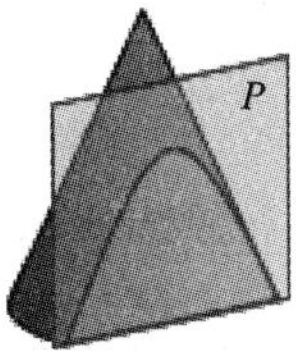		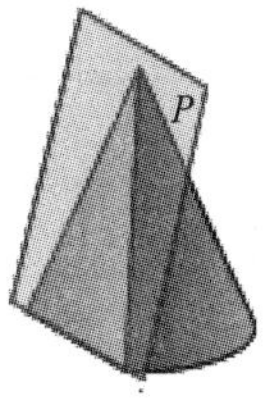
投影图	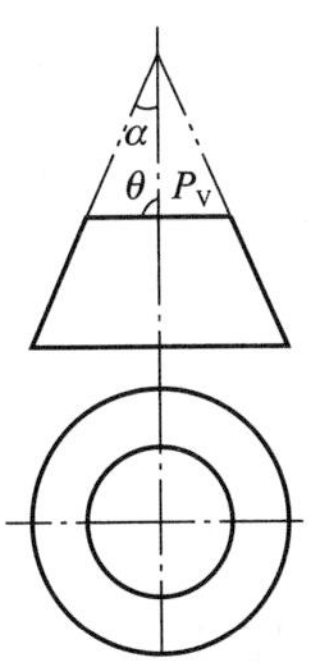	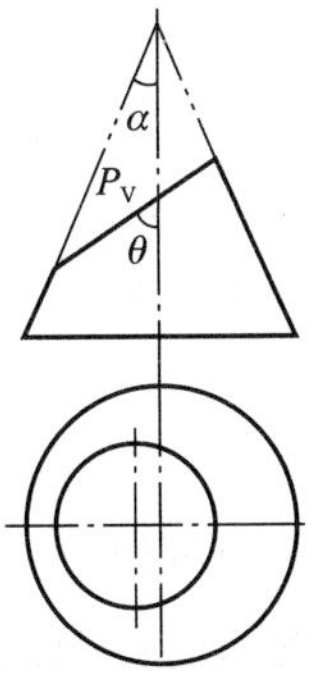	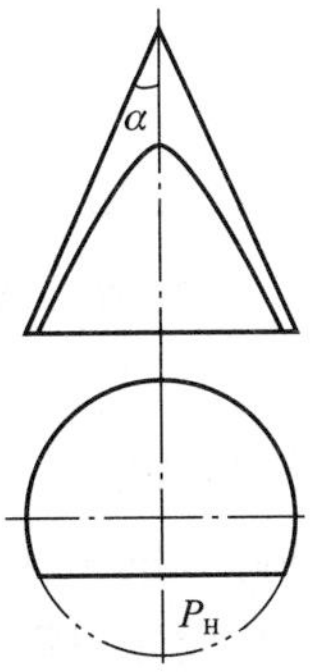	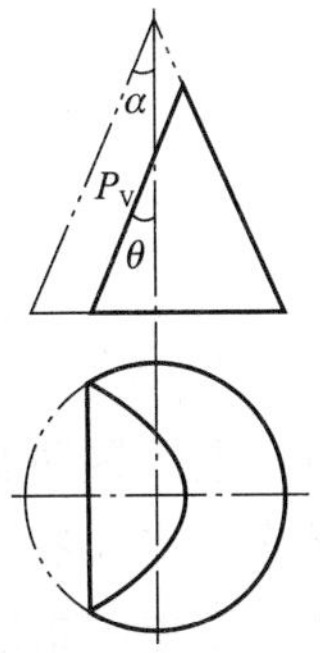	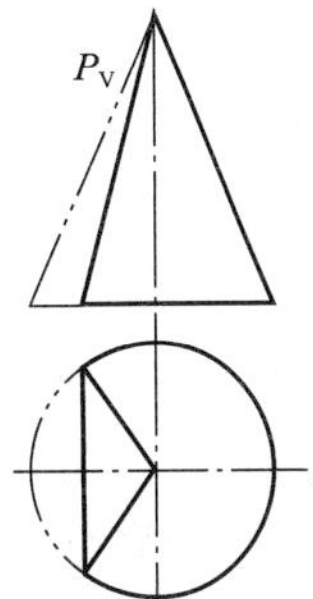

三、零件图

表示零件结构、大小及技术要求的图样称为零件图。

1. 零件图的作用

表示零件结构、大小及技术要求的图样，是制造和检验零件的依据，是指导生产的重要技术文件。

2. 零件图的内容

零件图的内容如图 2-2-12 所示。

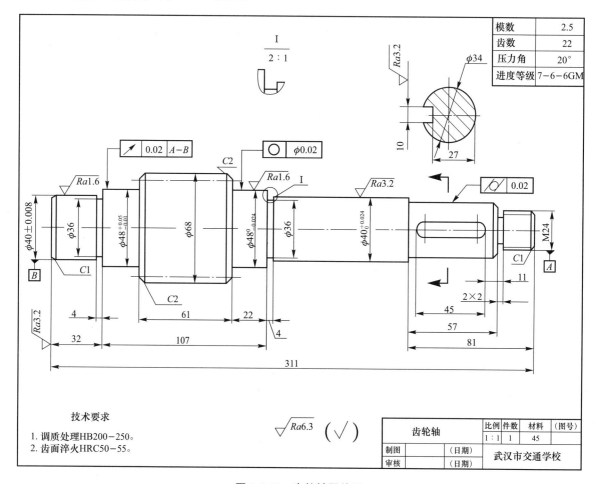

图 2-2-12 齿轮轴零件图

(1) 一组视图：表示零件的结构形状。

(2) 完整的尺寸：表示零件各部分的大小及其相对位置。

(3) 合理的技术要求：制造、检验零件时应达到的各项技术指标。

(4) 标题栏：注写零件名称、绘图比例、所用材料及制图者姓名等。

3. 零件图的视图选择

(1) 主视图的选择。选择主视图的原则是将表示零件信息量最多的那个视图作为主视图。

①工作位置原则：主视图应尽量表示零件在机械上的工作位置或安装位置。

②加工位置原则：主视图应尽量表示零件在机械加工时所处的位置。

③形状特征原则：主视图应尽量多地反映零件的结构形状特征。

(2)其他视图的选择。主视图确定后,应运用形体分析法对零件的各组成部分逐一进行分析,对主视图表达未尽部分,再选其他视图完善其表达。具体选用时,应注意以下几点:

①在明确表示零件的前提下,使视图的数量为最少。

②先选用基本视图,后选用其他视图。先表达零件的主要部分,后表达零件的次要部分。

4. 机械图样中的技术要求

零件图上除了图形和尺寸外,还必须有制造和检验该零件应该达到的一些质量要求,称为技术要求。技术要求主要指零件几何精度方面的要求,如尺寸公差、几何公差、表面粗糙度等,通常用符号、代号或标记标注在图形上,或者用简明的文字注写在标题栏附近。

(1)极限与配合。现代化大规模生产要求零件具有互换性。零件的互换性是机械产品批量化生产的前提。为了满足零件的互换性,就必须制订和执行统一的标准。

①尺寸公差与公差带。在实际生产中,零件的尺寸不可能加工的绝对准确,而是允许零件的设计尺寸在一个合理的范围内变动。零件尺寸允许的变动量,称为尺寸公差,简称公差。如图 2-2-13(a)所示,轴的尺寸 $\phi50$ 是设计时确定的尺寸,称为公称尺寸。±0.008 是控制尺寸变动范围的数值,即尺寸偏差。其中 $+0.008$ 为上极限偏差,-0.008 为下极限偏差。因此,轴的上极限尺寸为 $\phi50.008$,轴的下极限尺寸为 $\phi49.992$,如图 2-2-13(b)所示。

上极限偏差和下极限偏差统称为极限偏差,其数值可以为正值、负值或零。而公差恒为正。

以公称尺寸为基准(零线),用两条直线表示上、下极限偏差,这两条直线所限定的区域称为公差带,用这种方法画出的图称为公差带图。如图 2-2-13(c)所示。

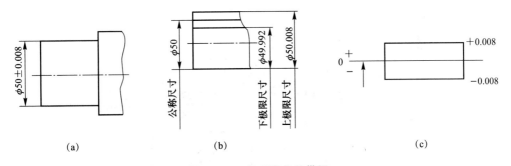

图 2-2-13 公差及公差带图

(a)轴的公差;(b)轴的公差示意;(c)轴的公差带图

②配合。公称尺寸相同、相互结合的孔和轴公差带之间的关系,称为配合。配合的类型共有三种:

间隙配合:轴与孔之间存在间隙(包括最小间隙为零)的配合,如图 2-2-14 所示。

过盈配合:轴与孔之间存在过盈(包括最小过盈为零)的配合,如图 2-2-15 所示。

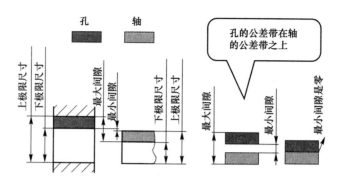

图 2-2-14 间隙配合示意图

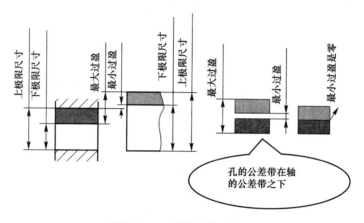

图 2-2-15 过盈配合示意图

过渡配合：具有间隙或过盈的配合，如图 2-2-16 所示。

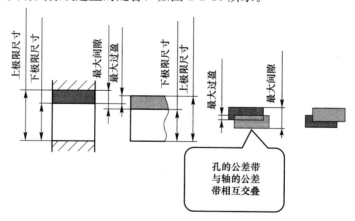

图 2-2-16 过渡配合示意图

③配合制。基孔制配合(优先选用)：基本偏差为一定的孔的公差带，与不同基本偏差的轴的公差带形成各种配合的一种制度，如图 2-2-17 所示。

基轴制配合：基本偏差为一定的轴的公差带，与不同基本偏差的孔的公差带形成各种配合的一种制度，如图 2-2-18 所示。

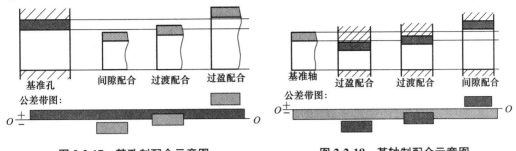

图 2-2-17　基孔制配合示意图　　　　图 2-2-18　基轴制配合示意图

（2）形状和位置公差。零件经加工后，不仅会有尺寸误差，而且会产生几何形状和相对位置的误差。为保证零件的安装和使用要求，必须正确合理地给出形状和位置公差的要求，以限制其实际形状和位置的误差。

形状公差指实际形状对理想形状的允许变动全量。位置公差指实际位置对理想位置的允许变动全量。

几何公差的几何特征和符号如表 2-2-3 所示。

表 2-2-3　几何公差的几何特征和符号

公差	特征项目	符号	公差		特征项目	符号
形状公差	直线度	—	位置公差	定向	平行度	∥
	平面度	▱			垂直度	⊥
	圆度	○			倾斜度	∠
	圆柱度	⌭		定位	位置度	⌖
					同轴度（同心度）	◎
	线轮廓度	⌒			对称度	=
	面轮廓度	⌓		跳动	圆跳动	↗
					全跳动	⌰

形位公差代号及标注示例

① 形位公差内容用框格表示，框格内容自左向右第一格是形位公差项目符号，第二格为公差数值，第三格为基准，如图 2-2-19 所示。

② 当被测要素是轴线、中心平面时，带箭头的指引线应与尺寸线的延长线重合，如

图 2-2-20 所示。

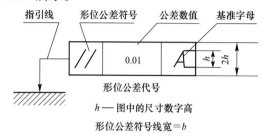

图 2-2-19 形位公差代号

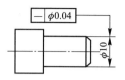

图 2-2-20 被测要素为中心要素注法

③当被测要素是轮廓线或表面时,将箭头置于要素的轮廓线或轮廓线的延长线上,但必须与尺寸线明显地分开,如图 2-2-21 所示。

④当基准要素是轴线、中心平面时,基准符号中的线与尺寸线一致,如图 2-2-22 所示。

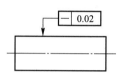

图 2-2-21 被测要素为轮廓要素注法

⑤当基准要素是轮廓线或表面时,带有基准字母的短横线应置放在轮廓线或它的延长线上,但必须与尺寸线明显地分开,如图 2-2-23 所示。

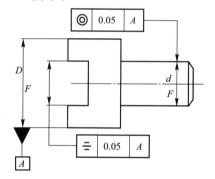

图 2-2-22 基准要素是中心要素注法

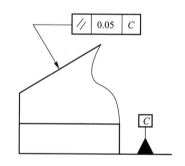

图 2-2-23 基准要素是轮廓要素注法

(3)表面结构。表面结构是表面粗糙度、表面波纹度、表面缺陷、表面纹理和表面几何形状的总称。这里主要介绍常用的表面粗糙度的表示法。

①表面粗糙度:加工表面上具有较小的间距和峰谷所组成的微观几何形状特征。评定表面粗糙度的主要参数是:轮廓算术平均偏差 Ra 和轮廓最大高度 Rz,优先选用 Ra,单位是 μm。Ra 越高,零件的表面性能越差;Ra 越低,则表面性能越好,但加工成本也必越高。

②表面结构的图形符号及其含义 如表 2-2-4 所示。

表 2-2-4 表面结构的图形符号及其含义

符号名称	符号	含义及说明
基本符号	√	未指定工艺方法的表面,仅用于简化代号的标注。当通过一个注释解释时可单独使用,没有补充说明时不能单独使用

续表

符号名称	符号	含义及说明
扩展符号		要求去除材料的符号。表示指定表面是用去除材料的方法获得。如通过机械加工(车、铣、钻、磨、剪切、抛光等)的表面
		不允许去除材料的符号。表示指定表面是用不去除材料的方法获得。如铸、锻等
完整符号	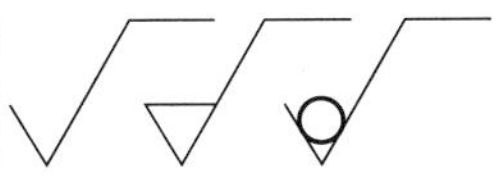	完整符号。用于对表面结构有补充要求的标注。左、中、右符号分别用于"允许任何工艺""去除材料""不去除材料"方法获得的表面的标注

③常用表面结构要求在图样中的注法如表2-2-5所示。

表2-2-5 常用表面结构要求在图样中的注法

序号	标注示例	解释
1	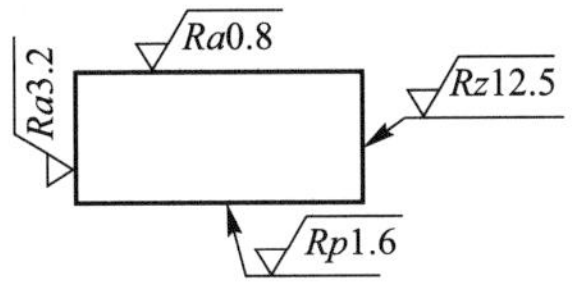	应使表面结构的注写和读取方向与尺寸的注写和读取方向一致
2	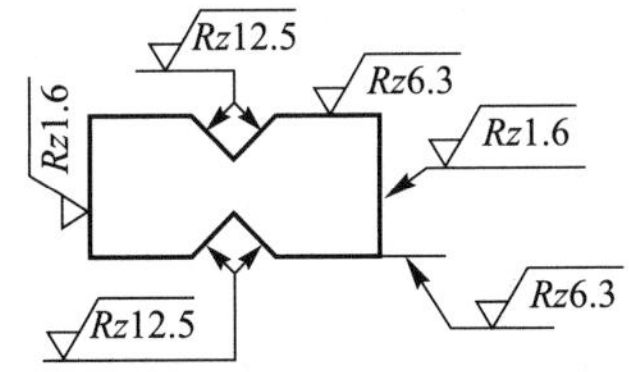	表面结构要求可标注在轮廓线上,其符号应从材料外指向接触表面
3	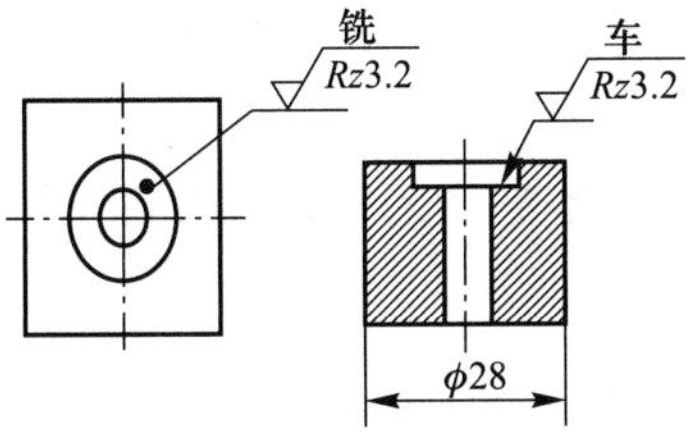	表面结构符号可以用带箭头或黑点的指引线引出标注
4	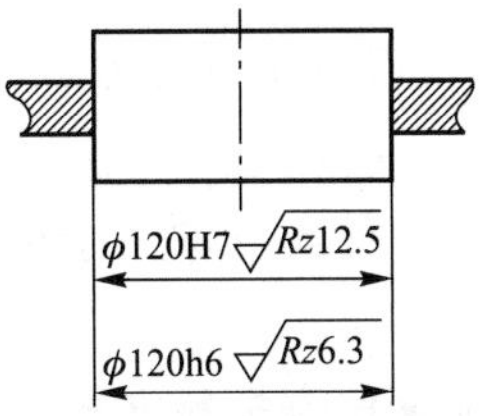	在不致引起误解时,表面结构要求可以标注在给定的尺寸线上
5	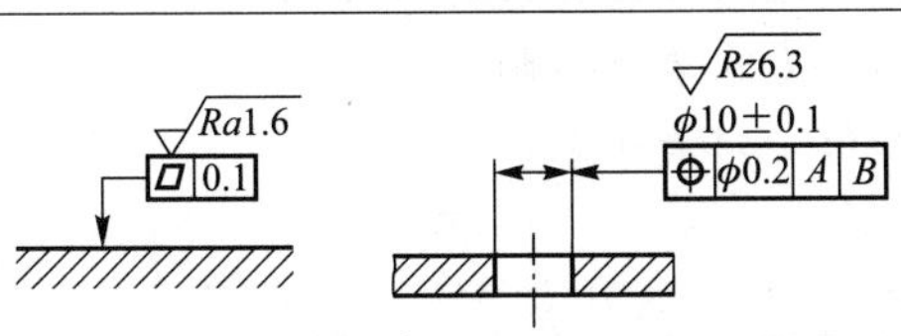	表面结构要求可标注在几何公差框格的上方

四、装配图

1. 作用

装配图是表达机械或部件的图样。用来表达机械或部件的工作原理以及零、部件间的装配、连接关系,是机械设计与制造中重要的技术文件。

2. 内容

(1)一组视图:用以完整、清晰、正确地表达出机械的工作原理、各零件的相对位置及装配关系、连接方式和主要零件的结构形状。

(2)必要的尺寸:反映装配体性能规格、外形以及装配、检验和安装时所必需的一些尺寸。

(3)技术要求:用文字和符号标注出机械(或部件)的质量、装配、使用等方面的要求。

(4)零件序号、标题栏、明细栏。

习题及答案

一、判断题

1. 当直线或平面与投影面平行时,直线积聚为一点、平面积聚为一条直线。( )

★2. 主视图反映物体的上下左右四个方位。( )

3. 在视图中,如某一直线垂直于投影面,其在该投影面上的投影仍为一条直线。( )

4. 在三面投影体系中,三个投影面英文名称的简写为 V、H 和 W。( )

5. 空间两直线平行,各投影面上的投影一定相互平行;空间两直线垂直,各投影面上的投影也一定垂直。( )

★6. 表示组合体各组成部分相对位置的尺寸称为定位尺寸;确定组合体各组成部分的长、宽、高三个方向大小的尺寸称为定形尺寸。( )

7. 棱柱、棱锥、圆柱、圆锥都属于平面立体。( )

8. 平面倾斜于圆锥轴线截切所得的截平面为圆。( )

9. 偏差值可以大于零、等于零,也可以小于零;而公差值恒为正。( )

★10. 上极限偏差一定大于下极限偏差。( )

11. 当被测要素是轮廓线或表面时,则带箭头的指引线应与尺寸线的延长线重合。( )

12. 画主视图时应尽量按零件在加工时所处的位置作为投影方向。( )

13. 零件图中,应尽可能绘制多个视图,力求表示清晰。( )

★14. 尺寸偏差是允许尺寸的变动量,其值一定大于零。( )

二、单项选择题

★1. 能反映物体各结构之间上下和前后的位置关系的是(   )。

A. 主视图　　　B. 俯视图　　　C. 左视图　　　D. 仰视图
2. 通常所说的三视图是(　　)。
　A. 主视图、俯视图、仰视图　　　B. 主视图、俯视图、左视图
　C. 主视图、仰视图、左视图　　　D. 俯视图、仰视图、左视图
3. 三视图之间的投影对应关系可归纳为(　　)。
　A. 主俯视图长对正、主左视图高平齐、俯左视图宽相等
　B. 主俯视图高平齐、主左视图长对正、俯左视图宽相等
　C. 主俯视图高平齐、主左视图宽相等、俯左视图长对正
　D. 主俯视图宽相等、主左视图长对正、俯左视图高平齐
4. 图 2-2-24 中，正六棱柱表面上点 A，B 的位置关系(　　)。
　A. A 上 B 下，A 左 B 右　　　B. A 上 B 下，A 右 B 左
　C. A 下 B 上，A 左 B 右　　　D. A 下 B 上，A 右 B 左
5. 图 2-2-25 中，圆锥表面上点 A、B 的位置关系(　　)。
　A. A 上 B 下，A 左 B 右　　　B. A 上 B 下，A 右 B 左
　C. A 下 B 上，A 左 B 右　　　D. A 下 B 上，A 右 B 左

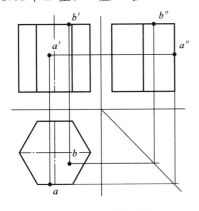

图 2-2-24　题 4 图

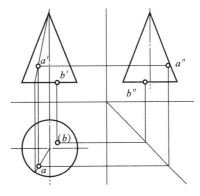

图 2-2-25　题 5 图

★6. 如图 2-2-26 所示，a、b、c、d 四个点的上、下、前、后、左、右的相对位置关系，正确的是(　　)。

　A. a 前 b 后，c 左 d 右
　B. a 上 d 下，b 前 c 后
　C. a 左 c 右，b 后 d 前
　D. a 前 c 后，b 上 d 下

7. 如图 2-2-27 所示，根据主、俯视图，并参照立体图，选择正确的左视图。正确的是(　　)。
　A. (a)　　　B. (b)
　C. (c)　　　D. (d)

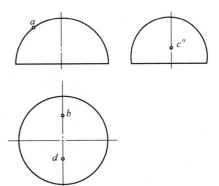

图 2-2-26　题 6 图

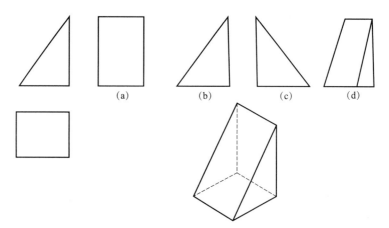

图 2-2-27　题 7 图

★8. 如图 2-2-28 所示，根据给出的主、左视图，并参照立体图，选择正确的俯视图。正确的是(　　)。

A. (a)　　　　　　B. (b)　　　　　　C. (c)　　　　　　D. (d)

★9. 如图 2-2-29 所示，根据给定的主、左视图，并参照立体图，选择正确的俯视图。正确的是(　　)。

A. (a)　　　　　　B. (b)　　　　　　C. (c)　　　　　　D. (d)

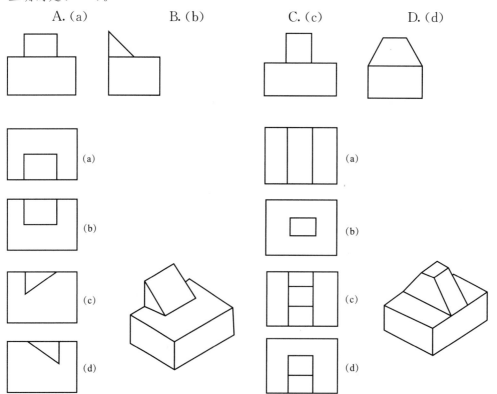

图 2-2-28　题 8 图　　　　　　　　图 2-2-29　题 9 图

★10. 如图 2-2-30 所示,通过给定的主、左视图,并参照立体图,选择正确的俯视图。正确的是(　　)。

　　A. (a)　　　　B. (b)　　　　C. (c)　　　　D. (d)

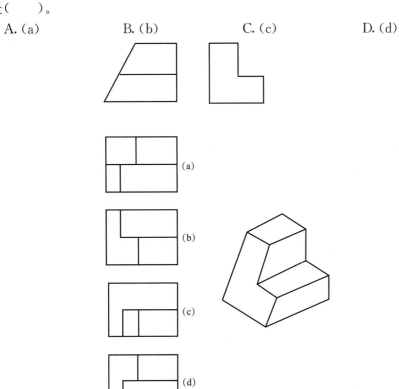

图 2-2-30　题 10 图

11. 圆柱被平面截切后产生的截交线形状,正确的是(　　)。
　　①圆　②矩形　③椭圆　④两条相交直线
　　A. ②③④　　　B. ①②③　　　C. ②③　　　D. ①②③④

★12. 在有关尺寸的术语中,尺寸符合极限条件时,下列正确的是(　　)。
　　A. $D_a \leqslant D_{max} \leqslant D_{min}$　　　　B. $D_a \leqslant D_{min} \leqslant D_{max}$
　　C. $D_{min} \leqslant D_a \leqslant D_{max}$　　　　D. $D_{max} \leqslant D_a \leqslant D_{min}$

13. 表面粗糙度的单位是(　　)。
　　A. dm　　　　B. cm　　　　C. mm　　　　D. μm

14. 孔的实际尺寸小于轴的实际尺寸的配合称为(　　)。
　　A. 间隙配合　　B. 过盈配合　　C. 过渡配合　　D. 完全配合

答　案

一、判断题

1. ×　　2. √　　3. ×　　4. √　　5. ×　　6. √　　7. ×
8. ×　　9. √　　10. √　　11. ×　　12. √　　13. ×　　14. ×

二、单项选择题

1. C 2. B 3. A 4. C 5. A 6. C 7. A
8. B 9. C 10. D 11. B 12. C 13. D 14. B

项目三　轴

一、轴的用途和分类

1. 轴的用途

轴是组成机器的最重要零件之一，主要起到传递运动和转矩，支承轴上零件并保证轴上零件定位的作用。

2. 轴的类型及应用

轴的种类繁多，应用也各不相同，具体见表 2-3-1。

表 2-3-1　轴的类型及应用

类型		特　性	应用举例
按承受载荷分	转轴	既传递转矩又承受弯矩，既支承回转零件又传递动力	变速器输入轴、主减速器主动齿轮轴、汽车半轴
	传动轴	只传递转矩而不承受弯矩或弯矩很小	汽车的传动轴
	心轴	只承受弯矩而不传递转矩	活塞销、自行车前轴
按轴线的形状分	直轴 光轴	光轴形状简单，加工方便，但轴上零件不易定位和装配	一般用来制作导轨或变速器的倒挡轴
	直轴 阶梯轴	各截面直径不等，便于零件安装和固定	变速器输出轴
	直轴 特殊轴	为满足实际使用要求而制作的轴	齿轮轴、凸轮轴等
	曲轴	将回转运动转变为往复直线运动或将往复直线运动转变为回转运动，是往复式机械中的专用零件	发动机曲轴
	挠性轴	由几层紧贴在一起的钢丝层构成，能把转矩和旋转运动灵活传到任何位置，用于连接不同轴线、不同方向或有相对运动两轴	车速里程表的软轴、振捣器等设备中

二、轴的常用材料

轴的材料种类很多，选用时主要根据对轴的强度、刚度、耐磨性等要求，同时考虑制造工艺问题。常用的材料主要有碳钢（一般为中碳钢）、合金钢（综合力学性能好）、球墨铸铁（适用于形状复杂的轴）。

三、轴的结构及轴上零件的定位

1. 轴的结构

轴主要由轴颈、轴头、轴身、轴肩、轴环等组成,如图 2-3-1 所示。

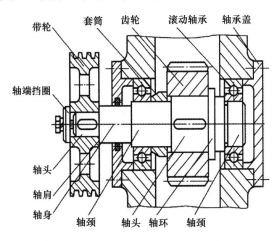

图 2-3-1 轴的结构

轴颈:用于装配轴承的部分。

轴头:装配回转零件(如齿轮、带轮等)的部分。

轴身:连接轴颈和轴头的部分。

轴肩或轴环:轴上截面尺寸变化的部分。

2. 轴上零件的定位

(1)轴向定位

目的:保证零件在轴上有确定的轴向位置,防止零件作轴向移动,并能承受轴向力。

方法:利用轴肩、轴环、圆锥面、轴端挡圈、轴套、圆螺母、弹性挡圈等。

(2)周向定位

目的:传递转矩及防止零件与轴产生相对转动。

方法:常采用键、销和过盈配合等方法。

 习题及答案

一、判断题

1. 按照外形不同,曲轴可以分为光轴和阶梯轴两种。　　　　　　　　　　　　(　　)

2. 根据轴所受的载荷不同,轴可以分为曲轴、直轴和挠性轴三类。　　　　　　(　　)

★3. 心轴用来支承转动零件,只受弯曲作用而不传递动力。　　　　　　　　　　(　　)

4. 挠性轴能把转矩和旋转运动灵活传到任何位置。　　　　　　　　　　　　　(　　)

5. 轴上零件轴向固定的目的是为了传递转矩及防止零件与轴产生相对转动。（　　）

二、单项选择题

★1. 轴的常用材料有（　　）。
　　A. Q235　　　　　B. 45 钢　　　　　C. T8A　　　　　D. HT200
2. 既承受弯矩又承受转矩的轴是（　　）。
　　A. 心轴　　　　　B. 转轴　　　　　C. 传动轴　　　　D. 固定轴
3. 在轴上与轴承配合的部位叫（　　）。
　　A. 轴肩　　　　　B. 轴头　　　　　C. 轴颈　　　　　D. 轴身
4. 轴肩与轴环的作用是（　　）。
　　A. 对零件轴向固定　　　　　　B. 对零件进行周向固定
　　C. 使轴外形美观　　　　　　　D. 便于轴的加工
★5. 下列各轴中，（　　）是转轴。
　　A. 汽车传动轴　　　　　　　　B. 自行车前轮轴
　　C. 减速器中的齿轮轴　　　　　D. 活塞销

答　案

一、判断题

1. ×　　2. ×　　3. √　　4. √　　5. ×

二、单项选择题

1. B　　2. B　　3. C　　4. A　　5. C

项目四　汽车常用材料

一、金属材料的力学性能

力学性能：在外力作用下，金属材料所表现出的一系列特性和抵抗破坏的能力。如表 2-4-1 所示。

表 2-4-1　金属材料的力学性能

指标	含　义
强度	材料抵抗塑性变形和断裂的能力。常用屈服强度 σ_s 或抗拉强度 σ_b 表示
塑性	材料断裂前发生不可逆永久变形的能力。用断后伸长率 δ 或断面收缩率 ψ 表示
硬度	材料抵抗局部变形，特别是局部塑性变形、压痕或划痕的能力。常用布氏硬度 HBS、HBW 或洛氏硬度 HRA、HRB、HRC 表示
冲击韧性	金属材料在断裂前吸收变形能量的能力，主要反映了金属抵抗冲击力而不断裂的能力。用冲击韧性 a_k 表示
疲劳强度	材料在交变应力作用下抵抗塑性变形和断裂的能力。用疲劳强度 σ 表示

二、汽车常用金属材料

常用的金属材料分为黑色金属和有色金属两大类。黑色金属指铁和铁的合金(钢、铸铁和铁合金),占工业用材的95%;有色金属指黑色金属以外的所有金属及其合金,仅占工业用材的5%。

1. 黑色金属

(1)钢。钢是碳的质量分数在2.11%以下的铁碳合金。其品种多、规格全、性能好、价格低,可用热处理的方法改善性能,是工业中应用最广的材料。

钢按含碳量可分为低碳钢(C<0.25%)、中碳钢(0.25%≤C≤0.6%)、高碳钢(0.6%<C<2.11%)。

钢按化学成分可分为非合金钢(碳钢)和合金钢。

①非合金钢(碳钢)中除含有主要为了脱氧而加入的硅、锰元素外,不含其他有意加入的合金元素。

②合金钢。在碳钢冶炼过程中,为获得某些性能的要求,人为加入某些元素,这样所得的钢称为合金钢,加入的元素称为合金元素。常加入的合金元素有铬、镍、钼、钒、钛、铜、钨、铝、氮等。

在相同质量的条件下,合金钢的强度高于碳钢,因此在载荷大、对材料强度要求高的场合,零件可用合金钢来制造。

钢按用途又可分为结构钢、工具钢和特殊性能钢等。

①结构钢。主要用于制造各种机械零件和工程构件。按其质量分类,可以分为碳素结构钢、优质碳素结构钢和高级优质钢。其质量区分主要看钢中有害成分的多少。钢中的有害元素主要是硫和磷,硫造成钢的热脆性,磷造成钢的冷脆性。锰和硅是钢中的有益元素,能提高钢的强度和硬度,减轻有害杂质元素的危害。

a. 碳素结构钢。有害杂质和非金属夹杂物较多,但冶炼容易,工艺性好,价格便宜,产量大。其牌号由代表屈服点的汉语拼音字母"Q"、屈服点数值、质量等级符号和脱氧方法符号四个部分按顺序组成,如Q235A。

b. 优质碳素结构钢。钢中所含硫、磷等有害杂质元素及非金属夹杂物较少,力学性能和钢材的表面质量较好,其组织也较均匀。其牌号用两位数字表示该钢的平均含碳量的万分数。例如45表示碳的平均质量分数为0.45%的优质碳素结构钢。

c. 高级优质碳素钢。高级优质钢中含硫、磷杂质最少。

②工具钢。主要用于制造各种刀具、模具和量具等。

a. 碳素工具钢。其牌号用"碳"的汉语拼音首字母"T"+数字表示。数字表示钢中平均含碳量的千分数。例如T8表示碳的平均质量分数为0.8%的碳素工具钢。

b. 合金工具钢。碳的平均质量分数大于等于1.0%时不标出,小于1.0%时用一位数字以千分之几表示。例如9SiCr表示碳的平均质量分数为0.9%,硅、铬的平均质量分数小于1.5%。

③特殊性能钢。具有某种特殊物理、化学性能的钢。如不锈钢、耐热钢、耐磨钢等。

(2)铸铁。碳的质量分数大于2.11%、小于6.69%的铁碳合金称为铸铁。铸铁具有良好的铸造性能、耐磨性、切削加工性能及一定的力学性能，而且成本低廉，所以在汽车制造及其他工业制造中广泛应用。铸铁的种类及特点、用途如表2-4-2所示。

表2-4-2 铸铁的名称、特点及用途

名称	碳在铸铁中的存在形式	特点及用途
白口铸铁	碳在铁中以渗碳体形式存在，断口呈亮白色	硬度高、脆性大，极难切削加工。一般不用来制造机械零件，而主要用作炼钢原料
灰铸铁	碳在铸铁组织中以片状石墨形式存在，断口呈灰色	软而脆，但具有良好的铸造性、耐磨性、减振性和切削加工性。目前工业生产中应用最广
可锻铸铁	碳在铸铁组织中以团絮状石墨形式存在，它是由一定成分的白口铸铁经过较长的高温退火而得的铸铁	有较高的力学性能，强度、塑性和韧性比灰铸铁好，尤其是塑性和韧性有明显提高，但可锻铸铁并不可锻造
球墨铸铁	碳在铸铁组织中以球状石墨形式存在。是将铁液经过球化处理和孕育处理而得到的	具有良好的耐磨性、减振性和金属切削性，强度接近于钢，可用来代替铸钢、锻钢和有色金属，制造高负荷、耐磨损和抗冲击的重要零件

(3)钢的热处理。对钢进行热处理可以改善钢的性能，提高或改善金属的力学性能。各种机械零件中，大多数都要经过热处理才投入使用。按工艺方法分为普通热处理、表面热处理及特殊热处理。这里只介绍普通热处理。如表2-4-3所示。

表2-4-3 钢的普通热处理

名称	含 义	目 的
退火	把工件加热到适当的温度，保温一定时间后随炉缓慢冷却的热处理方法	主要用来消除铸、锻件等的内应力，以防止变形和开裂并均匀组织、细化晶粒，改善钢的力学性能，降低钢的硬度，提高钢的切削加工性等
正火	将钢件加热到转变为完全奥氏体，保温一定时间后，在空气中冷却得到细片状珠光体组织的热处理工艺	主要用来处理低碳钢、中碳钢零件，细化其组织，减小内应力，提高钢的强度和韧性
淬火	将工件加热到适当的温度(对碳钢一般加热到760℃～820℃)保温后在水中或油中快速冷却的热处理方法	工件经淬火后可获得高硬度的组织，可提高钢的强度、硬度和耐磨性，但工件淬火后脆性增加、内部产生很大的内应力，使工件变形甚至开裂，所以工件淬火后一般都要及时进行回火处理
回火	淬火后的钢加热到奥氏体转变温度以下某一温度，保温后冷却下来的一种热处理工艺	减小或消除淬火应力，稳定组织，提高钢的塑性和韧性，从而使钢的强度、硬度和塑性、韧性得到适当配合，以满足不同工件的性能要求

淬火和高温回火的综合热处理工艺称为调质，调质可以使钢的性能、材质得到很大程度的调整，其强度、塑性和韧性都较好，具有良好的综合力学性能。

2. 有色金属

（1）铜及铜合金。纯铜外观呈紫红色，又称紫铜。具有良好的导电性和导热性，无磁性，有很好的化学稳定性，在大气、淡水、冷水中具有很好的耐蚀性，强度较低，但塑性极好。

铜合金比纯铜强度高，且具有许多优良的物理化学性能。常用的铜合金是黄铜、白铜和青铜，如表 2-4-4 所示。

表 2-4-4 铜合金

类型	特点	应用	表示方法	图例
黄铜	主要添加元素为锌的铜合金	船舶及化工零件，如冷凝管、齿轮、螺旋桨、轴承、衬套及阀体等	黄铜的牌号："H+Zn%"，例如 H68 表示铜的平均质量分数为 68%，其余为锌的黄铜	弹壳
白铜	主要添加元素为镍的铜合金。在各种腐蚀介质中具有高的化学稳定性；优良的冷热加工性能	制造蒸气和海水环境中工作的精密仪器、仪表零件、冷凝器和热交换器	白铜的牌号："B+Ni%"；例如 B30 表示含镍 30%，含铜 70% 的白铜	白铜制钱币
青铜	除黄铜和白铜以外的其他铜合金。其中含锡元素的称为锡青铜，不含锡元素的称为无锡青铜	锡青铜有良好的塑性、耐磨性及耐蚀性，有优良的铸造性能，主要用于耐磨损零件和耐蚀零件的制造，如蜗轮、轴瓦等	青铜的牌号：Q+主加元素符号及其含量%+其他元素符号及其含量%。例如 QSn4－3 表示锡的质量分数为 4%、其他元素锌的质量分数为 3%、余量为铜的锡青铜	蜗轮蜗杆

（2）铝及铝合金。纯铝呈银白色，具有导电性、导热性好，强度低，塑性好，易加工成形，熔点低的特点，有良好的耐蚀性，主要用于做导电、导热材料或耐蚀零件。价格较低，资源丰富，是目前工业中用量最大的有色金属。

纯铝中加入硅、铜、镁、锌、锰等制成铝合金，不仅强度提高，同时还保持铝耐蚀性好，质量轻的优点，常用来制造要求质量轻、强度高的零件。

三、汽车常用非金属材料

1. 汽车玻璃

玻璃是非晶体的无机物，它的主要成分是二氧化硅，并含有少量的金属氧化物。汽车上使用最多的主要是钢化玻璃和夹层玻璃。

（1）钢化玻璃。钢化玻璃是将普通玻璃加热到一定温度急速冷却而产生预应力的高强度玻璃。它的耐冲击能力强，耐高温。在受到冲击破碎时，玻璃会分裂成蜂窝状的小块，不易伤人，对乘员不易造成伤害。

(2)夹层玻璃。夹层玻璃是在两层玻璃中间夹一层安全膜，从而将两层玻璃牢固地结合起来。当汽车发生碰撞时，玻璃发生碎裂，但其碎片会粘在安全膜上，而且安全膜有一定韧性，在受到撞击时会弯曲拱起，吸收一部分撞击能量，其强度超过钢化玻璃。

2. 橡胶

橡胶是以生胶为基础加入适量的配合剂而组成的高分子材料。汽车用的橡胶具有高弹性、高耐磨性等特点，主要用于制造汽车轮胎、内胎、防振橡胶、软管、密封圈、输送带等零部件。

3. 塑料

塑料一般以合成树脂为基础，再加入各种添加剂而制成。汽车保险杠、方向盘、座椅缓冲垫、头枕、车门内饰板表皮、车门内饰板表皮隔离层等都是塑料制品。

4. 陶瓷

陶瓷是指以天然或人工合成的各种化合物为基本原料，经原料处理、成型、干燥、高温烧结而成的一种无机非金属固体材料。现代汽车中，一部分陶瓷作为结构性部件，如火花塞、机械密封件、催化剂容器等；另一部分用来作功能性材料，如爆震传感器、氧传感器等。

5. 摩擦材料

摩擦材料是汽车上的消耗性材料之一，主要起到传递动力、减速、停车等作用，是汽车制动系统与行车系统的重要组成部分。采用摩擦材料制造的零部件主要包括汽车离合器摩擦片、汽车制动蹄片等。

四、汽车常用燃料、润滑油料、工作液

1. 汽车常用燃料

汽车的主要燃料包括石油、汽油、柴油和其他代用燃料。目前汽车上使用的燃料主要是汽油和柴油。

(1)汽油。汽油是从石油中提炼而来的由碳、氢元素组成的烃类化合物，自燃点为415 ℃～530 ℃。

汽油的使用性能主要有：蒸发性、抗爆性、氧化安定性、抗腐蚀性和清洁性。

①车用汽油牌号。国产汽油的牌号是按照辛烷值的高低来划分的。2012年1月起，汽油牌号修改为"89号、92号、95号"。汽油牌号越高，其辛烷值越高，辛烷值的高低是衡量汽油发动机对抗爆震能力高低的指标。

②汽油的选用标准：按照车辆使用说明书选用规定的汽油牌号，也可根据发动机压缩比进行抗爆性的选择。压缩比越大，汽油的牌号越高；根据季节选择不同蒸发性的汽油。冬季应选择蒸气压较大的汽油，夏季应选择蒸气压较小的汽油；根据使用时间调整汽油牌号。发动机使用时间较长后，应使用高一级的汽油。

(2)柴油。与汽油相比较,轻柴油具有馏分重、自燃点低、黏度及相对密度大、挥发性差、储存和运输过程中损耗少、热效率高、燃料经济性好、使用安全等特点,随着柴油机技术的不断改进与提高,其应用日趋广泛。

柴油的使用性能性能主要有:发火性、低温流动性、黏度、防腐性和清洁性。

①柴油的牌号。按凝点将车用柴油分为5号、0号、-10号、-20号、-35号、-50号六个牌号。

②柴油的选用原则。应根据不同地区和季节进行选用。气温较高的地区,选用凝点较高的柴油。一般选用柴油的凝点应比当地当月环境最低气温低5℃以上,以保证在柴油最低气温时不致凝固;同一质量级别、不同牌号的柴油可以掺兑使用,以降低高凝点柴油的凝点,从而充分利用资源。

2. 汽车润滑材料

(1)发动机润滑油。发动机润滑油的主要作用是润滑、密封、冷却、洗涤、防锈和减振缓冲。

使用性能主要有:润滑性、低温操作性、黏温性、清净分散性、抗氧化性、抗腐蚀性、抗泡性等。

①发动机润滑油的分类:根据美国汽车工程师学会(SAE)黏度分类法,分为冬季用油(W级)和非冬季用油。冬季用油共有0W、5W、10W、15W、20W和25W六个等级,其级号越小,适应的温度越低。非冬季用油有20、30、40、50和60共五个等级,其级号越大,适应的温度越高。冬夏通用油牌号分别为:5W/20、5W/30、5W/40、5W/50、10W/20、10W/30、10W/40、10W/50、15W/20、15W/30、15W/40、15W/50、20W/20、20W/30、20W/40、20W/50。W前的数字越小,表示润滑油在低温时的流动性越好,汽车起动越容易;而W后边的数字越大,则表明该机油在高温环境的黏稠性越好,生成的油膜强度更强。

②发动机润滑油的选用原则:黏度级别的选择。油品的黏度会随温度变化而变化,冬季黏度变高,夏季黏度变低。

使用性能级别的选择:主要根据发动机性能、结构、工作条件和燃料品质,根据车厂的说明书要求确定发动机润滑油相应的使用性能级别。

(2)齿轮传动润滑油。齿轮油主要用于手动变速器、转向器和减速器等齿轮传动件摩擦处的润滑。其作用与发动机油的作用基本相同,即润滑、冷却、防腐蚀和缓冲作用等。

性能指标主要有:油性、极压抗磨性、黏温性、热氧化安定性、低温流动性、防腐、防锈性等。

①齿轮传动润滑油的分类:一般是按SAE(美国汽车工程师学会)分类法和API(美国石油协会)分类法分类,具体分为国外和国内两种。一类是按SAE分类法划分为70W、75W、80W、85W、90、140、250七个黏度级。另一类是按API分类法及工作条件的苛刻程度划分为GL-1、GL-2、GL-3、GL-4、GL-5、GL-6六个使用级别。我国按照车辆齿轮油的使用性能,把车辆齿轮油分为普通车辆齿轮油、中负荷车辆齿轮油、重负荷车辆齿轮油三种。我国车辆常用齿轮油品种与SAE、API使用分类的对应关系如表2-4-5所示。

表 2-4-5　我国车辆常用齿轮油品种与 SAE、API 使用分类的对应关系

我国车辆齿轮油品种	SAE 使用分类	API 使用分类
普通齿轮油	80 W/90、85 W/90、90	GL－3
中负荷齿轮油	80 W/90、85 W/90、90	GL－4
重负荷齿轮油	75 W、80 W/90；85 W/90、85 W/140、90、140	GL－5

②齿轮传动润滑油的选用。首先要根据齿轮的类型、负荷大小、滑动速度选定合适的质量级别，然后再根据使用的最高和最低工作温度来确定齿轮油的黏度级别。使用时应注意：

不能将使用级较低的齿轮油用在要求较高的车辆上，但使用级较高的齿轮油可以用在要求较低的车辆上；使用黏度级别过高的齿轮油，将使燃料消耗及磨损显著增加，特别是对高速轿车影响较大，应尽可能使用合适的多级齿轮油；不同等级的齿轮油不能混用；严防水分混入，以免极压抗磨添加剂失效。

(3)润滑脂。润滑脂是由基础油、稠化剂和液体润滑剂组成的润滑材料，在常温下呈固体或半固体状态，颜色一般呈深黄色，因此也称黄油。润滑脂具有良好的黏附性，不易在摩擦表面上流失，可在不密封和受压较大的摩擦零部件上使用，并具有防水、防尘、密封的作用，使用周期长、无需经常维护等特点，凡车辆不宜用润滑油的部位，均使用润滑脂润滑。

3. 汽车工作油液

(1)液力传动油。液力传动油又称自动变速器油(ATF)或自动传动油，用于由液力变矩器、液力偶合器和机械变速器构成的车辆自动变速器中作为工作介质，借助液体的动能起传递能量的作用。

使用性能主要有：黏度和黏温特性、抗泡沫性、氧化安定性、密封适应性、摩擦特性。

①液力传动油的分类。国外液力传动油多采用美国材料试验协会(ASTM)和美国石油协会(API)共同提出的 PTF 使用分类，目前我国液力传动油现行标准为中国石化总公司企业标准。液力传动油油的分类标准如表 2-4-6 所示。

表 2-4-6　液力传动油的分类标准

国外分类	国内分类	应用范围
PTF－1	8	轿车、轻型货车液力传动油
PTF－2	6	越野汽车、载货汽车和工程机械
PTF－3		农业和建筑野外机械

②液力传动油的选用。液力传动油的选择按车辆使用说明书的规定，选用适当品种的液力传动油；液力传动油的型号不同，其摩擦系数也不同，既不能错用，也不能混用。

(2)汽车制动液。汽车制动液，又称为刹车油或刹车液，是汽车液压制动系统中传递制动压力的液态介质。通过均匀传递压力来实现刹车，具有传递能量、散热、防腐防锈以及润滑四大作用。

使用性能主要有高温抗气阻性、低温流动性和黏温性、金属防腐蚀性、稳定性、耐寒性、抗氧化性、融水性、润滑性等。

①制动液的分类。国外制动液的分类标准：常用的进口制动液有DOT-3、DOT-4和DOT-5三种。国产制动液依据其平衡回流沸点，可分为JG0、JG1、JG2、JG3、JG4、JG5六个质量等级，序号越大平衡回流沸点越高，高温抗气阻性越好，行车制动安全性越高。

②制动液的选用。不能混合使用制动液，否则会因分层而失去制动作用；应保持制动液的清洁，加注或更换制动液时要注意清洁，不允许细微杂质混入制动系统；应防止制动液的吸潮；应定期更换制动液。在一般情况下，制动液应在使用一至两年后或者三至四万千米进行更换，更换制动液最好在每年雨季过后进行。

习题及答案

一、判断题

1. 金属材料抵抗塑性变形和断裂的能力称为强度。（　）
★2. 与生铁相比，钢含碳量较低。（　）
★3. 钢中主要元素是铁和碳，若有其他元素时，则该钢就是合金钢。（　）
4. 碳钢中杂质硫磷含量越高，则钢质量越好。（　）
5. 在相同质量条件下，合金钢的强度高于碳钢。（　）
6. 灰铸铁具有良好的耐磨性、减振性和金属切削性，强度接近于钢。（　）
7. 对钢进行热处理可以改善钢的性能，提高或改善金属的力学性能。（　）
8. 零件经过渗碳后，表面即可得到高的硬度及良好的耐磨性。（　）
★9. 相同结构和相同温度下，35钢比35Cr钢淬透性好。（　）
10. 铜合金比纯铜强度高，物理、化学性能也优于纯铜。（　）
11. 铝合金常用来制造要求质量轻强度高的零件。（　）
★12. 汽车前挡风玻璃以钢化玻璃和区域钢化玻璃为主，能承受较强的冲击力。（　）
★13. 一般陶瓷材料有高的硬度但质脆。（　）
14. 辛烷值是表示汽油在燃烧时的抗爆性指标，汽油辛烷值越大，则其抗爆性越差。（　）
15. 一般选用柴油的凝点应比当地当月环境温度高5℃以上。（　）
★16. 发动机润滑油使用等级越靠前，机油品质越好。（　）
17. 磨损较大的发动机应选用黏度较小的机油，以降低运动阻力。（　）
18. 润滑油黏度等级代号后带有"W"表示为夏季用油。（　）
19. 国产8号液力传动油适用于轿车、轻型卡车的自动变速器。（　）
20. 更换制动液时同一品牌不同型号的制动液可以混用。（　）

二、单项选择题

★1. 150HBS表示（　）。
　　A. 布氏硬度　　　B. 洛氏硬度　　　C. 维氏硬度　　　D. 马氏硬度

★2. 在金属材料强度的主要判据中，σ_s 称为（　　）。
　　A. 抗拉强度　　　B. 抗弯强度　　　C. 屈服强度　　　D. 拉伸强度

3. （　　）是钢中的有益元素。
　　A. 硅和硫　　　B. 硫和磷　　　C. 硅和锰　　　D. 硫和锰

4. 45钢表示含碳量为（　　）的优质碳素结构钢。
　　A. 百分之四十五　　B. 千分之四十五　　C. 万分之四十五　　D. 四十五

5. 目前工业生产中应用最广泛的一种铸铁是（　　）。
　　A. 白口铸铁　　　B. 灰铸铁　　　C. 可锻铸铁　　　D. 球墨铸铁

6. 将工件加热到适当温度，保温一段时间后随炉冷却的热处理方法称为（　　）。
　　A. 退火　　　B. 正火　　　C. 淬火　　　D. 回火

7. 下列属于表面热处理的是（　　）。
　　A. 退火　　　B. 正火　　　C. 淬火　　　D. 渗碳

★8. 下列牌号中属于黄铜的是（　　）。
　　A. QSn4－3　　　B. ZCuSn10P1　　　C. 9SiCr　　　D. HPb59－1

9. （　　）具有高弹性、高耐磨性的特点，常用来制造汽车轮胎、软管等零部件。
　　A. 玻璃　　　B. 橡胶　　　C. 塑料　　　D. 陶瓷

10. 制造汽车制动蹄片的材料是（　　）。
　　A. 玻璃　　　B. 橡胶　　　C. 塑料　　　D. 摩擦材料

11. 石油中的主要元素是碳和（　　）。
　　A. 氧　　　B. 氢　　　C. 氮　　　D. 硫

★12. 导致汽油机爆燃的原因是汽油的（　　）。
　　A. 牌号过高　　B. 牌号过低　　C. 辛烷值太大　　D. 饱和蒸气压过小

13. 下列不是柴油的特点的是（　　）。
　　A. 自燃点低　　B. 热效率高　　C. 挥发性好　　D. 使用安全

14. 柴油的牌号是根据（　　）划分的。
　　A. 十六烷值　　B. 黏度　　　C. 冷滤点　　　D. 凝点

15. 下列发动机润滑油中，属于冬季用油的是（　　）。
　　A. 20　　　B. 25W　　　C. 30　　　D. 40

16. 手动变速器、转向器和减速器等摩擦处的润滑主要用（　　）。
　　A. 发动机润滑油　　　　　　B. 齿轮传动润滑油
　　C. 液力传动油　　　　　　　D. 润滑脂

★17. 以下（　　）不属于润滑脂的特点。
　　A. 稠度大　　B. 不易流失　　C. 能起冷却作用　　D. 密封

18. （　　）是润滑脂的耐热指标。
　　A. 滴点　　　B. 安定性　　　C. 稠度　　　D. 防腐性

19. （　　）是汽车自动变速器和动力转向系中的工作介质。
　　A. 发动机润滑油　　　　　　B. 齿轮传动润滑油
　　C. 液力传动油　　　　　　　D. 润滑脂

20. (　　)是用于汽车液压制动系统或离合器液压操纵机构中传递压力的工作介质。
　　A. 发动机润滑油　　　　　　　　B. 齿轮传动润滑油
　　C. 液力传动油　　　　　　　　　D. 汽车制动液

答　案

一、判断题

1. √	2. √	3. ×	4. ×	5. √	6. ×	7. √
8. √	9. ×	10. √	11. √	12. √	13. √	14. ×
15. ×	16. ×	17. ×	18. ×	19. √	20. ×	

二、单项选择题

1. A	2. C	3. C	4. C	5. B	6. A	7. D
8. D	9. B	10. D	11. B	12. B	13. C	14. D
15. B	16. B	17. C	18. A	19. C	20. D	

模块三

汽车电工电子基础

项目一 基本电子元器件

一、基本电子元器件及测量

1. 万用表的使用

数字式万用表是一种新型的电工、电子测量工具,正在逐步取代模拟式万用表。数字式万用表具有很高的灵敏度和准确度,显示清晰直观,功能齐全,性能稳定,输入阻抗高,测量速度快,过载能力强,携带方便,深受广大电子爱好者的喜爱。下面以 DT890 数字式万用表(见图 3-1-1)为例,介绍其基本构造和使用方法。它可以用来测量直流电压/电流、交流电压/电流、电阻、电容、二极管、三极管 h_{FE} 和温度。

数字万用表的使用方法:

①直流(DC)和交流(AC)电压测量:将红表笔插入"V/Ω"插口,黑表笔插入"COM"中。把功能量程选择开关置于直流电压(DCV)相应的位置上,如果所测电压超过量程,显示器出现最高位"1",此时应将量程调高一挡,直至得到合适的挡位,交流电压(ACV)测试与直流电压相似,只是把功能量程选择开关置于交流电压 ACV 挡。

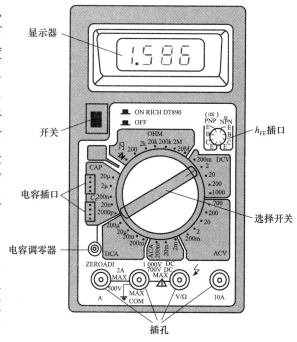

图 3-1-1 数字万用表

②直流(DC)和交流(AC)电流测量:将红表笔插入"A"插口(最大电流为 200 mA)或"10 A"插口(最大电流为 10 A,测量时长为 10 s),将量程功能选择开关转到直流电流(DCA)或交流电(ACA)位置,并将测试笔串入被测电路中,即可读数。

③电阻测量：将红表笔插入"V/Ω"，黑表笔插入"COM"中，将功能量程选择开关置于欧姆(OHM)相应的位置上，将两个测试笔跨接在被测电阻的两端，即可直接读出电阻值。

④电容测量：将被测试电容插入电容插座中，将量程功能选择开关置于电容(CAP)相应量程上，即得电容值。

⑤晶体管测量：将量程功能开关转到 h_{FE} 位置，将被测晶体管 PNP 型或 NPN 型的发射极、基极和集电极的脚插放到相应的 E、B、C 插座中，即得 h_{FE} 参数，测试条件 $V_{CE}\approx3$ V，$I_C\approx10$ mA。

⑥二极管和通断测量：将红表笔插入"V/Ω"插口中，黑表笔插入"COM"中。将量程功能开关转到相应位置上，将红表笔接二极管正极，黑表笔接在二极管负极上，显示器即显示二极管的正向导通压降，单位为 mV，电流为 1 mA。如测试笔反接，则显示过量程状"1"。用来测量通断状态时，如被测量点的电阻低于 30Ω 时，蜂鸣器会发出声音表示导通状态。

二、汽车传感器

1. 冷却液温度传感器

冷却液温度传感器采用负温度系数的热敏电阻，即当冷却液温度较低时，传感器的电阻较大，而当冷却液温度升高时，传感器的电阻却明显地变小。这样在实际使用中，传感器就能感知到冷却液温度的变化，并将这种变化通过电路的连接转化为电信号输送给 ECU。ECU 可根据输入的电信号(即冷却液温度的变化信号)对电喷发动机的喷油量及喷油时间进行修正，同时调整空燃比，使进入发动机内的混合气能稳定地燃烧。冷机时，供给较浓的可燃混合气；热机时，供给较稀的可燃混合气，使发动机稳定而良好地工作。

2. 进气温度传感器

进气温度传感器也是由负温度系数的热敏电阻组成的。其用来检测发动机的进气温度，并将这种温度信号通过电路的连接以电信号的形式输送给 ECU，ECU 则根据输入的电信号对喷油量进行修正。如果进气温度传感器出现故障，就会使输送 ECU 的进气温度电信号中断，使进入发动机气缸中的混合气过稀或过浓，燃烧情况变坏，出现热起动困难、废气排放量增大、工作不稳定的情况。同时，若在行车中出现上述情况，则应对进气温度传感器进行检测。

3. 进气压力传感器

进气压力传感器(也称进气歧管绝对压力传感器或 MAP)用在 D 型汽油喷射系统(应用在发动机上的电子控制多点间歇式汽油喷射系统中，基本特点是：以进气歧管压力和发动机转速为基本控制参数，用来控制喷油器的基本喷油量)中，根据发动机的负荷测出进气歧管内压力的变化，并通过电路的连接转化为电信号和转速信号，并一起输送给汽车电控单元(ECU)，作为确喷油器喷油量的基本依据。它大多安装在汽车发动机的进气歧管上，也有少部分安装在汽车发动机 ECU 的控制盒内或驾驶室内。

进气压力传感器的种类较多，按其信号的产生原理可以分为电压型和频率型两种。电压型又可分为半导体压敏电阻式(电阻应变计式)和膜盒传动可变电感式;频率型的可分为电容式和表面弹性波式。其中以半导体压敏电阻式应用最多,如图 3-1-2 所示。

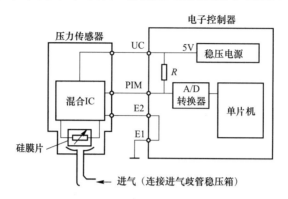

图 3-1-2　半导体压敏电阻式压力传感器的工作原理

4. 热膜式空气流量传感器

热膜式空气流量传感器与热线式空气流量传感器的工作原理大致一样。传感器的热膜电阻 R_H、温度补偿电阻 R_T、精密电阻 R_1 及 R_2、信号取样电阻 R_S 在电路板上以惠斯通电桥的方式连接,如图 3-1-3 所示。

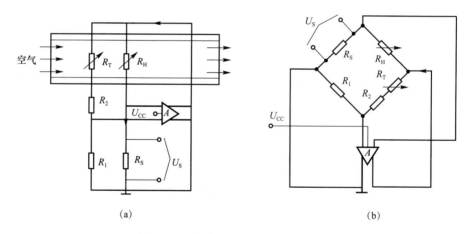

(a) (b)

图 3-1-3　热膜式空气流量传感器电路

(a)热膜式空气流量传感器的连接电路;(b)传感器内电阻组成的电桥电路

R_T—温度补偿电阻;R_H—热膜电阻;R_S—信号取样电阻;R_1,R_2—精密电阻;
U_{CC}—电源电压;U_S—信号电压;A—控制电路

当空气气流流经发热元件并使其受到冷却时,发热元件即热膜电阻温度降低,阻值减小,电桥电压失去平衡,控制电路将增大供给发热元件的电流,使其温度保持高于温度补偿电阻温度一个固定值(一般为 100 ℃)。电流增量的大小取决于发热元件受到冷却的程度,即取决于流过传感器的空气量。输出电压与空气流量之间的关系特征曲线如图 3-1-4 所示。

当发动机怠速或空气为热空气时，因为怠速时节气门关闭或接近全闭，所以空气流速低，空气量少；又因空气温度越高，空气密度越小，所以在体积相同的情况下，热空气的质量小，因此发热元件受到冷却的程度小，阻值减小的幅度小，所以电桥平衡需要的电流小，如图 3-1-5(a) 所示信号取样电阻上的信号电压低。

当发动机负荷增大或空气为冷空气时，因为节气门开度增大，空气流速加快使空气流量增大；因为冷空气密度大，在体积相同的情况下冷空气质量大，所以发热元件受到冷却的程度增大，阻值减小的幅度大，保持电桥平衡需要的电流增大，如图 3-1-5(b) 所示，因此当发动机负荷增大时，信号电压升高。

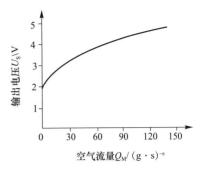

图 3-1-4　关系特征曲线

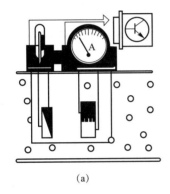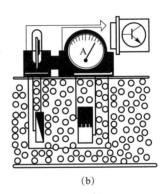

(a)　　　　　　　　　　　　(b)

图 3-1-5　热膜式空气流量传感器的测量原理

(a)怠速或热空气时；(b)负荷增大或冷空气时

5. 氧传感器

二氧化锆式氧传感器的工作原理如图 3-1-6 所示。

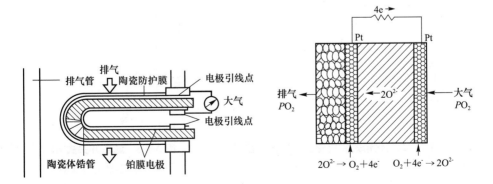

图 3-1-6　二氧化锆式氧传感器的工作原理

锆管的陶瓷体是多孔的，渗入其中的氧气在温度较高时发生电离。只要锆管内侧(与大气相通)、外侧(与排气相通)氧的质量分数不一致，存在浓度差，氧离子就将从大气侧向排气侧扩散，从而使锆管成为一个微电池，在两铂极间产生电压。

当供给发动机的可燃混合气较稀时，由于排气中氧的质量分数较高，锆管内、外表面的氧浓度差较小，因此锆管两铂膜电极间的电势差很小，产生很小的电压，即传感器的输出电压几乎为零；当供给发动机的可燃混合气浓时，排气中氧的质量分数较低，同时伴有较多的未完全燃烧的产物(如 CO、H_2 等)，这些成分在锆管外表面上的催化剂铂的作用下，与氧发生反应，消耗排气中残余的氧，这将使锆管外表面本来就极其稀少的氧浓度含量进一步降低，而锆管内表面仍与大气相通，氧的质量分数较高，这样锆管内、外表面的氧浓度差就较大，因此锆管两铂膜电极之间的电势差就较高，产生较大的电压，即传感器的输出电压接近 1 V，如图 3-1-7 所示，从图中还可以看出，这种电压的突变发生在空燃比为 14.7 时，即理论空燃比时，此时空气过量系数为 1。但要保持混合气为理论空燃比是不可能的。实际上反馈控制只能使混合气在理论空燃比附近的一个狭小的范围内波动，故氧传感器的输出电压在 0～1 V 不断变化(通常每 10 s 变化 8 次以上)。如果氧传感器的输出电压变化过缓或电压保持不变(不论保持在高电位还是低电位)，则表明氧传感器有故障。

6. 节气门控制

触点开关式节气门位置传感器的输出特性如图 3-1-8 所示。当节气门关闭时，传感器的怠速触点(IDL)闭合，功率触点(PSW)断开，怠速触点(IDL)输出端子输出一个低电平信号"0"，功率触点(PSW)输出端子输出一个高电平信号"1"。ECU 接收到节气门位置传感器 TPS 输入的这两个电压信号时，若车速传感器输入 ECU 的信号表示车速为 0，那么 ECU 便可根据这两个信号判定发动机处于怠速状态，并控制喷油器增加喷油量，保证发动机怠速转速稳定而不致熄火；如果此时车速传感器输入 ECU 的信号表示车速不为 0，那么 ECU 便可根据这两个信号判定发动机处于减速状态，从而控制喷油器停止喷油，以减少排放量和提高经济性。

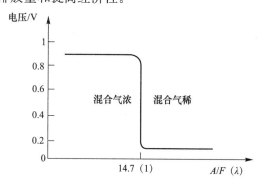

图 3-1-7 二氧化锆式氧传感器的输出特性

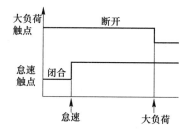

图 3-1-8 触点开关式节气门位置传感器的输出特性

7. 曲轴位置传感器

霍尔式曲轴位置传感器是利用霍尔效应产生与曲轴转角相对应的电压脉冲信号的原理制

成的，可分为触发叶片式和触发轮齿式两种曲轴位置传感器。霍尔效应是指把一块金属或半导体薄片垂直放在磁感应强度为 B 的磁场中，沿着垂直于磁场的方向通以电流 I，会在薄片的另一侧面产生电动势 U_H，如图 3-1-9 所示。所产生的电动势称为霍尔电动势，这种薄片(一般为半导体)称为霍尔片或霍尔元件。触发叶片式霍尔曲轴位置传感器的工作原理如图 3-1-10 所示。

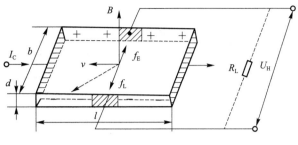

图 3-1-9　霍尔效应原理

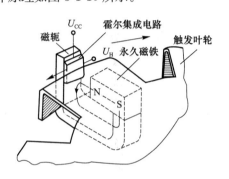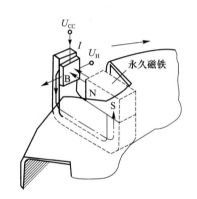

图 3-1-10　触发叶片式霍尔曲轴位置传感器的工作原理
(a)叶片进入气隙，磁场被旁路；(b)叶片离开气隙，磁场饱满

当曲轴转动并带动转子轴转动时，触发叶轮随转子轴一起转动，触发叶轮的叶片便从霍尔集成电路与永久磁铁之间的气隙中转过。当叶片进入气隙时，霍尔集成电路中的磁场被叶片旁路，此时霍尔元件产生的霍尔电压为零，集成电路输出端被三极管截止，传感器输出一个高电平信号电压(实验表明：当电源电压 $U_{CC}=14.4$ V 时，信号电压 $U_0=9.8$ V；当电源电压 $U_{CC}=5$ V 时，信号电压 $U_0=4.8$ V)。当叶片离开气隙时，永久磁铁的磁通便经过霍尔集成电路和导磁钢片构成回路，此时霍尔元件产生霍尔电压 $U_H(U_H=1.9\sim2.0$ V)，霍尔集成电路输出端被三极管导通，传感器输出一个低电平电压信号 U_0(实验表明：当电源电压 $U_{CC}=14.4$ V 或 5 V 时，信号电压 $U_0=0.1\sim0.3$ V)。ECU 根据输入的脉冲信号计算出曲轴的转角及活塞上止点的位置，从而对发动机的点火和喷油时刻进行控制。

8. 爆震传感器

爆震传感器是一种振动加速度传感器，装在发动机气缸体上，一般安装在 2、3 缸之间，有利于发动机爆震平衡，ECU 利用爆震传感器输出的振动频率信号通过 ECU 内部滤波，进而判断发动机是否发生了爆震，当检测到爆震信号时，ECU 会逐步减小，直到不发生爆震为止，然后再逐步恢复，直到爆震消失，如此反复。

习题及答案

一、判断题

★1. 爆震传感器检测到爆震信号，则减小点火提前角，如没有检测到爆震信号，则增大点火提前角。   (   )

2. 冷却水温度正常后，氧传感器信号的变化10 s内不少于8次。   (   )

★3. 霍尔传感器所发出的信号为正弦信号，速度越快，幅值越大。 (   )

4. "四端子"式节气门位置传感器实质上是可变电阻。   (   )

5. 冷却水、进气温度传感器的信号，既影响发动机的急速，又影响发动机的动力性和经济性。   (   )

★6. 测量电压时，电压表应与被测电路串联。因为电压表的内阻远大于被测负载的电阻。多量程的电压表是在表内备有可供选择的多种阻值倍压器的电压表。 (   )

二、选择题

★1. 电控发动机对喷油和点火时刻控制的主要根据是(   )信号。
  A. 曲轴位置传感器　　　　　　　B. 空气流量传感器
  C. 进气压力传感器

2. 冷却水和进气温度传感器性能检测内容，(   )说法正确。
  A. 甲说有参考电压和信号电压　　B. 乙说有信号电压和电阻特性
  C. 丙说三项内容均检测

★3. 数字万用表上显示的值为10.8，所选择的电阻挡为20 kΩ，则电阻的阻值为(   )。
  A. 10.8 Ω　　　　B. 10.8 kΩ　　　　C. 21.6 kΩ

4. D型电控发动机对空气的计量是(   )。
  A. 直接计量　　　B. 间接计量　　　　C. 混合计量

答　案

一、判断题

1. √　　2. √　　3. ×　　4. √　　5. √　　6. ×

二、选择题

1. A　　2. C　　3. B　　4. B

项目二　基本电路

一、电的物理量

电路是电流所流经的路径。一个完整的电路由电源、负载、中间环节(包括控制和保护装置及连接导线)三部分组成。

1. 电阻

导体对电流的阻碍作用叫电阻。电阻的文字符号为 R，图形符号是———。电阻的国际单位是欧姆(Ω)，还有千欧($k\Omega$)、兆欧($M\Omega$)，它们之间的关系是：$1\ \Omega = 10^{-3}\ k\Omega = 10^{-6}\ M\Omega$。

在一定的温度下，导体的电阻与导体的长度成正比，与导体的横截面成反比，并与导体材料的性质有关。均匀导体的电阻可用公式表示为：

$$R = \rho \frac{L}{S}$$

式中　R——导体的电阻，单位是欧姆(Ω)；

ρ——电阻率，反映材料的导电性能，单位是欧姆·米($\Omega \cdot m$)；

L——导体的长度，单位是米(m)；

S——导体的横截面积，单位是平方米(m^2)。

2. 电流

电流是电荷在电场力作用下定向移动形成的。电流大小规定为单位时间内通过导体横截面积电荷量的多少。即：

$$I = \frac{Q}{t}$$

式中　I——电流，单位为安培，简称安，符号为 A；

Q——电荷量，单位为库仑，简称库，符号为 C；

t——时间，单位为秒，符号为 s。

电流常用的单位有：A(安)，mA(毫安)、μA(微安)等。$1\ A = 1\ 000\ mA$；$1\ mA = 1\ 000\ \mu A$。

电流的方向规定为正电荷定向移动的方向，即与负电荷定向移动的方向相反。电流的方向不随时间变化的电流为直流电。直流电的文字符号用字母"DC"表示，图形符号用"—"表示。可分为稳恒电流和脉动电流。电流的大小和方向都不随时间变化的电流为稳恒电流。电流的大小随时间变化，但方向不随时间变化的电流为脉动直流电。大小和方向都随时间变化的电流为交流电。交流电的文字符号用字母"AC"表示，图形符号用"～"表示。

3. 电动势

在电源内部，非静电力把单位正电荷从低电位(负极)移到高电位(正极)所做的功，简称电动势，用 E 来表示。方向规定由负极经电源内部指向正极，或由低电位指向高电位。

表达式：

$$E = \frac{W}{q}$$

式中　E——电动势，单位是伏特(V)；

W——非静电力移动正电荷做的功，单位是焦耳(J)；

q——非静电力移动的电荷量，单位是库仑(C)。

电压和电动势的单位都是伏特，但电压和电动势是两个不同的概念。电压是衡量电场力做功能力大小的物理量,其方向由高电位指向低电位,电源内、外部电路均有电压。而电动势是衡量非静电力做功能力大小的物理量,其方向由低电位指向高电位,仅存在于电源内部。

4. 电压

A、B两点间的电压用表示,在数值上等于电场力把单位电荷由A点移到B点所做的功。表达式:

$$U_{AB}=\frac{W_{AB}}{q}$$

式中　U_{AB}——A、B两点间的电压,单位是伏特(V);

　　　q——由A点移到B点的电荷量,单位是库仑(C);

　　　W_{AB}——电场力将电荷由A点移到B点所做的功,单位是焦耳(J)。

在国际单位制中,电压的单位是伏特,简称伏,符号是V。电压的常用单位还有千伏(kV)和毫伏(mV),它们之间的关系为:1 kV=10^3 V,1 V=10^3 mV。

电压方向的规定:由高电位指向低电位,即电位降低的方向,因此,电压也常被称为电压降。

5. 电位

取电路中任一点作为参考点,并规定为零电位,电路中任一点到参考点之间的电压,就称为该点的电位。原则上参考点是可以任意选定的,但习惯上通常选择大地为参考点。在实际电路中也选取公共点或机壳作为参考点,一个电路中只能选一个参考点。电路中,参考点常用符号⊥表示。当某点到参考点的电压为正时,则该点的电位为正;当某点到参考点的电压为负时,则该点的电位为负。

6. 电功率

电流在单位时间内所做的功称为电功率,简称功率。表达式:

$$P=\frac{W}{t} \text{ 或 } P=UI=I^2, R=\frac{U^2}{R}$$

式中　P——电功率,单位是瓦特(W);

　　　W——电功,单位是焦耳(J);

　　　t——电流做功所用的时间,单位是秒(s)。

在国际单位制中,电功率的单位是瓦特,简称瓦,符号是W。电功率的常用单位还有千瓦(kW)和毫瓦(mW),它们之间的关系为:1 W=10^{-3} kW;1 W=10^3 mW。

电功率是衡量电流做功快慢的物理量,在相同电压作用下,功率大的负载单位时间内做功快。

7. 电能

在电场力作用下,电荷定向移动形成的电流所做的功称为电能。电流做功的过程就是将电能转化成其他形式的能的过程。

表达式:

$$W=Uq=UIt$$

式中　W——电能,单位是焦耳(J);

模块三 汽车电工电子基础

U——加在导体两端的电压，单位是伏特(V)；

I——导体中的电流，单位是安培(A)；

t——通电时间，单位是秒(s)。

在国际单位制中，电能的单位是焦耳，简称焦，符号是 J。在实际使用中，电能常以千瓦时为单位，俗称度，符号是 kW·h。

$$1 度 = 1\ kW·h = 3.6 \times 10^6\ J = 3.6\ MJ$$

8. 电热

导体中有电流通过，导体就会发热的现象叫做电流的热效应。发热的热量用 Q 表示，称为电热。电流通过导体产生的热量，跟电流的平方、导体的电阻和通电时间成正比。

表达式：

$$Q = I^2 Rt$$

式中　Q——导体产生的热量，单位是焦耳(J)；

I——导体中通过的电流，单位是安培(A)；

R——导体的电阻，单位是欧姆(Ω)；

t——电流通过导体的时间，单位是秒(s)。

二、基本电路

1. 电路图

在分析和研究电路时，总是把设备抽象化，用规定的图形符号表示。这种用统一规定的图形符号画出的电路模型图称为电路图。常用的部分电工图形符号见表 3-2-1。

表 3-2-1　常用的部分电工图形符号

图形符号	名称	图形符号	名称	图形符号	名称
─/─	开关	─▭─	电阻器	⊥	接机壳
─┤├─	电池	─▧─	电位器	≡	接地
Ⓖ	发电机	─┤├─	电容器	○	端子
∽	线圈	Ⓐ	电流表	─•─	连接导线 不连接导线
∽	铁芯线圈	Ⓥ	电压表	─▭─	熔断器
∽	抽头线圈	Ⓖ	二极管	⊗	灯

2. 欧姆定律

在一段电路或全电路中，各基本物理量之间存在着一定的制约关系，这种制约关系称为欧姆定律。

· 61 ·

(1)部分电路欧姆定律。在部分电路中,导体中的电流与导体两端的电压成正比,与导体的电阻成反比,这一关系称为部分电路欧姆定律。部分电路欧姆定律示意图如图3-2-1。

当 U、I 参考方向相同时,如图3-2-1(a)所示,欧姆定律的表达式:

$$I=\frac{U}{R}$$

当 U、I 参考方向相反时,如图3-2-1(b)所示,欧姆定律的表达式:

$$I=-\frac{U}{R}$$

(2)全电路欧姆定律。含有电源的闭合电路称为全电路。闭合电路中的电流与电源的电动势成正比,与电路的总电阻(内电阻与外电阻之和)成反比,这就是全电路欧姆定律。

在 E 与 I 参考方向一致时,如图3-2-2所示,欧姆定律的表达式为:

$$I=\frac{E}{R+R_0}$$

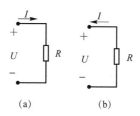

图3-2-1 部分电路欧姆定律示意图

图3-2-2 全电路欧姆定律示意图

由此可见,电路中的电流不仅与电源电动势、外电路电阻的大小有关,还与电阻有关。

3. 串并联电路

(1)串联电路。串联电路是具有两个以上负载的完整电路。在电路中,将两个或两个以上负载(如电阻、电容及电感等用电器)逐个顺次首尾相连接,只有一条通道供电流流经所有负载。如图3-2-3所示。电流要在串联电路中流通,则电路必须是连续的或者说具有连续性。

串联电路的特点:

①串联电路中流过每个电阻的电流都相等:$I=I_1=I_2=I_3\cdots=I_n$;

②等效电阻:几个电阻串联的电路,可以用一个等效电阻 R 替代:$R=R_1+R_2+R_3+\cdots+R_n$;

③电路两端的总电压等于各个电阻两端的电压之和:$U=U_1+U_2+U_3+\cdots+U_n$(分压原理);

④串联电路总功率等于各功率之和:$P_总=P_1+P_2+P_3+\cdots+P_n$。

(2)并联电路。把电路中的元件并列地接到电路中的两点间,电路中的电流分为几个分支,分别流经几个元件的连接方式叫并联。如图3-2-4所示。

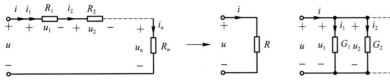

图 3-2-3　串联电路　　　　　　　　图 3-2-4　并联电路

并联电路的特点：

①并联电路中各电阻两端的电压相等。且等于电路两端的电压，即 $U=U_1=U_2=U_3\cdots=U_n$；

②并联电路中的总电流等于各电阻中电流之和，即 $I=I_1+I_2+I_3+\cdots+I_n$（分流电路）；

③几个电阻并联后的电路，可以用一个等效电阻 R 替代，即 $1/R=1/R_1+1/R_2+1/R_3+\cdots+1/R_n$，$G=G_1+G_2+G_3+\cdots+G_n$；

④并联电路总功率等于各功率之和，即 $P_总=P_1+P_2+P_3+\cdots+P_n$；负载增加，则并联的电阻越来越多，总电阻 R 越小，电源供给的电流和功率也随之增加。

4. 基尔霍夫定律

（1）基尔霍夫电流定律。基尔霍夫电流定律也称节点电流定律，指出：电路中任意一个节点上，在任一时刻，流入节点的电流之和，等于流出节点的电流之和。

数学表达式：

$$\sum I_入 = \sum I_出$$

如果规定流入节点的电流为正，流出节点的电流为负，则基尔霍夫电流定律也可描述为在任一电路的任一节点上，电流的代数和等于零。即：

$$\sum I = 0$$

（2）基尔霍夫电压定律。基尔霍夫电压定律又称为回路电压定律，说明在一个闭合回路中各段电压之间的关系。可以表述为对电路中的任一闭合回路，沿回路绕行方向上各段电压的代数和等于零。沿着绕行方向，电源由正极到负极取正号，由负极到正极取负号。即：

$$\sum U = 0$$

基尔霍夫电压定律也可表述为：对电路中任一闭合回路，各电阻上电压降的代数等于各电动势的代数和。即

$$\sum RI = \sum E$$

习题及答案

一、判断题

★1. 电阻值大的导体，电阻率一定也大。　　　　　　　　　　　　　　　　　　　（　　）

2. 电流流过负载时，负载将电能转换成热能。电能转换成热能的过程，叫做电流做

功，简称电功。 （　　）

二、选择题

1. 并联电路中的总电流等于各电阻中的(　　)。
   A. 倒数之和　　　　　　　　　　B. 相等
   C. 电流之和　　　　　　　　　　D. 分配的电流与各电阻值成正比

★2. 相同材料制成的两个均匀导体，长度之比为3∶5，横截面积之比为4∶1，则其电阻之比为(　　)。
   A. 12∶5　　　B. 3∶20　　　C. 7∶6　　　D. 20∶3

★3 电路如图3-2-5所示，$I=$(　　)。
   A. 3 A　　　B. 3 A　　　C. 5 A　　　D. −5 A

★4. 在如图3-2-6所示的电路中，I_1与I_2的关系是(　　)。
   A. $I_1>I_2$　　B. $I_1<I_2$　　C. $I_1=I_2$　　D 不能确定

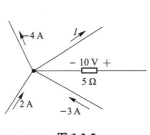

图 3-2-5

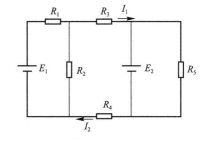

图 3-2-6

5. 某直流电源在端部短路时，消耗在内阻上的功率是400 W，则此电流能供给外电路的最大功率是(　　)。
   A. 100 W　　B. 200 W　　C. 300 W　　D. 400 W

6. 两个阻值均为555 Ω的电阻，作串联时的等效电阻与作并联时的等效电阻之比为(　　)。
   A. 2∶1　　　B. 1∶2　　　C. 4∶1　　　D. 1∶4

7. 在电源内部由负极指向正极，即从(　　)。
   A. 高电位指向高电位　　　　　　B. 低电位指向低电位
   C. 高电位指向低电位　　　　　　D. 低电位指向高电位

8. 一台直流电动机，运行时消耗功率为2.8 kW，每天运行6 h，30天消耗的能量为(　　)。
   A. 30 kW·h　　B. 60 kW·h　　C. 180 kW·h　　D. 504 kW·h

答　案

一、判断题

1. ×　　2. √

二、选择题

1. C　　2. B　　3. C　　4. C　　5. A　　6. C　　7. D　　8. D

项目三　半　导　体

一、半导体

大自然中，按照材料导电性能的不同可以分为导体、半导体和绝缘体。金属原子最外围价电子少，且很容易挣脱原子核的束缚，成为自由电子，这些粒子能受电压的驱使定向移动，形成电流，所以金属材料导电性能良好，而自由电子就是电流的载体，所以我们将自由电子称为载流子。导电性能介于导体和绝缘体之间的物质，常见的有硅、锗和砷化镓等材料。完全纯净的、不含杂质的半导体叫做本征半导体。为了提高电特性，常在其中添加其他元素。根据所加元素及导电特性的不同，半导体材料可分为P型半导体和N型半导体两种。在纯净的半导体中加入五价元素就形成N型半导体，在N型半导体中多数导电微粒是电子，少数导电微粒是空穴；在纯净的半导体中加入三价元素就形成P型半导体，在P型半导体中多数导电微粒是空穴，少数导电微粒是电子。

二、二极管

一块P型半导体和一块N型半导体有机地结合在一起，形成一个PN结，用两金属导体将这块半导体分别引出，用绝缘物质封装起来便构成一个二极管，如图3-3-1所示。

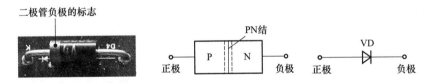

图3-3-1　二极管的实物、结构及其符号

二极管按制造的材料不同可分为硅二极管、锗二极管。二极管可以看作电流的单向止回阀，它只允许电流以一个方向流动，即从二极管的正极流向负极，这就是二极管的单向导电性。

1. 二极管的伏安特性

流过二极管的电流随着加在二极管上的电压变化而变化的性质称为二极管的伏安特性。图3-3-2所示为二极管的伏安特性曲线。

（1）正向特性。从图3-3-2可看出，当在二极管上加的正向电压小于某一数值U_{th}时，正向电流很小，几乎为零，二极管呈现出较大的电阻，这段区域称为"死区"。U_{th}叫作死区电压或门槛电压。硅管$U_{th}=0.5$ V，锗管$U_{th}=0.1$ V。当正向电压超过U_{th}后，正向电流按指数曲线规律增长，二极管处于导通状态。硅管的导通压降为0.7 V，锗管的导通压降为 0.3 V。

(2)反向特性。当二极管被加上反向电压时，流过二极管的电流很小，称为反向饱和电流 I_S，硅管 I_S 小于 0.1 μA，锗管 I_S 为几十微安。

(3)反向击穿特性。当反向电压增加到某个数值 U_R 时，流过二极管的反向电流将急剧增大，这种现象叫作反向击穿，U_R 叫作反向击穿电压。使用二极管时，应避免反向电压超过击穿电压，以防止二极管损坏。

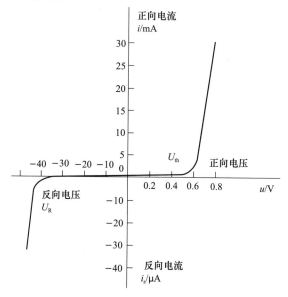

图 3-3-2　二极管的伏安特性曲线

2. 二极管的主要参数

(1)最大电流 I_F。最大电流是指二极管长期运行时，允许通过的最大正向平均电流。实际使用时的工作电流应小于 I_F，如果超过此值，将引起 PN 结过热而烧坏。

(2)最高反向电压 U_{RM}。最高反向电压是指二极管工作时两端所允许加的最大反向电压。通常 U_{RM} 约为反向击穿电压 U_R 的一半，以保证二极管安全工作，防止被击穿。

三、三极管

1. 三极管的结构

半导体三极管也称为晶体三极管。它是由两个相距很近的 PN 结组成的，是在一块半导体晶片制造的三个掺杂区，形成两个 PN 结，再引出三个电极，用管壳封装，实物如图 3-3-3 所示。

三极管由 P 型和 N 型材料组合的三层材料制成。按照两个 PN 结的组合方式不同，三极管可分为 NPN 型(见图 3-3-4(a)、(b))和 PNP 型(见图 3-3-4(c)、(d))两种。实际上，一个三极管是拥有共同中间层的两个二极管。

模块三 汽车电工电子基础

　　(a)　　　　　　　(b)　　　　　　　(c)　　　　　　　(d)　　　　　　　(e)

图 3-3-3　各种三极管实物

(a)小功率塑料封装三极管；(b)小功率金属圆壳封装三极管；(c)大功率塑料封装三极管；
(d)大功率金属圆壳封装三极管；(e)贴片三极管

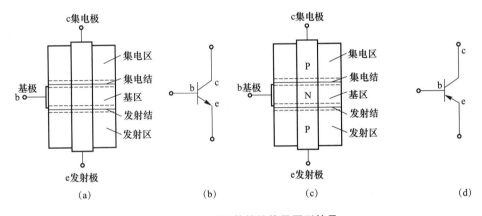

图 3-3-4　三极管的结构及图形符号

三极管的三个极分别为发射极 e、集电极 c、基极 b。三极管的基本功能就是利用基极电流控制集电极和发射极之间的电流。三极管可以看作一个电流的控制阀，集电极和发射极是电流的通路，而基极就是控制这个电流的阀门，只不过这个阀门不是靠旋转来改变通路的大小，而是靠本身流过的电流——基极电流来控制集电极和发射极之间流过电流的大小。三极管图形符号中的箭头就表示了两种不同类型的三极管集电极和发射极之间电流的方向。NPN 型三极管电流从集电极 c 流向发射极 e；PNP 型三极管电流从发射极 e 流向集电极 c。

2. 三极管的工作状态

根据三极管连接的外部电路条件，三极管有截止、放大和饱和三种工作状态。

(1)截止。当 NPN 型三极管连接成如图 3-3-5(a)所示的电路时，基极 b 与发射极 e 电势差小于 0.7 V，这种情况称为基极加了反向偏压。在这种状态下，三极管不导通，没有电流流动，称为三极管的截止状态。如果把

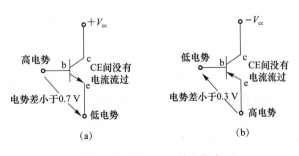

图 3-3-5　三极管的截止状态

ce 间看作一个开关的两端，截止状态相当于开关断开。

对于 PNP 型三极管，当发射极 E 与基极 B 电势差小于 0.3 V 时，如图 3-3-5(b)所示，基极加了反向偏压，PNP 型三极管截止。

(2)放大。如图 3-3-6(a)所示，当 NPN 管的基极 b 与发射极 e 的电势差大于 0.7 V 时，这种情况称为基极加了正向偏压。在这种状态下，三极管导通，集电极 c 至发射极 e 有电流，而且流过的电流大小与基极 b 流入的电流成正比，称为三极管的放大状态。对于 PNP 管，放大状态的条件是基极 b 的电势比发射极 e 的电势低 0.3 V 以上，如图 3-3-6(b)所示。

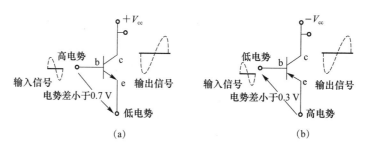

图 3-3-6　三极管的放大状态

(3)饱和。在放大状态，三极管 ce 之间的电流是随着基极 b 的电流增大而增大的。但是，当三极管的基极电流增加到一定值时，再增大正向偏压，加大基极电流，ce 之间的电流就维持在一个最大值而不再增大了，这种状态称为三极管的饱和状态。在饱和状态，三极管 ce 之间的电势差很小，几乎为零，相当于一个开关的两端闭合。在分析汽车电路时，如果遇到三极管饱和的状态，可认为 c、e 电势相等。

3. 三极管的基本参数

三极管的性能可以用参数来进行描述，三极管的参数是工程实践中选用管子的主要依据，各种参数均可在三极管手册中查到。

(1)电流放大倍数 β。三极管在有输入信号的情况下，输出信号的电流变化与输入信号的电流变化之比称为电流放大倍数，也就是一般简称的三极管放大倍数。电流放大倍数决定了三极管的基本放大能力。

(2)穿透电流 I_{ceo}。当基极 b 开路，集电极 c、发射极 e 之间加上一定的电压时，ce 之间并不是没有电流流过，只是流过的电流很小，称为穿透电流 I_{ceo}。三极管的穿透电流越小，管子的质量越好。

(3)极限参数。使三极管得到充分利用而又安全可靠工作的参数，叫作极限参数。

4. 三极管管型与管脚的判别

常用的小功率三极管有金属圆壳封装和塑料封装（半圆柱形）等，管脚排列如图 3-3-7(a)所示。大功率三极管的外形有金属壳封装（扁柱形），管脚排列如图 3-3-7(b)所示，以及塑料封装（扁平、管脚直列）等形式。对于小功率管，图 3-3-7(a)中列出了管脚的排列方式，为便于记忆，总结如下：

金属圆壳封装："头向下，腿向上，大开口朝自己，左发右集电"。

塑料半圆柱封装："头向下，平面向自己，左起 cbe"。

对于大功率管，金属壳扁柱形封装按照图 3-3-7(b)中列出的管脚排列方式判别即可。塑料扁平封装、管脚直列型，没有统一形式，要经过万用表检测判别。

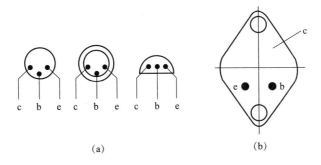

图 3-3-7　常用三极管的封装形式和管脚排列

习题及答案

一、判断题

1. 参与半导体导电的有两种载流子——自由电子和空穴。　　　　　　　　（　　）
2. 二极管只要加正向电压就一定导通。　　　　　　　　　　　　　　　　（　　）
★3. 稳压二极管起稳压作用时工作于二极管伏安特性的反向击穿区。　　　（　　）
★4. 三极管处于饱和状态时，集电极电流不再随基极电流增大而增大。　　（　　）

二、选择题

1. 在 P 型半导体中，导电的载流子主要是（　　）。
   A. 电子　　　　　B. 离子　　　　　C. 空穴　　　　　D. 质子
★2. 整流的目的是（　　）。
   A. 将交流电变为脉动直流电　　　　B. 将高频变低频
   C. 将低频变高频　　　　　　　　　D. 将正弦波变为方波
★3. 桥式整流电路中，变压器次级电压有效值为 10 V，则选用整流二极管参数时最高反向工作电压 U_{RM} 应大于（　　）。
   A. 9 V　　　　　B. 12 V　　　　　C. 14 V　　　　　D. 28 V
4. 稳压二极管常应用于（　　）。
   A. 放大电路　　　　　　　　　　　B. 整流
   C. 滤波电路　　　　　　　　　　　D. 稳压电路
★5. 如图 3-3-8 所示四个稳压二极管稳压电路，正确的是（　　）。
   A. (a)　　　　　B. (b)　　　　　C. (c)　　　　　D. (d)

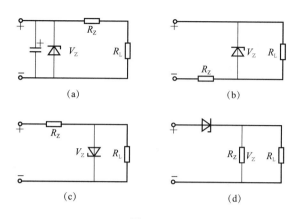

图 3-3-8

★6. NPN 型三极管处于放大状态时各极电压关系为(　　)。

　　A. $V_c > V_b > V_e$　　　　　　　　B. $V_c < V_b < V_e$

　　C. $V_c > V_e > V_b$　　　　　　　　D. $V_e > V_c > V_b$

答　案

一、判断题

1. √　　2. ×　　3. √　　4. √

二、选择题

1. C　　2. A　　3. C　　4. D　　5. B　　6. A

项目四　磁场与电磁部件

一、磁场和电磁感应现象

　　磁是物质运动的基本形式之一。在磁场中可以利用磁感应线来形象地表示各点的磁场的强弱和方向。所谓磁感应线，就是在磁场中画出的一些曲线，在这些曲线上，每一点的切线方向，都跟该点的磁场方向相同。如图 3-4-1 所示。磁感应线具有以下几个特征：

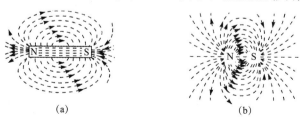

图 3-4-1　磁体对应的磁感线

(1)磁感应线是互不相交的闭合曲线,在磁铁外部,磁感应线从 N 极指向 S 极;在磁铁内部,磁感应线从 S 极指 N 极。

(2)磁感应线的疏密反映磁场的强弱。磁感应线越密表示磁场越强,磁感应线越疏表示磁场越弱。

(3)磁感应线上任意一点的切线方向,就是该点的磁场方向。

2. 基本物理量

(1)磁感应强度。把一段通电导线垂直地放入磁场中,当导线长度 L 一定时,电流 I 越大,导线受到的磁场力 F 也越大;当电流一定时,导线长度 L 越长,导线受到的磁场力 F 也越大。所受的磁场力 F 与电流 I 和导线长度 L 的乘积 IL 的比值称为通电导线所在处的磁应强度。如果用 B 表示磁感应强度,那么就有:

$$B = \frac{F}{IL}$$

磁感应强度是一个矢量,它的大小如上式所示,它的方向就是该点的磁场方向。它的单位由 F、I 和 L 的单位决定,在国际单位制中,它的单位是 T(特斯拉)。

(2)磁通。磁通是定量地描述磁场在一定面积的分布情况的物理量。通过与磁场方向垂直的某一面积上的磁感线的总数,叫做通过该面积的磁通量,简称磁通,用字母 Φ 表示。磁通的单位是韦伯,简称韦,用符号 Wb 表示。

设在匀强磁场中有一个与磁场方向垂直的平面,磁场的磁感应强度为 B,平面的面积为 S,则穿过这个平面的磁通为:

$$\Phi = BS$$

若匀强磁场中,平面与磁场方向不垂直,夹角为 θ,则穿过这个平面的磁通为:

$$\Phi = BS\sin\theta$$

引入了磁通这个概念,反过来也可以把磁感应强度看做是通过单位面积的磁通,因此,磁感应强度也常称为磁通密度,并且用"韦/平方米"作单位。

(3)磁导率。磁导率就是一个用来表示媒介质导磁性能的物理量,用字母 μ 表示,单位是"亨利/米",用符号 H/m 表示。不同的媒介质有不同的磁导率。实验测定,真空中的磁导率是一个常数,用 μ_0 表示,即:

$$\mu_0 = 4\pi \times 10^{-7} \text{H/m}$$

为了便于比较各种物质的导磁性能,任一物质的磁导率与真空磁导率的比值称为相对磁导率,用 μ_r 表示,即:

$$\mu_r = \frac{\mu}{\mu_0} \text{ 或 } \mu = \mu_0 \mu_r$$

相对磁导率是没有单位的。根据各种物质导磁性能的不同,可把物质分为三种类型,即反磁性物质、顺磁性物质和铁磁性物质,在电工技术方面应用甚广的铁、钢、钴、镍及某些合金都属于铁磁性物质。

(4)磁场强度。磁场中各点的磁感应强度 B 与磁导率 μ 有关,计算比较复杂。为方便计算,引入磁场强度这个新的物理量来表示磁场的性质,用字母 H 表示。磁场中某点的磁场强度等于该点的磁感应强度与介质的磁导率的比值,磁场强度的单位是"安/米",用符号"A/m"表示。用公式表示为：

$$H=\frac{B}{\mu} \text{ 或 } B=H\mu$$

二、变压器

1. 变压器的结构组成和工作原理

变压器是根据电磁感应原理制成的一种静止电器，它可以把某一电压、电流的交流电能变换成同频率的另一电压、电流的交流电能，具有变换电压和电流的作用。此外，变压器还具有变换阻抗、耦合电路、传递信号的作用，并实现阻抗匹配。

(1) 变压器的基本结构。主体由铁芯和绕组(线圈)两部分组成。铁芯是变压器的磁路部分，一般选用磁滞损耗很小的硅钢片叠装而成，为了减少涡流损失，片与片之间相互绝缘。绕组是变压器的电路部分，通常用绝缘铜线或铝线绕制而成。与电源相接的绕组称为一次绕组(原绕组)，又叫一次侧；与负载相接的绕组称为二次绕组(副绕组)，又叫二次侧。按绕组与铁芯的安装位置，变压器可分为心式和壳式两种。心式变压器的绕组套在各铁芯柱上，如图3-4-2(a)所示；壳式变压器的绕组套在中间的铁芯柱上，绕组两侧被外侧铁芯柱包围，如图3-4-2(b)所示。图3-4-2(c)所示为变压器在电路中的图形符号。一般电力变压器采用心式，而小型变压器多采用壳式。

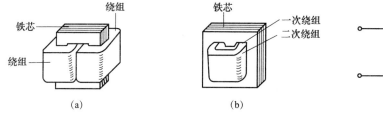

图3-4-2 变压器的结构及图形符号

(a)心式变压器；(b)壳式变压器；(c)图形符号

(2) 变压器的工作原理和特性。图3-4-3所示为变压器的原理。为了便于分析，将高压绕组和低压绕组分别画在两边。与电源相连的称为一次绕组(或称初级绕组)，与负载相连的称为二次绕组(或称次级绕组)。一次、二次绕组的匝数分别为 N_1 和 N_2，当一次绕组接上交流电压时，一次绕组中便有电流通过。

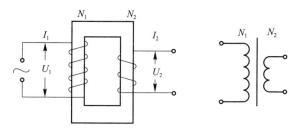

图3-4-3 变压器的原理

一次绕组的磁路产生的磁通绝大部分通过铁芯而闭合，从而在二次绕组中感应出电动势。如果二次绕组接有负载，那么二次绕组中就有电流通过。二次绕组也产生磁通，其绝大部分也通过铁芯而闭合。因此，铁芯中的磁通是一个由一次、二次绕组的磁通势共同产生的合成磁通，称为主磁通，主磁通穿过一次绕组和二次绕组并在其中分别感应出电动势。此外，一次、二次绕组的磁通势还分别产生漏磁通。

2. 变压器的作用

(1)交流电压变换。一次、二次绕组的电压比为 K，称为变压器的变比，亦即一次、二次绕组的匝数比。当电源电压 U_1 一定时，只要改变匝数，就可得出不同的输出电压 U_2。则有：

$$\frac{U_1}{U_2} \approx \frac{N_1}{N_2} = K$$

式中，K 称为变压比。可见，变压器一次、二次绕组的端电压之比等于这两个绕组的匝数比。如果值小于 1，变压器使电压升高，这种变压器称为升压变压器。反之，就为降压变压器。

(2)电流变换。一般情况下可以将变压器视作理想变压器，变压器的输入功率全部消耗在负载上，即

$$\frac{I_1}{I_2} = \frac{U_2}{U_1} = \frac{N_2}{N_1} = \frac{1}{K}$$

可见，变压器工作时一次、二次绕组中的电流跟绕组的匝数成反比。变压器的高压绕组匝数多而通过的电流小，可用较细的导线绕制；低压绕组匝数少而通过的电流大，应当用较粗的导线绕制。

(3)交流阻抗变换。设在变压器二次绕组接入的阻抗为 Z_L，在数值上有 $Z_L = \frac{U_2}{I_2}$。从一次侧输入端输入阻抗为 Z_L，一次绕组端电压为 U_1，电流为 I_1，则有如下关系：

$$\frac{|Z_1|}{|Z_2|} = \frac{\frac{U_1}{I_1}}{\frac{U_2}{I_2}} = \frac{U_1}{U_2} \times \frac{I_2}{I_1} = K^2$$

可见，在二次侧接上负载阻抗时，就相当于使电源直接接上一个阻抗。

$$|Z_1| = K^2 |Z_2|$$

(4)变压器的损耗与效率。和交流铁芯线圈一样，变压器的功率损耗包括铁芯中的铁损和绕组上的铜损两部分。铁损的大小与铁芯内磁感应强度的最大值有关，与负载大小无关；而铜损与负载的大小(正比于电流平方)有关。

三、继电器

继电器是自动控制电路中常用的一种元件，它是用较小的电流来控制较大电流的一种自动开关，在电路中起着自动操作、自动调节、安全保护等作用。

1. 继电器的类型

继电器的种类很多，常用的有电磁式和干簧式两种。电磁式继电器成本较低，便于控制电路采用。干簧式继电器反应灵敏，多作为信号采集使用。汽车控制电路大多采用电磁式继电器作为控制执行部件，采用干簧式继电器作为传感器。

(1)电磁式继电器。电磁式继电器是一种具有跳跃输出特性、传递信号的电磁器件。

它由电磁机构与触点系统两部分组成，包括铁芯、衔铁、线圈、回位弹簧和触点等，如图 3-4-4 所示。触点系统由一对或数对动、静触点组成，动触点焊在触点弹簧片上。当线圈中通入一定的电流时，电磁铁产生磁力，使衔铁带动活动触点与固定常开触点接通，而与固定常闭触点断开。当切断线圈电流时，由于电磁力消失，衔铁就在弹簧的作用下迅速回位，使活动触点与固定常开触点断开，所以活动触点与固定常闭触点闭合。利用触点的开、闭就可实现对电路的控制。

(2) 干簧式继电器。干簧式继电器与电磁式继电器的主要区别就是，干簧式继电器的触点是一个或几个干簧管，如图 3-4-5 所示为干簧式继电器的结构，它的符号与电磁式继电器一样。当继电器线圈通以电流时，在线圈中心工作气隙中形成磁通回路，从而使干簧管的一对触点吸合。电子继电器相当于一个大电流的开关管。

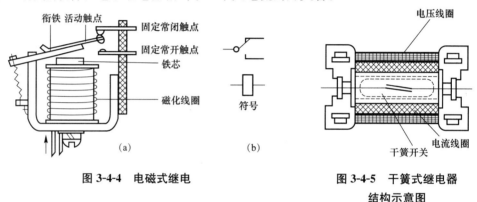

图 3-4-4　电磁式继电　　　　　　　图 3-4-5　干簧式继电器结构示意图

2. 继电器符号

在电路中，表示继电器时只要画出它的线圈和与控制电路有关的接点组就可以。继电器的线圈用一个长方框符号表示，同时在长方框内或框旁标上这个继电器的文字符号"K"。表 3-4-1 中列出了继电器的常用符号和三种接点符号。

表 3-4-1　继电器的常用符号和三种接点符号

电磁继电器线圈符号	电磁继电器触点符号	
K	─/ K ──	动合触点（常开触点）
	─\ K ──	动断触点（常闭触点）
	─/ K ──	切换触点（转换触点）

汽车用继电器分为功能继电器和电路控制继电器两种。功能继电器如闪光继电器、刮水器间歇继电器等，这种类型的继电器可以称为电子继电器，它的主要作用是减小开关上的电流负荷，实现电路的通断与转换，保护开关触点不被烧蚀，同时还可以给电动机进行换向，使电动机串、并联时实现调速的功能。常见电磁继电器的符号如图 3-4-6 所示。

3. 电磁继电器的测量

(1) 测线圈电阻：可用万用电表电阻挡测量继电器线圈的阻值，从而判断该线圈是否

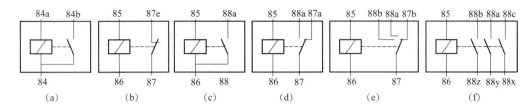

图 3-4-6　常见电磁继电器的符号

(a)绕组与触点共用一个输入端；(b)带一个常闭触点；(c)带一个常开触点；
(d)带一个转换触点；(e)带组合转换触点；(f)带三个触点的继电器

存在着开路现象。继电器线圈的阻值和工作电压及工作电流有非常密切的关系，通过线圈的阻值可以计算出它的使用电压及工作电流。

(2)测触点电阻：用万用表的电阻挡，测量常闭触点与动点电阻，其阻值应为 0，如电阻大或不稳定，说明触点接触不良；而常开触点与动点的阻值就为无穷大，如有电阻值，则为触点粘连。由此可以区别出哪个是常闭触点，哪个是常开触点以及继电器是否良好。

(3)测量吸合电压和吸合电流：用可调稳压电源和电流表，给继电器输入一组电压，且在供电回路中串入电流表进行监测。慢慢调高电源电压，听到继电器吸合声时，记下该吸合电压和吸合电流。

四、直流电动机

直流电动机是将电能转换为机械能的设备，是以通电导体在磁场中受电场力作用的原理而制成的。其工作原理如图 3-4-7 所示。当电流由正电刷和换向片 A 流入，从换向片 B 和负电刷流出时，电枢绕组线圈中的电流方向为 $a \to b \to c \to d$，此时转矩方向为逆时针方向（见图 3-4-7(a)）。当线圈转过 180°后，电流由正电刷和换向片 B 流入，从换向片 A 和负电刷流出，线圈中的电流方向为 $d \to c \to b \to a$，转矩方向仍为逆时针方向(见图 3-5-7(b))。电枢轴便可在一个固定转向的电磁转矩作用下不断旋转。

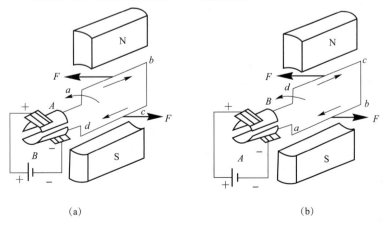

图 3-4-7　直流电动机的工作原理

(a)电流从 a 至 d；(b)电流从 d 至 a

由于一个线圈产生的电磁转矩是有限的,且电枢轴转动不稳定,所以电动机的电枢绕组是由很多线圈组成的,换向片的数量也随线圈数量的增加而增多。电动机的电磁转矩 M 取决于磁通 Φ 与电枢电流 I_a 的乘积,可表示为:

$$M = C_n \cdot \Phi \cdot I_a$$

习题及答案

一、判断题

1. 在磁场内部和外部,磁力线分别是内部 N 极指向 S 极,外部 S 极指向 N 极。（ ）

★2. 变压器不能改变的物理量是频率。（ ）

3. 磁体上的两个极,一个称为 N 极,另一个称为 S 极,若把磁体截成两段,则一段为 N 极,另一段为 S 极。（ ）

4. 感应电流产生的磁通方向总是与原来的磁通方向相反。（ ）

★5. 两根靠得很近的平行直导线,若通以相同方向的电流,则它们互相吸引。（ ）

二、选择题

1. 判断磁场对通电导体的作用力方向是用(   )。
   A. 右手定则　　　　　　　　　B. 左手定则
   C. 安培定则　　　　　　　　　D. 楞次定律

2. 判定通电导线或通电线圈产生磁场的方向用(   )。
   A. 右手定则　　　　　　　　　B. 右手螺旋法则
   C. 左手定则　　　　　　　　　D. 楞次定律

★3. 一台直流电动机,运行时消耗功率为 1 kW,每天运行 6 h,30 天消耗的能量为(   )。
   A. 30 kW·h　　　　　　　　　B. 60 kW·h
   C. 180 kW·h　　　　　　　　 D. 504 kW·h

4. 穿越线圈回路的磁通发生变化时,线圈两端就产生(   )。
   A. 电磁感应　　　　　　　　　B. 感应电动势
   C. 磁场　　　　　　　　　　　D. 电磁感应强度

5. 通过线圈的磁通(   )时,线圈中就有感应电动势产生。
   A. 很小　　　　　　　　　　　B. 很大
   C. 不变　　　　　　　　　　　D. 发生变化

答　案

一、判断题

1. ×　　2. √　　3. ×　　4. ×　　5. ×

二、选择题

1. B　　2. B　　3. C　　4. B　　5. D

模块三 汽车电工电子基础

项目五 交流电

一、交流电的基本概念

交流电便于输送、分配和使用，即使是在使用直流电的场合，大多数也是应用整流装置将交流电变换成直流电。交流电根据变化规律可分为正弦交流电和非正弦交流电。大小和方向随时间按正弦规律变化的电压与电流文字符号用字母"AC"表示，图形符号用"～"表示。大小和方向随时间不按正弦规律变化的电压与电流，称为非正弦交流电，常见的矩形波、三角波等，如图 3-5-1 所示。

在匀强磁场中匀速转动的线圈里产生的感应电动势是按正弦规律变化的。如图 3-5-2 所示。

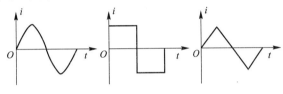

图 3-5-1 交流电的类型

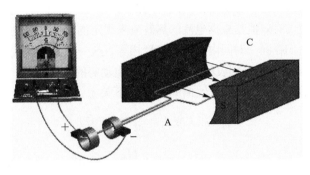

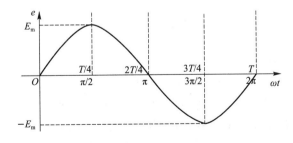

图 3-5-2 交流电的产生

这个交流电用数学表达式可写成

$$e = E_m \sin(\omega t + \varphi_0)$$
$$i = I_m \sin(\omega t + \varphi_0)$$
$$u = U_m \sin(\omega t + \varphi_0)$$

二、交流电的基本物理量

有效值(或最大值)、频率(或周期、角频率)、初相是表征正弦交流电的三个重要物理量。

1. 周期、频率和角频率

交流电完成一次周期性变化所用的时间,称为交流电的周期。周期通常用 T 表示,单位是 s(秒)。交流电在 $1s$ 内完成周期性变化的次数称为交流电的频率,频率通常用 f 表示,单位是 Hz(赫兹)。交流电变化的快慢,除了用周期和频率表示外,还可以用角频率表示。用 ω 表示,单位是 rad/s(弧度/秒)。我国使用的交流电,周期 T 是 0.02 s,频率 f 是 50 Hz,电流方向每秒改变 100 次。因为交流电变化一周所需要的时间是 T,所以,角频率与周期、频率的关系是:

$$\omega = 2\pi f = \frac{2\pi}{T}, \quad f = \frac{1}{T} \quad \text{或} \quad T = \frac{1}{f}$$

2. 瞬间值、最大值和有效值

交流电每一瞬间所对应的值称为瞬间值。瞬间值用小写字母表示,i、u、e 分别表示电流、电压和电动势的瞬间值。正弦交流电在一个周期内达到的最大数值,称为正弦交流电的最大值,又称振幅、幅值或峰值,用带下标 m 的大写字母表示,I_m、U_m、E_m 分别表示电流、电压、电动势的最大值。交流电的有效值是根据电流的热效应来规定的。让交流电和直流电分别通过同样阻值的电阻,如果它们在同一时间内产生的热量相等,这一直流电的数值称为这一交流电的有效值。用大写字母 I、U、E 分别表示电流、电压和电动势的有效值。

经过计算,可以得出最大值与有效值间满足以下关系:

$$I_m = \sqrt{2}\, I \quad \text{或} \quad I = \frac{I_m}{\sqrt{2}} \approx 0.707 I_m$$

$$U_m = \sqrt{2}\, U \quad \text{或} \quad U = \frac{U_m}{\sqrt{2}} \approx 0.707 U_m$$

$$E_m = \sqrt{2}\, E \quad \text{或} \quad I = \frac{E_m}{\sqrt{2}} \approx 0.707 E_m$$

3. 相位、初相和相位差

正弦交流电每时每刻都在变化,其瞬时值的大小不仅仅是由时间 t 确定的,而且与"$\omega t + \psi_0$"有关。它对于确定交流电的大小和方向起着重要作用,我们称它为正弦交流电的相位。$t=0$ 时的相位,称为初相位,简称初相,用字母 ψ_0 表示。两个正弦交流电的相位之差称为它们的相位差,用 ψ 表示,单位是弧度或度。交流电的频率相同,相位差就等于初相之差,即

$$\psi = \psi_1 - \psi_2$$

三、三相交流电

三相交流发电机定子的三相对称绕组 U_1—U_2、V_1—V_2、W_1—W_2 对称地嵌在定子铁心中,当由原动机带动转子转动时,就可以产生最大值相等、角频率相同、相位互差 120°

的对称三相交流电。其表达式为：

$$e = E_m \sin\omega t$$
$$e = E_m \sin(\omega t + 120°)$$
$$e = E_m \sin(\omega t - 120°)$$

我国采用的是低压三相四线制供电系统，电源相电压有效值为 220 V，线电压有效值为 380 V。

习题及答案

一、判断题

1. 交流电的三要素是周期、频率和角频率。   （ ）
2. 由于三相对称交流负载作星形联结时，中性线电流为零，故中性线可省去。 （ ）
3. 用交流电压表或万用表测得交流电压是 220 V，则此电压的最大值是 $220\sqrt{3}$ V。
                                                                                （ ）
4. 一个额定电压为 220 V 的白炽灯，可以接到最大值为 311 V 的交流电源上。 （ ）
5. 如果两个同频率的正弦电流在某一瞬间都是 5 A，则两者一定同相且幅值相等。
                                                                                （ ）

二、选择题

★1. 某交流电压 $u = 100\sin\left(100\pi t + \dfrac{\pi}{4}\right)$ V，当 $t = 0.01$ s 时的值是（   ）。

    A. -70.7 V   B. 70.7 V   C. 100 V   D. -100 V

2. 2个同频率的正弦交流电的相位差等于180°时，则它们的相位关系是（   ）。

    A. 同相   B. 反相   C. 相等   D. 正交

3. 三相动力供电线路中任意两根相线之间的电压是（   ）。

    A. 相电压，有效值 380 V   B. 相电压，有效值 220 V
    C. 线电压，有效值 380 V   D. 线电压，有效值 220 V

4. 已知 $u = 220\sqrt{2}\sin(314t + 30°)$ V，$i = 10\sin(314t - 30°)$ A，则它们之间的相位关系是（   ）。

    A. u 超前 i $-60°$ B. u 超前 i $60°$ C. u 滞后 i $-60°$ D. u 滞后 i $60°$

5. 一个电容器的耐压为 250 V，把它接入正弦交流电中使用，加在它两端的交流电压的有效值可以是（   ）。

    A. 175 V   B. 180 V   C. 220 V   D. 都可以

答　案

一、判断题

1. ×   2. √   3. ×   4. √   5. ×

二、选择题

1. A   2. B   3. C   4. B   5. C

模块四 汽车发动机维修

项目一 发动机工作原理

一、发动机概述

发动机是汽车的核心总成，发动机的作用是将燃料燃烧的化学能转化为热能进而转化为机械能输出。

1. 发动机的分类

(1) 按燃料分类：汽油发动机、柴油发动机、压缩天然气发动机、液化石油气发动机、双燃料发动机。

(2) 按着火方式分类：压燃式发动机和点燃式发动机。

(3) 按工作循环冲程数分类：四冲程发动机和二冲程发动机。

(4) 按冷却方式分类：液体冷却发动机和气体冷却发动机。

(5) 按发动机进气形式分为：增压式发动机和非增压式发动机。

现代汽车采用四冲程、多缸、水冷式发动机。

2. 基本术语

(1) 上止点：活塞离曲轴回转中心最远处，一般指活塞上行到最高位置，一般用英文缩写词 TDC 表示，如图 4-1-1 所示。

(2) 下止点：活塞离曲轴回转中心最近处，一般指活塞下行到最低位置，一般用英文缩写词 BDC 表示，如图 4-1-2 所示。

(3) 活塞行程(S)：上、下止点间的距离，如图 4-1-3 所示。

(4) 曲柄半径(R)：与连杆下端（即连杆大头）相连的曲柄销中心到曲轴回转中心的距离。显然，$S=2R$，曲轴每转一周，活塞移动两个行程，如图 4-1-4 所示。

(5) 气缸工作容积(V_h)：活塞从上止点到下止点所让出的空间容积。

即：

$$V_h = \frac{\pi D^2 S}{4} \times 10^6$$

式中　D——气缸直径，mm。如图 4-1-5 所示。

(6) 燃烧室容积(V_c)：活塞在上止点时，活塞上方的空间叫燃烧室，它的容积叫燃烧室容积。如图 4-1-6 所示。

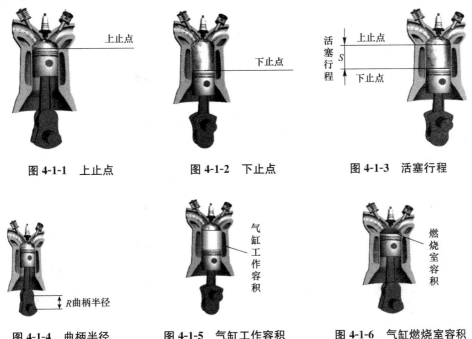

图 4-1-1　上止点　　　　图 4-1-2　下止点　　　　图 4-1-3　活塞行程

图 4-1-4　曲柄半径　　　图 4-1-5　气缸工作容积　　图 4-1-6　气缸燃烧室容积

(7) 发动机排量(V_L)：发动机所有气缸工作容积之和。设发动机的气缸数为 i，即：$V_L = V_h \cdot i$。

(8) 气缸总容积(V_a)：活塞在下止点时，活塞上方的容积称为气缸总容积。它等于气缸工作容积与燃烧室容积之和，即：$V_a = V_h + V_c$，如图 4-1-7 所示。它表示活塞由下止点运动到上止点时，气缸内气体被压缩的程度。压缩比越大，压缩终了时气缸内的气体压力和温度就越高。一般车用汽油机的压缩比为 7～10，柴油机的压缩比为 15～22。

(9) 压缩比(ε)：气缸总容积与燃烧室容积的比值，即：$\varepsilon = \dfrac{V_a}{V_c} = 1 + \dfrac{V_h}{V_c}$，如图 4-1-8 所示。

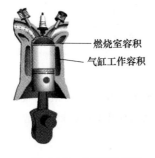

图 4-1-7　气缸总容积

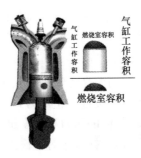

图 4-1-8　压缩比

二、四冲程汽油机工作原理

四冲程发动机的四个冲程是：进气冲程，压缩冲程，做功冲程和排气冲程，如图 4-1-9 所示。

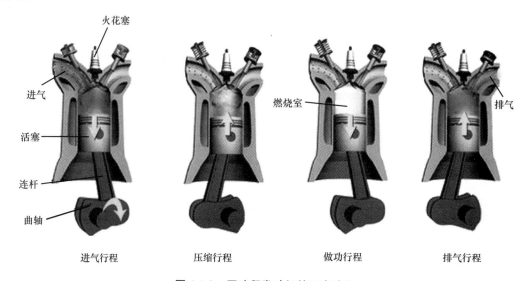

图 4-1-9　四冲程发动机的四个冲程

1. 进气冲程

(1)作用：吸入混合气。

(2)过程：活塞在曲轴的带动下由上止点移至下止点。此时进气门开启，排气门关闭，曲轴转动 180°。在活塞移动过程中，气缸容积逐渐增大，气缸内气体压力降低，气缸内形成一定的真空度，空气和汽油的混合气通过进气门被吸入气缸，并在气缸内进一步混合形成可燃混合气。

2. 压缩冲程

(1)作用：压缩混合气，为燃烧创造条件。

(2)过程：压缩冲程时，进、排气门同时关闭。活塞从下止点向上止点运动，曲轴转动 180°。活塞上移时，工作容积逐渐缩小，缸内混合气受压缩后压力和温度不断升高。

3. 做功冲程

(1)作用：燃烧高温高压气体膨胀做功。

(2)过程：当活塞接近上止点时，由火花塞点燃可燃混合气，混合气燃烧释放出大量的热能，使气缸内气体的压力和温度迅速提高，高温高压的燃气推动活塞从上止点向下止点运动，并通过曲柄连杆机构对外输出机械能。

4. 排气冲程

(1)作用：排出膨胀做功后的废气。

(2)过程：排气门开启，进气门仍然关闭，活塞从下止点向上止点运动，曲轴转动

180°。排气门开启时,燃烧后的废气一方面在气缸内外压差作用下向缸外排出,另一方面通过活塞的排挤作用向缸外排气。

提示:1. 一个工作循环活塞往返 2 次;一个工作循环曲轴转 2 圈(720°);一个工作循环做功 1 次。

2. 在四个冲程中只有做功冲程是活塞带动曲轴转动,其他三个冲程都是曲轴带动活塞运动。

三、电控发动机结构及类型

1. 发动机电控系统的结构

电控发动机由传感器、控制单元、执行器三部分组成,如图 4-1-10 所示。

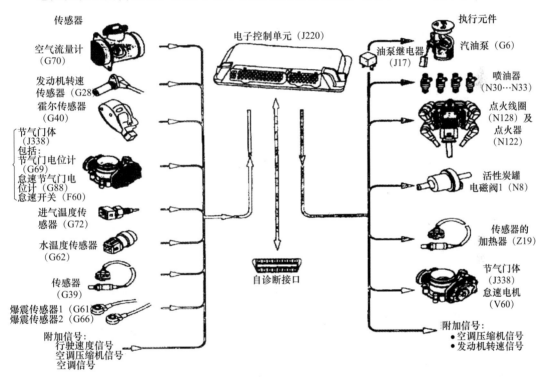

图 4-1-10 电控发动机的组成

(1)传感器:各种传感器,采集控制系统的信号,并转换成电信号输送给 ECU。

(2)控制单元:ECU,给各传感器提供参考电压,接收传感器信号,进行存储、计算和分析处理后向执行器发出指令。

(3)执行器:由 ECU 控制,执行某项控制功能的装置。

2. 发动机电控系统的类型

(1)开环控制:ECU 根据传感器的信号对执行器进行控制,而控制的结果是否达到预期目标对其控制过程没有影响。

(2)闭环控制：也叫反馈控制，在开环的基础上，它对控制结果进行检测，并反馈给ECU，进行原先的控制修正。

3. 发动机上应用电控系统的作用

(1)提高发动机的动力性。通过减小进气阻力，提高充气效率，电控系统使得进入气缸中的空气得到充分的利用。

(2)提高发动机燃油经济性。通过电控系统来精确地控制在各种运行工况下发动机所需的混合气浓度，使燃烧更为充分。

(3)降低排放污染。通过电控系统的优化控制，提高燃烧质量，应用排放控制系统，降低排放污染。

(4)改善发动机的加速和减速性能。

(5)改善发动机的起动性能。

习题及答案

一、判断题

★1. 由于柴油机的压缩比大于汽油机的压缩比，因此在压缩终了时的压力及燃烧后产生的气体压力比汽油机压力高。 (   )

2. 多缸发动机各气缸的总容积之和，称为发动机排量。 (   )

★3. 发动机的燃油消耗率越小，经济性越好。 (   )

★4. 发动机总容积越大，其功率也就越大。 (   )

5. 活塞行程是曲柄旋转半径的2倍。 (   )

6. 经济车速是指很慢的行驶速度。 (   )

★7. 发动机转速过高或过低，气缸内充气量都将减少。 (   )

★8. 发动机转速增高，其单位时间的耗油量也增高。 (   )

★9. 发动机最经济的燃油消耗率对应转速是在最大转矩转速与最大功率转速之间。 (   )

10. 活塞在气缸里作往复直线运动时，当活塞向上运动到最高位置，称为上止点。 (   )

11. 活塞从一个止点到另一个止点移动的距离称为活塞行程。 (   )

12. 活塞从一个止点运动到另一个止点所移动的容积，称为气缸工作容积。 (   )

13. 发动机排量的计算是把单气缸的排量乘以气缸数。 (   )

14. 在四冲程发动机中，曲轴每旋转两圈，凸轮轴旋转一圈。 (   )

15. 车用柴油机压缩比一般范围为9～12。 (   )

16. 四冲程发动机工作行程包括进气、排气、做功、压缩四个过程。 (   )

二、选择题

★1. 发动机的有效转矩与曲轴角速度的乘积称之为(   )。
　　A. 指示功率　　　B. 有效功率　　　C. 最大转矩　　　D. 最大功率

★2. 发动机在某一转速发出的功率与同一转速下所可能发出的最大功率之比称之

为( )。
　　A. 发动机工况　　B. 有效功率　　C. 工作效率　　D. 发动机负荷

★3. 燃油消耗率最低的负荷是( )。
　　A. 发动机怠速时　　　　　　　B. 发动机大负荷时
　　C. 发动机中等负荷时　　　　　D. 发动机小负荷时

★4. 汽车耗油量最少的行驶速度是( )。
　　A. 低速　　　B. 中速　　　C. 全速　　　D. 超速

5. 曲轴转两圈，活塞运动四个冲程完成一个工作循环的发动机称为( )发动机。
　　A. 一冲程　　　B. 二冲程　　　C. 三冲程　　　D. 四冲程

6. 下止点是指活塞距离曲轴回转中心的( )处。
　　A. 最近　　　B. 最远　　　C. 最高　　　D. 最低

7. 四冲程发动机在进行压缩冲程时进气门( )，排气门( )。
　　A. 开启，关闭
　　B. 开启，开启
　　C. 关闭，开启
　　D. 关闭，关闭

答　案

一、判断题

1. √　　2. ×　　3. ×　　4. √　　5. √　　6. ×
7. ×　　8. √　　9. √　　10. √　　11. √　　12. √
13. √　　14. √　　15. ×　　16. √

二、选择题

1. B　　2. D　　3. B　　4. B　　5. D　　6. B　　7. D

项目二　曲柄连杆机构

曲柄连杆机构主要由机体组、活塞连杆组和曲轴飞轮组组成。

一、机体组

1. 概述

(1)作用：构成发动机的骨架、各系统的安装基础。

(2)组成：机体组主要由气缸体、气缸盖、气缸盖罩、油底壳和气缸垫等组成，如图4-2-1所示。

(3)气缸体的工作特点：高温高压、高速运动摩擦。

气缸体的结构特点：足够的强度和刚度，高精度内表面。

2. 气缸体

(1)气缸体的工作条件和材料。

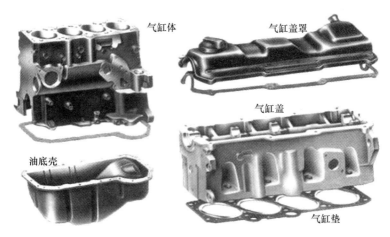

图 4-2-1　机体组的组成

①工作条件。气缸体提供构成活塞运动的空间——气缸，以及为气缸进行冷却的空间（水套和散热片）。

气缸体承受气缸内气体压力和曲柄连杆机构运动产生的惯性力所造成的拉伸载荷、纵向弯曲载荷，受力复杂。同时，气缸与高温燃气接触，工作面热负荷高，磨损问题严重。

②材料。铸铁材料，为提高其强度和耐磨性，加入少量的合金元素，如：镍、铬等。

铝合金：质量轻，导热性好。

（2）气缸体类型。

①按气缸体与油底壳安装平面位置分为一般式、龙门式和隧道式三种类型，如图 4-2-2 所示。

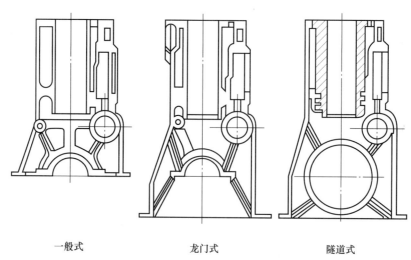

一般式　　　龙门式　　　隧道式

图 4-2-2　气缸体的类型

②按气缸体排列方式不同分为直列式、V 型、对置式、W 型四种，如图 4-2-3 所示。

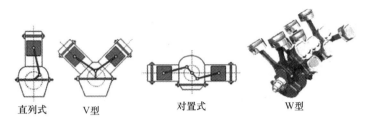

图 4-2-3 气缸体的类型

3. 油底壳
(1)作用：贮存和冷却机油并封闭曲轴箱。
(2)材料：薄钢板冲压而成(有的为了加强油底壳机油的散热，采用铝合金制成)。大多数油底壳都存在挡油板，防止机油脉动。

4. 气缸套
气缸套组成燃烧室的一部分。有干式气缸套和湿式气缸套两种类型，如图 4-2-4 所示。
(1)干式缸套：不直接与冷却水接触。
(2)湿式缸套：与冷却水直接接触。

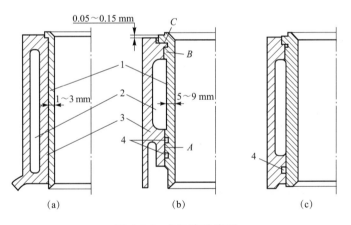

图 4-2-4 气缸套的类型

1—气缸套；2—水套；3—气缸套；4—橡胶密封圈
(a)—下支承密封带；(b)—上支承密封带；(c)—缸套凸缘平面

5. 气缸盖
气缸盖的作用是：
①与活塞顶部、气缸壁的四周一起组成燃烧室。
②用来安装配气机构大部分零件和火花塞或喷油器等。
③内设冷却水路和润滑油道，进、排气道。

6. 气缸垫
气缸垫是燃烧室的密封部件。其作用是：安装在气缸盖和气缸体之间，保证气缸盖与气缸体接触面的密封，防止漏气、漏水和漏油。安装时注意方向，一般带卷边的一面朝向气缸盖或者 TOP 标识的朝向气缸盖。

7. 机体组零件的检修

(1)气缸盖螺栓的拆装顺序。在对气缸盖螺栓进行拆卸时应从外向内、交叉，至少分 3 次拆卸；安装时应从内向外、交叉，至少分 3 次拧紧，并且根据维修手册要求用扭力扳手拧到规定力矩，如图 4-2-5 所示。

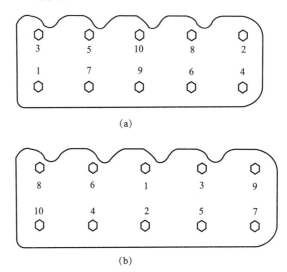

图 4-2-5　拆装气缸盖螺栓的顺序
(a)拆卸螺栓顺序；(b)安装螺栓顺序

(2)气缸磨损的类型和原因。

①气缸的摩擦及润滑条件。

1)摩擦运动的速度、方向、压力都随时变化→油膜难形成；

2)高温燃气冲刷→油膜易烧损、破坏；

3)润滑不良→油膜修复能力弱。

因此缸套与活塞环一般是处于边界摩擦和半干摩擦的情况下，极易磨损。

②气缸磨损的类型和原因。

气缸磨损可分为磨料磨损、腐蚀磨损和粘着磨损；又可分为正常磨损和异常磨损。

1)正常磨损的类型和原因。

气缸磨成上大下小的主要原因是：上部润滑最差；活塞环在上、下止点运行速度接近零，油膜不易形成。

气缸径向磨损不均的主要原因是：进气的吹射、冲刷作用，使缸壁的润滑油被稀释并形成较多腐蚀性成分。

2)异常磨损的原因。

燃油和燃烧的质量；冷却水温过高或过低；机油不合格，难以形成承受较高负荷的边界油膜。

二、活塞连杆组

1. 概述

活塞连杆组主要由活塞、活塞环、活塞销、连杆、连杆轴瓦等组成，如图 4-2-6 所示。

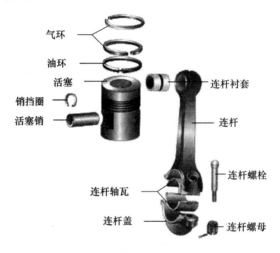

图 4-2-6　活塞连杆组的组成

2. 活塞

（1）概述。

①作用：与气缸盖、气缸壁等共同组成燃烧室；承受气体压力，并将此力传给连杆，以推动曲轴旋转。

②工作条件：活塞在高温、高压、高速、润滑不良的条件下工作。

③对活塞的要求：要有足够的刚度和强度，传力可靠；热膨胀系数要小，减小受热时的变形；导热性好，耐高压、耐高温、耐磨损；质量小，尽可能减小往复惯性力。

（2）结构。活塞可分为顶部、头部和裙部三部分。如图 4-2-7 所示。

①活塞顶部：是燃烧室的组成部分，主要作用承受气体压力。

②活塞头部：安装活塞环和活塞销。

③活塞裙部：从油环槽下端面起至活塞最下端的部分，包括销座孔。作用：对活塞在气缸内的往复运动起导向作用，并承受侧压力，防止破坏油膜。

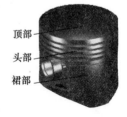

图 4-2-7　活塞结构

3. 活塞环

活塞环具有弹性的金属开口环，具有密封燃烧室内气体的作用。按作用分为气环和油环。

工作条件：高温、高压、高速、极难润滑。

（1）气环。气环作用保证气缸与活塞间的密封性，防止漏气，并把活塞顶部吸收的大部分热量传给气缸壁，再由冷却水将其带走。气环开口斜角一般为45°或30°。

气环"三隙"是指：端隙，侧隙和背隙。如图4-2-8所示。

①端隙是活塞环安装时的开口间隙。

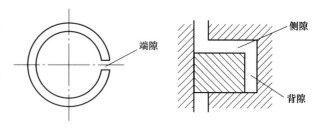

图 4-2-8　气环"三隙"

②侧隙是活塞环配置在环槽内与上下面的间隙，这个间隙防止环卡死在环槽内。

③背隙是活塞环配置在环槽内与侧面的间隙，用来加强活塞环与气缸工作面的密封作用。

(2)油环。油环的作用是在活塞上行时布油，下行时刮油。大多数轿车采用的都是组合式油环。

4. 活塞销

活塞销有全浮式和半浮式两类。

全浮式活塞销连接的特点：活塞销能在连杆小头、销座孔中自由转动，三者间可相对运动，减少了磨损并使磨损均匀。

半浮式活塞销连接的特点：活塞销与活塞销座和连杆小头之间只有一者可以自由旋转，另一者相互固定的连接形式。

三、曲轴飞轮组

1. 概述

曲轴飞轮组主要由曲轴、主轴瓦、飞轮、扭转减振器、正时齿轮、带轮及其他一些零件和附件组成，如图4-2-9所示。

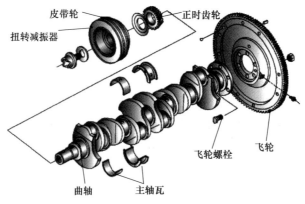

图 4-2-9　曲轴飞轮组结构

飞轮作用：把活塞连杆组传来的气体压力转变为扭矩对外输出。还用来驱动发动机的配气机构及其他各种辅助装置。

飞轮工作条件：受气体压力、惯性力、惯性力矩。承受交变载荷的冲击。

2. 曲轴

①组成：曲柄、连杆轴颈、主轴颈、曲拐、平衡重等，如图4-2-10所示。

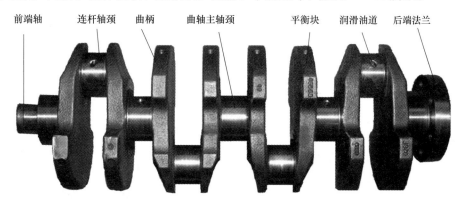

图 4-2-10　曲轴结构

②作用：把活塞连杆组传来的燃气压力转变为转矩对外输出；另外还驱动发动机的配气机构和发电机等其他的辅助装置。曲轴是发动机最重要的机件之一。

③工作条件：工作时，曲轴承受气体压力、惯性力及惯性力矩的作用，受力大而且受力复杂，并且承受交变负荷的冲击作用。同时，曲轴又是高速旋转件。因此，要求曲轴具有足够的刚度和强度，具有良好的承受冲击载荷的能力，耐磨损且润滑良好。

④曲轴的轴向定位：

功用：保证曲柄连杆机构在曲轴受轴向力时能够正常工作。

措施：翻边轴瓦；止推片；止推环；止推轴承。

3. 曲拐布置

(1)曲拐布置：取决于发动机气缸数及排列方式

①做功间隔角：$\dfrac{720°}{缸数\ i(四冲程)}$，比如四缸发动机做功间隔角是180°，六缸发动机做功间隔角是120°。

②连续做功的两缸相距尽可能远。

(2)四缸发动机的工作顺序。四缸发动机的工作顺序是1—3—4—2，或者1—2—4—3，其工作顺序表如表4-2-1和表4-2-2所示。

表 4-2-1　工作顺序 1—3—4—2

曲轴转角/(°)	第一缸	第二缸	第三缸	第四缸
0～180	做功	排气	压缩	进气
180～360	排气	进气	做功	压缩
360～540	进气	压缩	排气	做功
540～720	压缩	做功	进气	排气

表 4-2-2　工作顺序 1－2－4－3

曲轴转角(°)	第一缸	第二缸	第三缸	第四缸
0～180	做功	压缩	排气	进气
180～360	排气	做功	进气	压缩
360～540	进气	排气	压缩	做功
540～720	压缩	进气	做功	排气

(3)6 缸发动机的工作顺序。六缸发动机的工作顺序是 1－5－3－6－2－4，其工作顺序表如表 4-2-3 所示。

表 4-2-3　工作顺序 1－5－3－6－2－4

曲轴转角/(°)		第一缸	第二缸	第三缸	第四缸	第五缸	第六缸
0～180	0～60	做功	排气	进气	做功	压缩	进气
	60～120			压缩	排气		
	120～180					做功	
180～360	180～240	排气	进气				压缩
	240～300			做功	进气		
	300～360					排气	
360～540	360～420	进气	压缩				做功
	420～480			排气	压缩		
	480～540					进气	
540～720	540～600	压缩	做功	进气	做功	压缩	排气
	600～660						
	660～720		排气				

4. 飞轮

飞轮是发动机各缸完成工作循环的辅助元件，依靠惯性转动，带动活塞完成除做功冲程以外的三个冲程。

飞轮作用：

(1)贮存能量：在做功行程贮存能量，用以完成其他三个行程，使发动机运转平稳。

(2)利用飞轮上的齿圈起动时传力。

(3)将动力传给离合器。

(4)克服短暂的超负荷。

飞轮周边一般有起动齿圈，以便于起动机能带动其旋转，完成起动过程。另外，有些飞轮上还设计有感应齿圈，与曲轴转速传感器配合，为发动机电控单元输送曲轴转速信号。

模块四 汽车发动机维修

 习题及答案

一、判断题

★1. 安装气缸垫时，印有批次号的一面应朝下。（ ）
2. 气缸盖是用来封闭气缸的上部，并与活塞顶、气缸壁共同构成燃烧室。（ ）
3. 油底壳装有磁性的放油螺栓，可吸附润滑油中的铁屑，减少发动机的磨损。
（ ）
4. 拆卸和安装油底壳螺栓时，可以任意顺序拆卸。（ ）
5. 活塞连杆组由活塞、活塞环和连杆三部分组成。（ ）
6. 飞轮是一个转动惯量很大的圆盘，外缘上压有一个齿圈，与起动机的驱动齿轮啮合，供起动发动机时使用。（ ）
7. 拆卸飞轮时，需要用专用工具固定住曲轴。（ ）
8. 安装飞轮固定螺栓时，只要连续安装相邻螺栓即可。（ ）
9. 安装气缸盖螺栓时，可以随意顺序进行安装固定。（ ）
10. 安装曲轴轴承盖螺栓时，按顺序由中间向两边安装并均匀紧固。（ ）
11. 汽油机常用干式缸套，而柴油机常用湿式缸套。（ ）
12. 安装气缸垫时，若气缸体为铸铁材料，缸盖为铝合金材料，光滑的一面应朝向缸盖。（ ）
13. 活塞顶是燃烧室的一部分，活塞头部主要用来安装活塞环，活塞裙部可起导向的作用。（ ）
14. 活塞在气缸内作匀速运动。（ ）
15. 活塞径向呈椭圆形，椭圆的长轴与活塞销轴线同向。（ ）
16. 气环的密封原理除了自身的弹力外，主要还是靠少量高压气体作用在环背产生的背压而起的作用。（ ）
17. 对于四冲程发动机，无论其是几缸，其做功间隔均为180°曲轴转角。（ ）
18. 在CA6102发动机曲轴前端和第四道主轴承上设有曲轴轴向定位装置。（ ）
19. 当飞轮上的点火正时记号与飞轮壳上的正时记号刻线对准时，第一缸活塞无疑正好处于压缩行程上止点位置。（ ）
20. 多缸发动机的曲轴均采用全支承。（ ）
21. 多缸发动机曲轴曲柄上均设置有平衡重块。（ ）

二、选择题

1. 在拆卸气缸盖时，应采取（ ）的方式拆卸。
   A. 圆圈式顺序拆卸　　　　　　B. 由外到内对角线
   C. 由内到外对角线　　　　　　D. 任意拆卸
2. 以下（ ）不是油底壳的功用。
   A. 储存机油　　B. 吸附金属杂质　　C. 形成燃烧室　　D. 封闭曲轴箱
3. 以下（ ）不是曲轴组成部件。

· 93 ·

A. 曲柄臂　　　　B. 平衡重　　　　C. 主轴颈　　　　D. 连杆
4. 拆卸曲轴主轴承盖螺栓时，所需遵照的顺序是（　　）。
　　A. 由两边向中间　　　　　　　　B. 由中间向两边
　　C. 顺序循环　　　　　　　　　　D. 任意
5. 气缸盖用来封闭气缸的上部，并与气缸壁及（　　）共同构成燃烧室。
　　A. 活塞头　　　　B. 活塞顶　　　　C. 活塞裙
★6. 以下（　　）不是油底壳的作用。
　　A. 储存机油　　　B. 封闭曲轴箱　　C. 封闭气缸的上部
7. 以下（　　）不是活塞连杆组的组成部件之一。
　　A. 活塞环　　　　B. 活塞销　　　　C. 凸轮　　　　　D. 连杆
8. 一般轿车发动机采用的是（　　）。
　　A. 干式缸套　　　B. 湿式缸套　　　C. 无缸套结构
9. 曲轴上的平衡重一般设在（　　）。
　　A. 曲轴前端　　　B. 曲轴后端　　　C. 曲柄上
10. 曲轴后端的回油螺纹的旋向应该是（　　）。
　　　A. 与曲轴转动方向相同
　　　B. 与曲轴转动方向相反
　　　C. 任意装都可以
11. 外圆切槽的扭曲环安装时切槽（　　）。
　　　A. 向上　　　　B. 向下　　　　C. 向左　　　　D. 向右
12. 曲轴轴向定位点采用的是（　　）。
　　　A. 一点定位　　B. 二点定位　　C. 三点定位

答　案

一、判断题

1. ×　　2. √　　3. √　　4. ×　　5. ×　　6. √　　7. √
8. ×　　9. ×　　10. √　　11. √　　12. √　　13. √　　14. ×
15. ×　　16. √　　17. ×　　18. ×　　19. ×　　20. ×　　21. ×

二、选择题

1. B　　2. C　　3. D　　4. A　　5. B　　6. C　　7. C
8. A　　9. C　　10. A　　11. B　　12. A

项目三　配气机构

一、配气机构概述

配气机构主要由气门组和气门传动组组成。

1. 气门组

(1)作用：封闭进、排气道。

(2)主要零件：气门、气门座、气门弹簧和气门导管等，如图4-3-1所示。

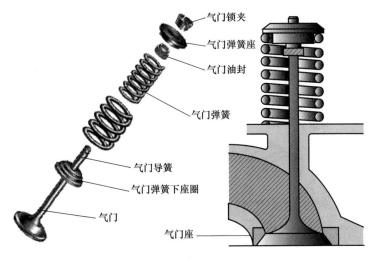

图4-3-1　气门组结构

气门与气门座或气门座圈之间靠锥面密封。气门锥面与气门顶面之间的夹角称为气门锥角，进、排气门的气门锥角一般均为45°，只有少部分发动机的进气门锥角为30°。

一般发动机每个气缸有两个气门，即一个进气门和一个排气门。进气门头部直径比排气门大15%～30%，目的是增大进气门的通过断面面积，减小进气阻力，增加进气量。四气门发动机每缸两个进气门，两个排气门，使气门通过断面面积大，进、排气充分，进气量增加，发动机的转矩和功率提高。其次是每缸四个气门，每个气门的头部直径较小。每个气门的质量减轻，运动惯性力减小，有利于提高发动机转速。四气门发动机多采用篷型燃烧室，火花塞布置在燃烧室中央，有利于燃烧。

2. 气门传动组

(1)作用：使气门定时开启和关闭。

(2)主要零件：包括正时齿轮(正时链轮和链条或正时带轮和正时带)、凸轮轴、挺杆、推杆、摇臂轴和摇臂等，如图4-3-2所示。

3. 配气相位

定义：气门的开闭时刻和气门的开启持续时间用曲轴转角来表示，如图4-3-3所示。

包含：进气提前角、进气迟后角、排气提前角、排气迟后角。

(1)进气提前角。

①定义：在排气冲程接近终了，活塞到达上止点之前，进气门便开始开启。从进气门开始开启到上止点所对应的曲轴转角称为进气提前角(或早开角)。进气提前角用α表示，α一般为10°～30°。

②目的：进气门早开，使得活塞到达上止点开始向下运动时，因进气门已有一定开

度，所以可较快地获得较大的进气通道截面，减少进气阻力。

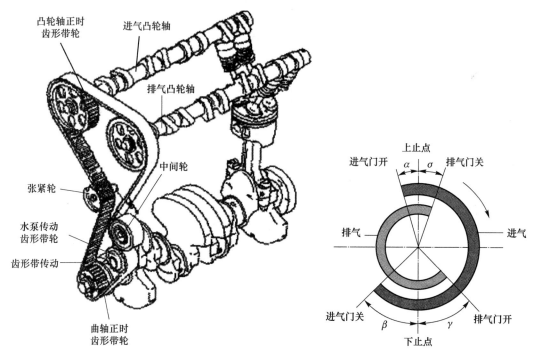

图 4-3-2 气门传动组结构　　图 4-3-3 配气相位示意图

（2）进气迟后角。

①定义：在进气冲程下止点过后，活塞又上行一段，进气门才关闭。从下止点到进气门关闭所对应的曲轴转角称为进气迟后角（或晚关角）。进气迟后角用 β 表示，β 一般为 $40°\sim80°$。

②目的：利用压力差继续进气。

活塞到达下止点时，由于进气阻力的影响，气缸内的压力仍低于大气压，进气门晚关，利用压力差可继续进气；利用进气惯性继续进气：活塞到达下止点时，进气气流还有相当大的惯性，进气门晚关，仍能继续进气。下止点过后，随着活塞的上行，气缸内压力逐渐增大，进气气流速度也逐渐减小，至流速等于零时，进气门便关闭 β 角最适宜。若 β 过大便将进入气缸内的气体重新又压回进气管。由上可见，进气门开启持续时间内的曲轴转角，即进气持续角为：$\alpha+180°+\beta$。

（3）排气提前角。

①定义：在做功行程的后期，活塞到达下止点前，排气门便开始开启。从排气门开始开启到下止点所对应的曲轴转角称为排气提前角（或早开角）。排气提前角用 γ 表示，γ 一般为 $40°\sim80°$。

②目的：利用气缸内的废气压力提前自由排气，气缸内还有 $300\sim500$ kPa 的压力，做功作用已经不大，可利用此压力使气缸内的废气迅速地自由排出，减少排气消耗的功率，提前排气，等活塞到达下止点时，气缸内只剩 $110\sim120$ kPa 的压力，使排气冲程

所消耗的功率大为减小；高温废气早排，还可以防止发动机过热。

(4)排气迟后角。

①定义：在活塞越过上止点后，排气门才关闭。从上止点到排气门关闭所对应的曲轴转角称为排气迟后角(或晚关角)。排气迟后角用 δ 表示，δ 一般为 $10°\sim30°$。

②目的：利用缸内外压力差继续排气，活塞到达上止点时，气缸内的压力仍高于大气压，利用缸内外压力差可继续排气；利用惯性继续排气，活塞到达上止点时，废气气流有一定的惯性，利用惯性可继续排气。所以排气门适当晚关可使废气排得更干净。由此可见，排气门开启持续时间内的曲轴转角，即排气持续角为 $\gamma+180°+\delta$。

(5)气门重叠角。

①定义：由于进气门早开和排气门晚关，就出现了一段进、排气门同时开启的现象，称为气门叠开。同时开启的角度，即进气门早开角与排气门晚关角的和($\alpha+\delta$)称为气口重叠角。

②目的：进气充分，排气彻底。

二、配气机构常见故障及检修

配气机构的常见故障及一般处理方法主要如下：

1. 气缸体密封不严

发动机的机体是由气缸体、气缸垫、缸盖、油底壳等组成，其中气缸垫若密封不严，将容易引起下列故障：

(1)发动机不起动，排气冒白烟；

(2)发动机运转不正常，功率不足；

(3)发动机过热；

(4)油耗高。

发现上述现象后，应对气缸盖、气缸体螺栓的拧紧力矩进行检查，并重新按紧固顺序和要求进行紧固。如故障仍不能排除，则需拆卸缸体，检查气缸衬垫，必要时更换气缸衬垫。

2. 进气系统密封不严

进气系统密封不严，将导致进气压力不足，影响充气效率。其引起的故障有：

(1)发动机功率下降；

(2)加速性能不良；

(3)发动机运转不正常。

检查进气系统的密封性，对密封不良处重新进行密封。

3. 气门积碳

气门积碳是配气机构常见故障之一，这不仅与气门结构设计、燃烧过程有关，也与所用燃油的品质有关。气门积碳引起的故障有：

(1)发动机难以起动，或自动熄火；

(2)排气冒黑烟；

(3)油耗高。

发现上述现象，可对气门进行检查，或在发动机例行维护、维修中，检查气门是否有积碳，如果有积碳可进行清洗，必要时更换气门。

4. 排气门烧蚀

排气门烧蚀将容易导致发动机自动熄火，这主要是使用不合理造成的。产生气门烧蚀的主要原因有：

（1）发动机长时间超负荷或者在大负荷下工作，引起气门较早地磨损。同时超负荷长期磨损，还将引起气缸盖、气门座、气门导管等变形，使气门密封性降低，散热条件恶化，导致气门烧蚀；

（2）发动机冷却不足，发动机持续高温，引起机油、汽油发生化学变化，在气门头部和杆部发色烧蚀；

（3）气门弹簧弹力过小或气门间隙调整不当也会导致气门烧蚀。气门烧蚀是汽车配气机构的常见故障。

因此，应在使用中注意对发动机的例行保养，防止发动机长时间大负荷工作，及时清除积碳，按规定调整气门间隙。若不能修复则更换之。

习题及答案

一、判断题

1. 顶置式气门可由凸轮轴上的凸轮压动摇臂顶开，其关闭是依靠气门自身实现。
（　　）
★2. 顶置式气门配气机构已经被淘汰。（　　）
3. 安装正时链条时需要检查凸轮轴上的正时标记。（　　）
4. 安装凸轮轴时应该在其各道轴颈处涂抹发动机机油。（　　）
5. 进、排气凸轮轴可随意安装。（　　）
6. 进、排气凸轮轴油封安装时不需要抹油。（　　）
7. 凸轮轴的功用是控制气门的开启和闭合动作。（　　）
8. 采用顶置式气门时，充气系数可能大于1。（　　）
9. 气门间隙是指气门与气门座之间的间隙。（　　）
10. 排气门的材料一般要比进气门的材料好些。（　　）
11. 进气门头部直径通常要比排气门的头部大，而气门锥角有时比排气门的小。
（　　）
12. 凸轮轴的转速比曲轴的转速快一倍。（　　）
13. 挺杆在工作时，既有上下往复运动，又有旋转运动。（　　）
14. 正时齿轮装配时，必须使正时标记对准。（　　）

二、选择题

1. 四冲程发动机在进行压缩行程时，进气门（　　），排气门（　　）。
　　A. 开、开　　　　B. 开、关　　　　C. 关、开　　　　D. 关、关
2. 四冲程发动机在进行排气行程时，进气门（　　），排气门（　　）。

模块四　汽车发动机维修

　　　A. 开、开　　　　B. 开、关　　　　C. 关、开　　　　D. 关、关
　3. 下列各零件不属于气门传动组的是(　　)。
　　　A. 气门弹簧　　　B. 挺杆　　　　　C. 摇臂轴　　　　D. 凸轮轴
　4. 下列各零件不属于气门组的是(　　)。
　　　A. 气门弹簧　　　B. 气门座　　　　C. 摇臂轴　　　　D. 气门导管
★5. 进、排气门在排气上止点时，各气门的状态为(　　)。
　　　A. 进气门开、排气门关　　　　　　B. 排气门开、进气门关
　　　C. 进、排气门全关　　　　　　　　D. 进、排气门叠开
　6. 拆卸凸轮轴轴承盖固定螺栓时，应按照(　　)顺序要求进行操作。
　　　A. 无要求　　　　　　　　　　　　B. 从中间向两边
　　　C. 从两边向中间　　　　　　　　　D. 对角
　7. 气门组拆装过程中，拆卸气门锁片需用到(　　)。
　　　A. 密封胶　　　　B. 机油壶　　　　C. 磁力吸棒　　　D. 一字螺丝刀
★8. 顶置式气门关闭时靠(　　)来实现。
　　　A. 气门弹簧　　　B. 气门导管　　　C. 气门油封　　　D. 气门杆
　9. 四冲程发动机曲轴，当其转速为 3 000 r/min 时，则同一气缸的进气门，在 1 min 时间内开闭次数应该是(　　)。
　　　A. 3 000 次　　　B. 1 500 次　　　C. 750 次
　10. 顶置式气门的气门间隙的调整部位是在(　　)。
　　　A. 挺杆　　　　　B. 推杆　　　　　C. 摇臂
　11. 安装不等距气门弹簧时，向着气缸体或气缸盖的一端应该是(　　)。
　　　A. 螺距小的　　　B. 螺距大的
　12. 曲轴正时齿轮与凸轮轴正时齿轮的传动比是(　　)。
　　　A. 1∶1　　　　　B. 1∶2　　　　　C. 2∶1
　13. 四冲程六缸发动机，各同名凸轮之间的相对位置夹角应当是(　　)。
　　　A. 120°　　　　　B. 90°　　　　　C. 60°
　14. 摇臂的两端臂长是(　　)。
　　　A. 等臂的　　　　B. 靠气门端较长　C. 靠推杆端较长
　15. 一般发动机的凸轮轴轴颈是(　　)设置一个。
　　　A. 每隔一个气缸　　　　　　　　　B. 每隔两个气缸
　　　C. 每隔三个气缸　　　　　　　　　D. 不隔气缸

答　案

一、判断题

1. ×　　　2. ×　　　3. √　　　4. √　　　5. ×
6. ×　　　7. √　　　8. ×　　　9. ×　　　10. √
11. √　　12. ×　　13. √　　14. √

二、选择题

1. A　　　2. C　　　3. A　　　4. C　　　5. B

6. B 7. C 8. A 9. B 10. C
11. A 12. C 13. C 14. B 15. B

项目四　冷却系统

一、冷却系统概述

1. 作用

使工作中的发动机得到适度的冷却，从而保持在最适宜的温度范围内工作。

2. 组成

发动机冷系统却有水冷和风冷两种方式，现在一般车用发动机都采用水冷式。发动机水冷式冷却系统主要由水泵、散热器、冷却风扇、补偿水箱、节温器、发动机机体、气缸体水套等部分组成。还包括冷却液、冷却液温度传感器、冷却液液位传感器、冷却液温度表、冷却液温度报警灯等。如图 4-4-1 所示。

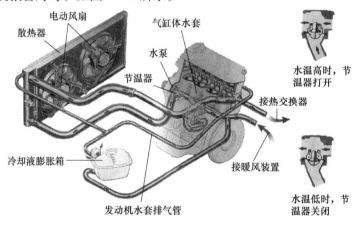

图 4-4-1　发动机冷却系统结构

3. 工作原理

当发动机运转时，水泵随之旋转，冷却液压力促使冷却液强制循环，循环冷却液带走发动机缸体、缸套、缸盖等零件热量。当冷却液温度未达到节温器开启温度时，冷却液将通过水循环管直接从水泵重新进入缸体，避免冷却液的冷却而使温度迅速升高，这种冷却液是不通过散热器的循环称为小循环。如图 4-4-2 所示。当冷却液温度达到节温器开启温度，节温器阀门关闭循环管旁通水路，冷却液将穿过节温器流入散热器水室，热水经风扇吸过空气流强制冷却，散失部分热量，冷却液留到散热器水室，经水泵在泵入缸体重新参加冷却循环。这种冷却液是通过散热器的循环称为大循环。如图 4-4-3 所示。

模块四 汽车发动机维修

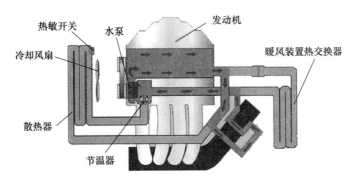

图 4-4-2 冷却系统小循环示意图

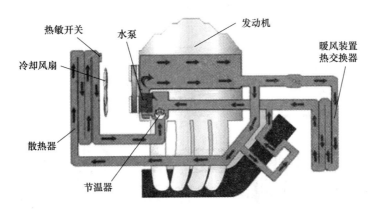

图 4-4-3 冷却系统大循环示意图

4. 冷却液

冷却液的作用：良好的热导性、低冰点、高沸点、抗垢性好、防腐性好。

冷却液的成分：软水＋防冻剂（乙二醇或丙二醇）＋添加剂。

添加冷却液时，尽可能选用有机酸（OAT）型冷却液，不用含硅酸盐成分的冷却液。

冷却液的使用注意事项：

①禁止直接加注浓缩液。稀释浓缩液时要使用蒸馏水或去离子水。

②注意检查冷却液液面高度。适宜的冷却液液面应在储液罐的最高线 Max 和最低线 Min 之间，应视情正确补充和调整。

③不同厂家、不同牌号的发动机冷却液不能混用。

④应保持常年使用冷却液。要注意冷却液使用的连续性。

⑤注意乙二醇型冷却液的安全使用。

乙二醇冷却液有毒，不能饮用。为了便于在外观上进行识别，一般正规厂家生产的乙二醇冷却液都用着色剂将其染成醒目的颜色（粉红、黄绿、绿色或蓝色等），一般不会引起误会。同时，也便于发现冷却液的泄漏点。

5. 水泵

水泵对冷却液加压，强制冷却液在冷却系统中循环流动。常见的水泵安装在发动机前端，通过带传动机构进行驱动，使来自各个冷却回路部件的冷却液循环。如图 4-4-4 所示。

法兰盘：用于固定皮带轮，依靠曲轴的旋转来带动水泵

叶轮：搅动冷却液使其在冷却系统内充分循环

外壳边缘起到密封的作用

图 4-4-4　水泵结构图

6. 节温器

控制汽车冷却系统的大、小循环，节温器开启时进行大循环。不同状态下的节温器冷却液流向如图 4-4-5 所示。

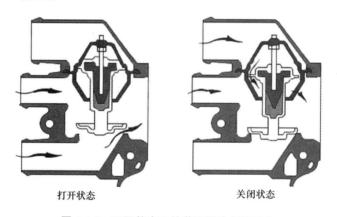

打开状态　　　　　　　　　　关闭状态

图 4-4-5　不同状态下的节温器冷却液流向

常温下石蜡呈固态，主阀门全关，封闭了通往散热器的水路；副阀门全开，来自发动机缸盖出水口的冷却水，经水泵又流回气缸体水套中，进行小循环。

当发动机水温升高时，石蜡逐渐变成液态，体积随之增大，迫使橡胶管收缩，对中心杆产生向上的推力。在中心杆的反推力作用下，主阀门逐渐开启，副阀门逐渐关闭；当发动机水温达到 80 ℃ 以上时，阀门全开，副阀门全关，来自气缸盖出水口的冷却水流向散热器，而进行大循环。

当发动机的冷却水温在 70 ℃～80 ℃ 范围内，主阀门和副阀门均处于半开闭状态，此时一部分水进行大循环，而另一部分水进行小循环。

7. 发动机过热或过冷的危害

过热的危害：

（1）降低充气效率，使发动机功率下降；

(2)爆燃的倾向加大，使零件因承受额外冲击性负荷而造成早期损坏；

(3)运动件的正常间隙被破坏，运动阻滞，磨损加剧，甚至损坏；

(4)润滑情况恶化，加剧了零件的磨损；

(5)零件的机械性能降低，导致变形或损坏。

过冷的危害：

(1)进入气缸的混合气温度低而点燃困难，造成发动机功率下降、油耗上升；

(2)润滑油黏度增大，零件磨损加剧；

(3)燃油凝结而流入曲轴箱，增加油耗，且机油变稀，从而导致功率下降，磨损增加。

二、冷却系统常见故障及检修

冷却系统常见的故障有：发动机温度过高、发动机温度过低、冷却液消耗异常。

1. 发动机温度过高

(1)故障原因与分析。

①百叶窗关闭或开度不足，使流经散热器的通风量受到影响；散热器通风不良，如泥浆或絮状物进入散热片等。

②散热器风扇皮带打滑或风扇叶损坏、角度不当、风罩脱落、损坏等。

③散热器回水管被吸瘪变形，严重影响了冷却系统工作时的回水量；橡胶管使用过久或安装了质量不良的水管，最容易造成散热器回水不畅的故障。

④散热器芯管阻塞或散热片倒伏过多，使冷却液流通不畅或通风不畅；发动机水套内以及散热器内水垢过多。

⑤节温器损坏，使大循环阀门不能按规定的温度打开或开度不够。

⑥电子控制风扇的温度控制开关工作不良，从而使风扇不能旋转或风扇电动机起动过晚。

⑦风冷式冷却系统中的轴流鼓风机转速过低或者风道不畅及空气分流不良，导致发动机冷却效果下降。

⑧如果发动机装有排气制动装置，则因控制装置工作不良导致排气不畅，也会使发动机温度过高。

⑨风扇离合器不能正常工作，使散热器的冷却效率大大降低。

除此之外，汽油机的点火时间过迟和柴油机的喷油时刻过缓也会影响冷却系统的温度，并且将伴随其他故障现象，应视具体情况进行诊断与排除。

(2)诊断与排除方法。

先检查百叶窗是否关闭或开度不足。若开度足够，再检查风扇皮带的松紧度。用大拇指以一定的力压皮带，其挠度应在10～15 mm范围内。若压下的距离过大，则说明风扇皮带太松，应松开发电机活动支架进行调整。

若皮带不松却仍然打滑，说明皮带及皮带轮磨损或沾有油污，应予以更换。若风扇转动正常，但发动机仍过热，则应检查风扇工作时的扇风量及风扇离合器是否工作正常。方法是在发动机运转时，将一张薄纸敷在散热器前，若能被牢牢地吸住，则说明风量足够；

否则应检查风扇离合器是否正常及风扇叶片方向是否正确，或者检查风扇叶片有无变形、折断或角度是否正确。如果叶片已经变形，可用专用工具夹住叶片头部适当折弯矫正，以减少叶片涡流，必要时需更换新风扇。若风扇运转正常，则需检查水泵的工作效能。

若上述各部分均工作正常，再检查散热器和发动机各部位的温度是否均匀。如果散热器冷热不均，则说明冷却水道管有堵塞或散热片倾倒过多。如果是发动机前端的温度低于后端，则表明分水管已经损坏或堵塞，应予以更换。

若非上述原因，则可能是水套积垢过多，应予以清洗。

2. 发动机水温过低

现象：水温上升缓慢（冬季）并且发动机温度在未达到正常工作温度之前便不再继续增加。

(1) 故障原因与分析。

①百叶窗不能关闭或汽车的保温防护措施过差，使发动机温度难以得到提高；

②节温器损坏，使小循环阀门不能按要求打开，大循环阀门也一直处于不能打开状态，破坏了发动机原有的设计要求；

③电子控制风扇的温度控制开关工作不良，从而使风扇在未达到正常温度时过早旋转；

④风扇离合器不能正常工作，风扇高速旋转使冷却风量过大。

(2) 诊断与排除方法。

①检查保温防护措施是否可靠；

②风扇转速是否过高；

③节温器工作是否正常。

3. 冷却液消耗异常

(1) 故障原因。

①冷却系统出现外渗漏；

②冷却系统出现内渗漏；

③散热器盖有故障；

④冷却系统水垢过多或堵塞，系统循环不良。

(2) 诊断与排除。

①检查冷却系统各个部件及连接部分有无渗漏；

②检查散热器是否密封；

③检查系统有无内渗漏；

④水垢多。

习题及答案

一、判断题

1. 以空气为冷却介质的冷却系统称为风冷系统，以冷却液为冷却介质的冷却系统称为水冷系统。　　　　　　　　　　　　　　　　　　　　　　　　　　　　（　　）

★2. 温度在 84 ℃~95 ℃之间时，主阀门全开，副阀门全关，冷却液进行混合循环。
（　　）
3. 冷却风扇不运转，不会影响冷却系统正常工作。（　　）
★4. 冷却液温度报警灯常亮，一定是由于冷却液温度传感器故障引起的。（　　）
5. 发动机在冷机状态时，发动机冷却液液位应在 Low 和 Full 刻度线之间，若位于低压 Low 刻度之下，则需要添加自来水。（　　）
★6. 安装散热器软管时，如果软管内没有残留的冷却液，那么先要在安装部位涂抹一层薄薄的冷却液，然后再安装软管。（　　）
7. 为避免烫伤，不要在发动机和散热器总成仍然很烫时拆下散热器盖分总成。（　　）
8. 散热器结构是由散热器芯、散热器翼片、储水室、进水管接头等构成。（　　）

二、选择题

1. 冷却系统中冷却液循环水路受（　　）控制，随着发动机工作温度的变化而改变。
   A. 水泵　　　　B. 节温器　　　　C. 散热器　　　　D. 冷却风扇
2. （　　）的功用是使发动机在正常工作中保持正常的工作温度。
   A. 进气系统　　B. 润滑系统　　C. 冷却系统　　D. 点火系统
★3. 用非接触式红外温度检测仪检测（或手背触试）散热器和气缸体温度。若散热器温度（　　），而气缸体温度（　　），说明冷却水循环不良。
   A. 高、低　　　B. 低、高　　　C. 高、高　　　D. 低、低
4. 冷却风扇电动机结构主要是由（　　）组成。
   A. 前盖　　　　B. 转子　　　　C. 电刷　　　　D. 以上都是
★5. 以下（　　）出现损坏将不会影响冷却风扇正常运转。
   A. 风扇线路　　　　　　　　　B. 风扇继电器
   C. 风扇电动机　　　　　　　　D. 风扇叶片
6. 当冷却液温度处于（　　）时，微机控制风扇电动机高速运转。
   A. 80 ℃~95 ℃　　　　　　　B. 95 ℃~105 ℃
   C. 高于 95 ℃　　　　　　　　D. 高于 105 ℃
7. 冷却风扇常见传动类型可分为（　　）。
   A. 机械传动式　　　　　　　　B. 硅油传动式
   C. 电动式　　　　　　　　　　D. 以上全都是
8. 以下不属于电动式冷却风扇结构的零部件是（　　）。
   A. 冷却风扇　　B. 电动机　　　C. 起动机　　　D. 导风罩

答　案

一、判断题

1. √　2. ×　3. ×　4. ×　5. ×　6. √　7. √　8. √

二、选择题

1. B　2. C　3. B　4. D　5. D　6. D　7. D　8. C

项目五 润滑系统

一、润滑系统概述

1. 作用

发动机内部有许多相互摩擦运动的零件,如曲轴主轴颈与主轴承、凸轮轴颈与凸轮轴承、活塞、活塞环与气缸壁面等,这些部件运动速度快,工作环境恶劣,它们之间需要有适当的润滑,才能降低磨损,延长发动机的寿命。

润滑系统的作用是:润滑、冷却、清洗和防锈、密封、缓冲减振、液压等,定期地更换机油对发动机有着重要的作用。

(1)润滑:利用油膜减少机件间的磨损。

(2)冷却:润滑油可以带走热量。

(3)清洗和防锈:带走金属屑、杂质及酸性物,隔断与空气的接触,防止生锈。

(4)密封:利用油膜防止燃气的泄漏。

(5)缓冲减振:利用油膜缓冲振动。

(6)液压:兼做液压油,起液压作用。

2. 组成

润滑系统由机油泵、机油滤清器、机油散热器、集滤器等组成,如图 4-5-1 所示。此外,润滑系统还包括机油压力传感器、机油压力表、温度表和机油管道等。

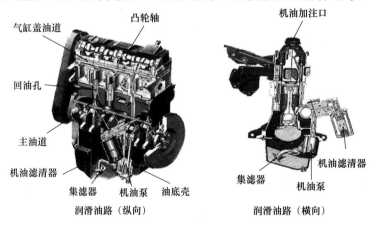

图 4-5-1 发动机润滑系统结构

(1)机油泵。

作用:保证机油在润滑系统内循环流动,并在发动机任何转速下都能以足够高的压力向润滑部位输送足够数量的机油。

分类:齿轮式和转子式两类。

(2)集滤器过滤机油中一些比较大的杂质,防止其进入机油泵。

(3)机油滤清器。机油粗滤器滤去机油中粒度较大(直径为 0.05～0.1 mm 以上)的杂质。串联在机油泵与主油道之间。机油细滤器进一步过滤机油中细小(直径在 0.001 mm 以上)杂质。由于对机油的流动阻力较大,采用与主油道并联方式。

(4)机油压力报警灯。机油压力不正常时点亮,以提示驾驶人该系统存在故障。

(5)限压阀(安全阀)。限压阀与机油泵油路并联,其作用是调节、控制主油道的机油压力。为了保证发动机正常工作,主油道的油压必须适当,通过机油泵限压阀能调节主油道的机油压力。当发动机转速增高或机油稠度变大时,机油压力就会增高。此时限压阀自动开启,通过机油泵回油(即机油泵出油口的机油经限压阀流向进油口),能控制主油道的油压。

(6)旁通阀。旁通阀并联在机油粗滤器上,其作用是当滤清器滤芯被污垢或异物严重堵塞,机油不能通过滤芯时,为了防止出现润滑系统供油中断,机油粗滤器上旁通阀自动开启,机油经旁通阀直接流入主油道,这样发动机压力润滑部分不会出现断油的现象。

(7)机油散热器。机油散热器对机油的温度进行调节。机油散热器在发动机温度过高时,可对机油进行冷却,在发动机低温时,也可利用发动机冷却液对机油进行预热。

3. 润滑系统的滤清方式

发动机润滑系统中,有两种机油滤清方式:全流式和分流式,如图 4-5-2 所示。

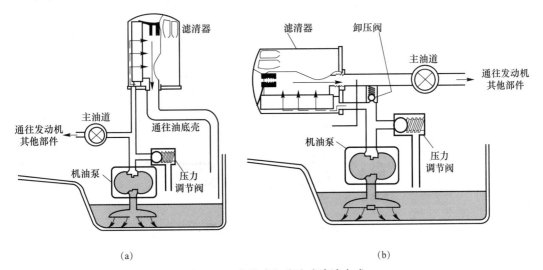

图 4-5-2 全流式和分流式滤清方式
(a)分流式;(b)全流式

在分流式过滤方式中,滤清器与主油道并联,只有一部分机油通过滤清器被滤清,大部分机油被直接进入发动机主油道,这种形式在多年以前的发动机上采用。

在全流式过滤方式中,滤清器与主油道串联,所有机油在进入发动机主油道前都必须通过机油滤清器。如果滤清器堵塞,则机油顶开滤清器上的旁通阀直接进入主油道。现在一般都采用过滤效率高的全流型。

3. 润滑方式

发动机常见的润滑方式有：

(1)压力润滑：利用机油泵，将具有一定压力的润滑油源源不断地送往摩擦表面。适用于工作载荷大、相对速度高的运动表面，如曲轴主轴承、连杆轴承、凸轮轴轴承等。

(2)飞溅润滑：利用发动机工作时运动零件飞溅起来的油滴或油雾来润滑摩擦表面。适用于载荷较轻、相对速度较低的运动件表面，如活塞、气缸壁、凸轮、正时齿轮、摇臂、气门等。

(3)润滑脂润滑：发动机辅助系统中有些零件则只需定期加注润滑脂进行润滑，例如水泵及发电机轴承等。近年来，多采用含有耐磨润滑材料（如尼龙、二硫化钼等）的轴承来代替加注润滑脂的轴承。

4. 润滑油道

机油主要存储在油底壳中，当发动机运转后带动机油泵，利用泵的压力将机油压送至发动机各个部位。润滑后的机油会沿着缸壁等途径回到油底壳中，重复循环使用，如图4-5-3所示。

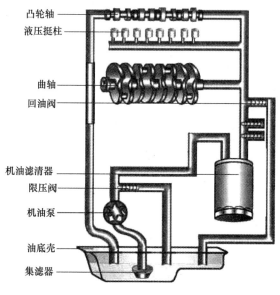

图 4-5-3　润滑油路示意图

发动机机油润滑油路：

(1)润滑油经集滤器被机油泵送入机油滤清器；

(2)若油压太高，则润滑油经机油泵上的限压阀返回机油泵入口；

(3)润滑油经滤清器进入主油道，当滤清器堵塞时，润滑油由滤清器盖上的旁通阀直接进入主油道；

(4)润滑油经缸体主油道进入曲轴轴承油道，润滑曲轴轴承；

(5)润滑油还会经曲轴内部的油道，从主轴承流向连杆轴承润滑曲柄销；

(6)主油道的另一条分油道直通凸轮轴轴承润滑油道，用于向凸轮轴轴承及气门组提供润滑油。

5. 曲轴箱通风装置

(1)作用：为了延长机油的使用期限，减少摩擦零件的磨损和腐蚀，防止发动机漏油。

(2)原因：发动机工作的时候，在做功冲程(进排气门均处于关闭状态)气缸内燃烧的高温高压气体，会沿着活塞组件与气缸壁之间的间隙窜入曲轴箱中。在窜入曲轴箱的发动机废气中，含有一些水蒸气和二氧化硫。水蒸气凝结后使机油乳化，而二氧化硫则会使机油变质。所以发动机设置有曲轴箱通风装置使这些废气能够排出，曲轴箱通风装置原理如图4-5-4所示。有的发动机上还配有油气分离器，就安装在曲轴箱通风装置的通道中进行油雾分离。

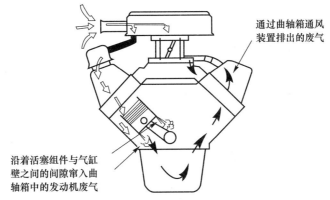

图 4-5-4　曲轴箱通风装置原理

(3)通风方式。

①自然通风：从曲轴箱内抽出的气体直接导入大气中去。

②强制通风：将曲轴箱内抽出的气体导入发动机进气管道中。

6. 机油

国际上广泛采用美国汽车工程师协会(SAE)所制定的黏度分类法和API使用分类法。

SAE 黏度等级：

(1)冬季用机油有6种型号：SAE0 W、SAE5 W、SAE10 W、SAE15 W、SAE20 W和SAE25 W；

(2)非冬季机油有4种型号：SAE20、SAE30、SAE40、SAE50。

低温黏度值(第一个数字，5 W－30 中的 5 W)反映机油的流动能力，数值越小，发动机在冷天越容易起动。

高温黏度值(第二个数字，5 W－30 中的 30)反映机油进行良好润滑时的黏度或黏稠度。

机油型号选择：

(1)根据汽车发动机的强化程度选用合适的机油使用等级(API)。

(2)根据地区的季节气温选用合适的机油黏度等级(SAE)。

二、润滑系统常见故障及检修

润滑系统常见的故障有：机油压力过高、机油压力过低、机油油耗过多、机油变质。

1. 机油压力过高

发动机在正常工作温度和转速下，机油压力表读数高于规定值。此时可判定为机油压力过高故障。

产生此故障的原因及处理方法有：

(1)机油黏度过大。更换机油或重新选用机油。

(2)机油限压阀弹簧压力调整过大。重新调整弹簧压力。

(3)机油限压阀的润滑油道堵塞。清洗润滑油道。

(4)曲轴主轴承、连杆轴承或凸轮轴轴承间隙过小。必要时光磨曲轴、凸轮轴或更换轴承。

(5)机油压力表或其传感器工作不良。检修或更换机油压力表及其传感器。

2. 机油压力过低

发动机在正常工作温度和转速下，机油压力表读数低于规定值或油压报警器报警。此时可判定为机油压力过低故障。

产生此故障的原因及处理方法有：

(1)机油集滤器网堵塞。清洗机油集滤器。

(2)机油滤清器堵塞。清洗或更换机油滤清器。

(3)油底壳内机油油面过低。按规定补充机油。

(4)机油黏度降低。更换机油。

(5)机油限压阀弹簧失效或调整不当。更换弹簧或重新调整弹簧。

(6)润滑油油管接头漏油或进入空气。检修机油管路，排出空气。

(7)润滑油道堵塞。清洗润滑油道。

(8)机油泵性能不良。检修或更换机油泵。

(9)曲轴主轴承、连杆轴承或凸轮轴轴承间隙过大。必要时光磨曲轴、凸轮轴或更换轴承。

(10)机油压力表或其传感器工作不良。检修或更换机油压力表及其传感器。

3. 机油油耗过多

如果机油消耗量超过规定值，排气冒蓝烟，气缸内积碳增多，则可判定为机油消耗过多故障。

此故障主要是泄漏和燃烧机油造成的，具有原因及处理方法有：

(1)活塞、活塞环与气缸壁的间隙过大或活塞环与环槽的侧隙过大。检修或更换活塞、活塞环和气缸。

(2)气门与气门导管间隙过大或气门密封圈失效。检修或更换气门，更换气门导管或气门密封圈。

(3)发动机各部件密封表面漏油。检查发动机各部件的可能漏油表面。

(4)曲轴箱通风不良。检修曲轴箱通风装置。

(5)大修后扭曲环或锥面环装反。重新安装活塞环。

4. 机油变质

机油颜色变黑，黏度下降或上升；添加剂性能丧失，含有水分；机油乳化，呈乳浊状

模块四 汽车发动机维修

并有泡沫,出现这些现象,则为机油变质。

机油变质可通过手捻、鼻嗅和眼观的人工经验法检验。如机油发黑、变稠一般由机油氧化造成;如机油发白则证明机油中有水;如机油变稀则为汽油或柴油稀释引起。为精确分析机油变质原因,最好使用油质仪和滤纸斑点试验法进行机油品质检查。

出现故障的原因及处理方法有:

(1)活塞、活塞环与气缸壁的密封不良。检修活塞、活塞环和气缸。

(2)机油使用时间太长。更换机油。

(3)滤清器性能不良。更换滤清器。

(4)曲轴箱通风不良。检修曲轴箱的通风装置。

(5)发动机缸体或缸垫漏水。检修发动机缸体或更换发动机缸垫。

 习题及答案

一、判断题

1. 不正常的机油压力也能保证将机油输送到发动机所有的摩擦件表面。　　(　　)
2. 机油压力出现报警灯常亮的主要原因是由于润滑系统故障或者信号系统故障。
　　(　　)
3. 机油压力开关损坏不会造成机油压力警告灯常亮。　　(　　)
4. 润滑系统中机油压力越高越好。　　(　　)
5. 机油变黑说明机油已经变质。　　(　　)
6. 由于机油泵不断地将机油从油底壳泵入主油道,所以汽车行驶中要定期加机油。
　　(　　)
★7. 滤清器的滤清能力越强,机油的流动阻力越小。　　(　　)
8. 检查发动机机油液位时,应将发动机处于冷机状态。　　(　　)
9. 安装放油螺栓时,要更换新的衬垫加以安装。　　(　　)
★10. 机油泵限压阀用以限制润滑系中机油的最高压力,所以机油泵限压阀是一直处于开启状态。　　(　　)

二、选择题

1. 润滑系统中润滑油的作用是(　　)等。
　　A. 冷却　　　　C. 清洗　　　　C. 润滑　　　　D. 以上全是
★2. 下列(　　)不是造成机油压力过低的原因。
　　A. 机油不足　　　　　　　　B. 机油变质
　　C. 油滤清器堵塞　　　　　　D. 机油压力开关损坏
★3. 下列不属于出现机油质量问题的是(　　)。
　　A. 机油变稀　　　　　　　　B. 机油变成黑色
　　C. 机油变成乳白色　　　　　D. 机油中含有黑色杂质
★4. 粗滤清器阻塞时,旁通阀打开,(　　)。
　　A. 使机油不经滤芯,直接流回油底壳　B. 使机油直接进入细滤器

· 111 ·

C. 使机油直接流入主油道　　　　　　D. 使机油流回机油泵

★5. 下列润滑系统中油路走向正确的是(　　)。
  A. 油底壳→集滤器→机油滤清器→机油泵→主油道→各分油道→各润滑部位→回油道
  B. 油底壳→机油泵→集滤器→机油滤清器→主油道→各分油道→各润滑部位→回油道
  C. 油底壳→机油泵→集滤器→主油道→机油滤清器→各分油道→各润滑部位→回油道
  D. 油底壳→集滤器→机油泵→机油滤清器→主油道→各分油道→各润滑部位→回油道

★6. 正常工作的发动机，其机油泵的限压阀应是(　　)。
  A. 经常处于关闭状态　　　　　　B. 热机时开，冷机时关
  C. 经常处于溢流状态　　　　　　D. 热机时关，冷机时开

★7. 润滑系中一般安装有机油压力传感器和(　　)，以监控润滑系的油压。
  A. 最低油压报警开关　　　　　　B. 机油泵中的限压阀
  C. 粗滤器上的旁通阀　　　　　　D. 细滤器中的限压阀

★8. 转子式机油泵工作时(　　)。
  A. 外转子转速低于内转子转速　　B. 外转子转速高于内转子转速
  C. 外转子转速等于内转子转速　　D. 不确定

★9. 新装的发动机，若曲轴主轴承间隙偏小，将会导致机油压力(　　)。
  A. 过高　　　　B. 过低　　　　C. 偏高　　　　D. 偏低

答　案

一、判断题
1. ×　　2. √　　3. ×　　4. ×　　5. ×
6. ×　　7. ×　　8. ×　　9. √　　10. ×

二、选择题
1. D　　2. D　　3. B　　4. C　　5. D
6. A　　7. A　　8. A　　9. C

项目六　燃料供给系统

一、燃料供给系统概述

1. 汽油发动机燃料供给系统组成

汽油发动机的燃料供给系统包括：电子控制系统、燃油供给系统、进气系统和排气系统。如图4-6-1所示。

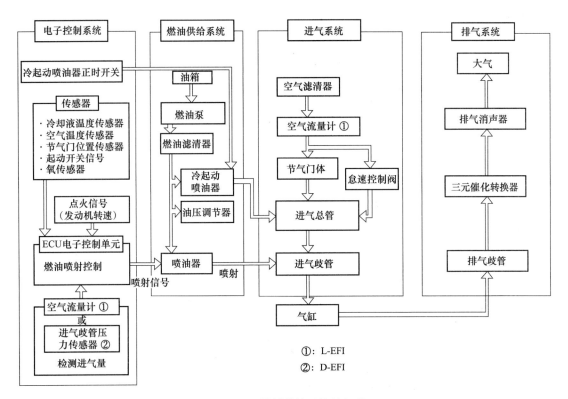

图 4-6-1 燃料供给系统的组成

2. 可燃混合气浓度

发动机在工作时，燃料进入气缸燃烧之前，都要经过雾化和蒸发，并与空气配合，燃料与空气的混合物称为可燃混合气，混合气中含燃料量的多少称为可燃混合气浓度。

可燃混合气的浓度常用空燃比和过量空气系数来表示。

(1) 空燃比

空燃比(R)＝空气质量(kg)/燃油质量(kg)，理论上 1 kg 汽油完全燃烧需 14.7 kg 空气，即理论空燃比为 14.7。

① 当 $R=14.7$ 时，称为理论混合气；

② 当 $R<14.7$ 时，称为浓混合气；

③ 当 $R>14.7$ 时，称为稀混合气。

(2) 过量空气系数(α)

$$\alpha = \frac{燃烧 1 \text{ kg } 燃料实际供给的空气质量}{理论上完全燃烧时所需的空气质量} = \frac{实际空燃比}{理论空燃比}$$

即燃烧 1 kg 燃料实际供给的空气质量与理论上完全燃烧时所需要的空气质量之比。

① 当 $\alpha=1$ 时，称为理论混合气；

② 当 $\alpha<1$ 时，称为浓混合气；

③ 当 $\alpha>1$ 时，称为稀混合气。

(3) 发动机各种工况对混合气浓度的要求如下：

①怠速工况：$\alpha=0.6\sim0.8$ 的浓混合气；
②小负荷工况：$\alpha=0.7\sim0.9$ 的浓混合气；
③中等负荷工况：$\alpha=1.05\sim1.15$ 的稀混合气；
④大负荷工况和全负荷工况：$\alpha=0.85\sim0.95$ 的浓混合气；
⑤冷起动工况：$\alpha=0.2\sim0.6$ 的极浓混合气；
⑥暖机工况：混合气的浓度应随温度的升高而减小；
⑦加速工况：在急加速时，必须采用专门的装置额外供油，加浓混合气，以满足发动机急加速的要求。

(一)燃油供给系统

1. 作用

(1)储存燃油，过滤后输送给发动机。

(2)根据发动机不同的工作状况，及时、足量地配制合适的可燃混合气。

2. 类型

(1)按对进入气缸空气量的检测方式分直接检测型(简称 L 型)和间接检测型(简称 D 型)；

(2)按喷射位置分为缸内喷射(GDI)和进气管喷射(PFI)，进气管喷射又可分为单点燃油喷射系统(SPI)和多点燃油喷射系统(MPI)。

(3)按喷油器的喷射方式分为连续喷射系统和间歇喷射系统。

3. 组成

燃油供给系统由燃油、燃油箱、电动燃油泵、燃油蒸气回收罐、燃油滤清器、燃油压力调节器、脉动阻尼器、喷油器、卸压阀、单向出油阀、油管等组成。如图 4-6-2 所示。

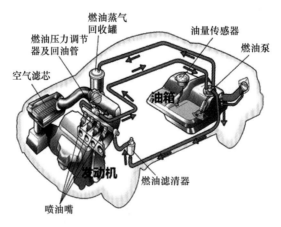

图 4-6-2 燃油供给系统的组成

(1)燃油箱：存储燃油。

(2)电动燃油泵：将燃油从燃油箱中泵入燃油管路，并使燃油保持一定的压力，经过滤清器输送到燃油喷油器和冷起动阀。大多数汽车的燃油泵安装在油箱内。

(3)燃油蒸气回收罐：防止汽车油箱内蒸发的汽油蒸气排入大气，它由蒸气回收罐（又称活性炭罐）、控制电磁阀、蒸气分离阀及相应的蒸气管道和真空软管等组成。

(4)燃油滤清器：装于脉动阻尼器与喷油器之间的油路中，其作用是滤除燃油中的水分和杂质等污物，以防堵塞喷油器针阀。

(5)燃油压力调节器：使燃油压力相对于大气压力或进气管负压保持一定，即保持喷油压力与喷油环境压力的差值一定。此压力差一般为 250 kPa，当供油压力超过规定值时，压力调节器内的减压阀打开，汽油经过回油管流回油箱，使输油管油压保持恒定。

(6)脉动阻尼器：使燃油泵泵出的油压变得平稳，减少油压波动和降低噪音。

(7)喷油器：喷油器安装在节气门体空气入口处（SPI 系统）或进气歧管靠近各缸进气门附近（MPI 系统），受电子控制器喷油信号的控制，其喷油量由喷油器通电时间的长短决定，从而将适量的燃油成雾状喷入进气歧管。

喷油器的喷油原理是：由控制器送来喷油电流信号，电流流经电磁线圈产生电磁吸力，该吸力吸引铁芯，由于针阀与铁芯制成一体，故此时针阀打开，燃油由喷油器喷出。

(8)卸压阀：燃油压力达到一定值时，阀门开启，释放一部分燃油，以防止燃油压力过高。

(9)单向出油阀：阻止燃油倒流，保持系统内具有一定的残余压力，便于下次起动。另外还有防止气阻的作用。

(10)油管：一般有三条，一条是高压出油管，一条是低压回油管，还有一条是通往燃油蒸气回收罐。

(11)汽油标号有：92#和 95#，是指汽油的辛烷值，汽油标号越高，辛烷值就高，抗爆性就越好，但要根据车辆的要求进行添加，不能盲目使用高标号汽油。

柴油标号有：0#，−20#，−30#，−35#。是指柴油的凝固点，温度过低，容易结蜡，根据温度的不同，选择不同型号的柴油。

4. 电控汽油喷射系统的优点

(1)能提供最佳的混合气浓度，使发动机保持最佳的动力性、经济性和排放性能；

(2)降低了 HC、CO 和 NO_x 排放；

(3)采用多点喷射系统，各缸的燃油分配比较均匀，有利于提高发动机运转的稳定性；

(4)进气温度修正；

(5)汽车加速、减速性能更加良好；

(6)具有减速断油功能，既能降低排放，也能节省燃油；

(7)进气阻力减小，增大充气量，提高发动机的输出功率，增加动力性；

(8)在发动机起动时，可以用发动机控制模块（ECU）计算出起动时所需的供油量，使发动机起动容易，暖机更快，暖机性能提高。

(二)进气系统

1. 作用

提供与负荷相适应的清洁的空气；测量和控制进入气缸的空气量；提供符合要求的可燃混合气；有限的气缸容积中尽可能多和均匀地供气。

2. 组成

进气系统由空气滤清器、空气流量计或进气管绝对压力传感器、节气门体、怠速控制阀、进气总管、进气歧管等组成。如图4-6-3所示。

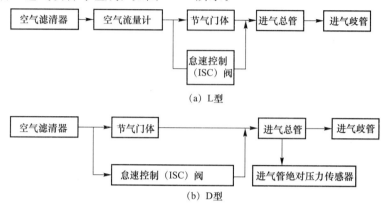

图 4-6-3 进气系统组成

(1) 空气滤清器：滤去空气中的尘土和砂粒，以减少气缸、活塞和活塞环的磨损，延长发动机的使用寿命。

(2) 空气流量计：对进入气缸的空气量进行直接计量，并把空气流量的信息输送到ECU。它用在L型的发动机进气系统中，安装在空气滤清器与节气门体之间，作为电控燃油喷射系统的主控信号。目前应用较多的是热线式、热膜式空气流量计，它直接检测空气的质量和流量，测量精度高。

(3) 进气歧管绝对压力传感器：根据发动机的负荷状态测出进气歧管内绝对压力的变化，并转换成电压信号，与转速信号一起输送到电控单元ECU，作为燃油喷射和点火控制的主控信号。

(4) 节气门体：安装在空气流量计之后的进气管上，用以控制发动机正常运行工况下的进气量。节气门体主要由节气门和怠速空气道组成，在节气门体上还安装有节气门位置传感器、怠速控制阀等装置。节气门位置传感器安装在节气门轴上，用来检测节气门的开度。ECU通过怠速控制阀来控制怠速通道，以根据需要调节发动机怠速时的进气量。节气门限位螺钉用来调节节气门的最小开度。

(5) 节气门位置传感器：把汽油机运转过程中节气门的位置及开启角度的变化转换成电信号输入发动机ECU，用于控制燃油喷射及其他辅助控制。

(6) 怠速控制阀：通过控制进入气缸的空气量来调整发动机怠速的。

(7) 电控汽油喷射系统中有两个温度传感器：即冷却液温度传感器和进气温度传感器。它们均采用负温度系数的热敏电阻作为传导元件。所谓负温度系数的热敏电阻，就是在允许的温度范围内，其电阻值随温度升高而减小；而正温度系数的热敏电阻，其电阻值随温度升高而增大。

(8) 进气管：较均匀地分配可燃混合气(汽油机)或空气(柴油机)到各气缸中，对汽油机来说，进气管的另一作用是使可燃混合气和油膜继续得到汽化。进气管有进气总管和进气歧管。

(三)排气系统

1. 作用

排气系统的作用是汇集各气缸的废气，减小排气噪声和消除废气中的火焰和火星，使废气安全地排入大气，并对废气中的有害物质进行排放控制。

2. 组成

排气系统包括排气歧管、氧传感器、三元催化转换器、排气消声器、隔热装置等，如图4-6-4所示。

(1)排气歧管：排出废气。为了不使各缸排气互相干扰及不出现排气倒流的现象，并尽可能地利用惯性排气，应该将排气歧管做得尽可能长，且各缸支管相互独立、长度相等。

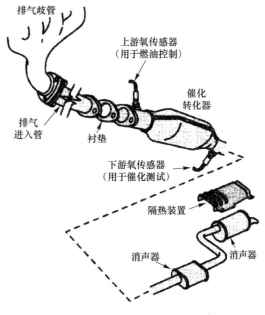

图 4-6-4 排气系统组成

(2)氧传感器：通过监测排气中的氧含量来获得混合气的实际空燃比信号，并将该信号转变为电信号输入ECU。ECU根据氧传感器信号，对喷油时间进行修正，实现空燃比反馈控制，将A/F控制在14.7，降低排放，节约燃油。氧传感器安装在排气管上，有氧化锆(ZrO_2)式和氧化钛(TiO_2)式两种类型。

(3)三元催化转换器：三元催化转换器的作用是利用转换器中的三元催化剂，将发动机排出废气中的有害气体HC、CO、NO_x转变为无害气体。三元催化转换器一般安装在排气消声器前面。

(4)排气消声器：减小排气噪声。

(5)隔热装置：控制并降低管壁表面的辐射热装置。

二、燃料供给系统常见故障及检修

燃料供给系统常见的故障是油耗增加。

1. 汽车油耗增高

(1)原因。造成汽车油耗增高的原因主要有轮胎气压不足；发动机积碳过多、氧传感器损坏等。

(2)分析。

①检查轮胎胎压磨损情况：检查轮胎排在第一因为轮胎比较容易检查，如果轮胎充气不足，耗油量将会增加。如果不是气压的问题，就要检查一下轮胎的磨损程度，如果轮胎磨损严重，就会经常出现打滑现象，增加耗油量。

解决方法：如果轮胎充气不足，重新打足气压，如果轮胎磨损严重则要更换新轮胎，最好两边一起更换。

②检查制动系统：如在行驶中或起动时发现车轮有异常响声应该及时检查轴承及刹车系统是否有故障。如果车轮转动不正常，就会影响车速，从而会使油耗加大。

解决方法：检查制动系统排除相应故障。

③检查发动机是否积碳过多：如果积碳在短期内增加较多，那么有可能是使用了不合适的油品。跑长途，肯定会添加各地的燃油，即使是同一标号的燃油，各地的油品质量也不尽相同，因此很可能误用了不合适的油品，很难控制添加的油品质量。

解决办法：在加油时添加一定量的清洁剂，如果效果不明显，则说明发动机内积碳较多，这种情况必须把车开到4S店，由专业技术人员对发动机内的积碳进行清洗。清洗完之后，最好开车跑一段高速，这样有利于增加排气量，让较强的气流带出体积较大的积碳颗粒。

④检查氧传感器是否损坏：氧传感器主要是监控发动机油气配比情况，一旦损坏，就会造成发动机油气配比失调，耗油量肯定会突然增高。氧传感器损坏后，车辆在行驶过程中，排气管会冒黑烟。

解决办法：更换氧传感器。

⑤检查节温器开度：检查一下温控开关和节温器，当车的温控开关和节温器损坏时，会出现油耗增加的现象。因为温控开关和节温器损坏会使水温降低或偏高，导致电脑给出不正确的点火和喷油信号，汽油雾化不良，油耗量会明显增加。

解决办法：更换节温器。

习题及答案

一、判断题

1. 油耗高和发动机机械故障无关。　　　　　　　　　　　　　　　　（　　）
2. 油耗过高与驾驶员的不良驾驶习惯有关。　　　　　　　　　　　　（　　）
3. 燃油系统中回油管路堵塞会造成油压过高。　　　　　　　　　　　（　　）
4. 正确的点火时刻是保证发动机良好性能的关键。　　　　　　　　　（　　）
★5. 电动燃油泵不工作说明燃油泵损坏。　　　　　　　　　　　　　（　　）
6. 燃油系统压力由燃油泵决定。　　　　　　　　　　　　　　　　　（　　）
7. 混合气浓度由喷油嘴决定。　　　　　　　　　　　　　　　　　　（　　）
8. 电控汽油喷射系统最突出的优势是能实现空燃比的高精度控制。　　（　　）
★9. 空气滤清器阻塞将会造成发动机进气不充分，混合气过浓。　　　（　　）
10. 发动机气缸压力大小对发动混合气的燃烧没有任何影响。　　　　（　　）

二、选择题

★1. 汽车油耗高，通俗的来讲就是费油。造成油耗高的原因有(　　)。
　　A. 供给系统故障　　B. 点火不良　　C. 气缸压力低　　D. 以上都是
★2. 油耗高的故障原因有喷油器喷油故障，传感器信号不准确，点火高压弱，(　　)等。
　　A. 油泵损坏　　B. 油管破裂　　C. 燃油压力过高　　D. 无高压火

★3. 某车油耗过高,检测发现进气管压力传感器信号过高,显示真空压力接近0,应(　　)。
　　A. 检测是否缺火　　　　　　　　B. 检查进气管压力传感器真空管是否破裂
　　C. 检测氧传感器　　　　　　　　D. 检测喷油器

★4. 不是引起发动机油耗过高故障原因的是(　　)。
　　A. 喷油器喷油故障　　　　　　　B. 传感器信号不准确
　　C. 点火高压弱　　　　　　　　　D. 油泵损坏

5. 某车排放超标,以下(　　)的方法不正确。
　　A. 检测油泵继电器　　　　　　　B. 检测是否缺火
　　C. 检测传感器　　　　　　　　　D. 检测喷油器

6. 可燃混合气的浓度可用(　　)来表示。
　　A. 燃油质量　　B. 空燃比　　C. 压缩比　　D. 喷油时间

7. 燃油系统压力过高,说明燃油压力调节器(　　)。
　　A. 泄漏　　　　B. 卡死　　　　C. 导通　　　　D. 堵塞

★8. 某车动力不足,经检测空气流量计信号弱,应首先(　　)。
　　A. 检测空气滤清器是否堵塞　　　B. 检测怠速机构是否积碳、卡滞
　　C. 检测点火能量　　　　　　　　D. 检测气缸压力

9. 某车熄火一定时间后难起动,熄火后油压表指示值缓慢下降,应该(　　)。
　　A. 清洗喷油器　　B. 更换喷油器　　C. 更换线束　　D. 更换水温传感器

★10. 排放超标的故障原因有喷油器喷油故障,传感器信号不准确,点火高压弱,(　　)等。
　　A. 油泵损坏　　B. 油管破裂　　C. 触媒失效　　D. 无高压火

答　案

一、判断题
1. ×　　2. √　　3. √　　4. √　　5. ×
6. ×　　7. ×　　8. √　　9. √　　10. ×

二、选择题
1. D　　2. C　　3. B　　4. D　　5. A
6. B　　7. D　　8. A　　9. B　　10. C

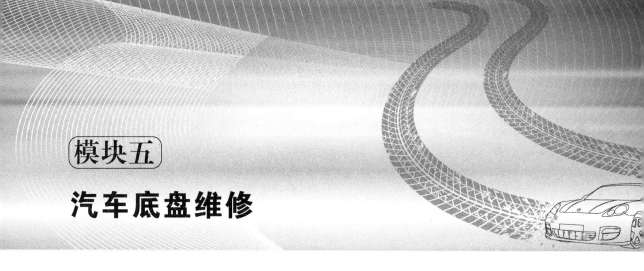

模块五

汽车底盘维修

项目一 传动系统

一、传动系统

1. 传动系统概述

汽车底盘一般由传动系、行驶系、转向系、制动系组成。

(1)传动系统作用。传动系统将发动机的动力按照需要传给驱动轮,使汽车克服阻力行驶。具体的作用是:减速、变速、倒车、中断传动、差速等。

(2)汽车传动系统的组成。机械式传动系统主要由离合器、变速器、万向传动装置和驱动桥组成。

(3)汽车传动系统的分类。按结构和传动介质的不同,汽车传动系统的类型可以分为机械式、液力机械式、静液式和电传动式等。

(4)传动系统的布置形式。汽车传动系的布置形式与发动机的位置及驱动形式有关,一般可分为前置前驱(FF)、前置后驱(FR)、后置后驱(RR)、中置后驱(MR)、四轮驱动(4WD)五种形式。

提示:汽车的驱动形式通常用汽车车轮总数×驱动车轮数来表示,根据驱动车轮数的不同,汽车驱动可以分为4×4、4×2驱动形式。

2. 离合器

(1)离合器作用。离合器安装在发动机与变速器之间,是汽车传动系统中直接与发动机相连接的总成部件,也是实现动力传递和切断的关键部件。

离合器的作用是:

①使发动机与传动系逐渐接合,保证汽车平稳起步;

②暂时切断发动机的动力传动,保证变速器换挡平顺;

③限制所传递的转矩,防止传动系过载。

(2)离合器分类。离合器根据不同的分类形式有不同的类型。

①按照从动盘数目的不同可分为:单片式离合器和多片式离合器。单片干式离合器应对一般车辆已经足够了,但是对于动力更强的载重货车或者轨道车辆,还需要双片式干式离合器,它多了一套离合器片,扭矩容量也更大。

②按照压紧弹簧的结构形式不同可分为：螺旋弹簧离合器（如图 5-1-1 所示）和膜片弹簧离合器（如图 5-1-2 所示）。

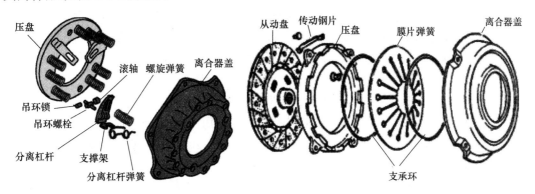

图 5-1-1　螺旋弹簧离合器　　　　图 5-1-2　膜片弹簧离合器

③按照离合器的操纵方式不同可分为：机械式离合器操纵机构和液压式离合器操纵机构。

(3)液压操纵机构的工作过程。

①分离过程（踩下离合器踏板）：当踩下离合器踏板时，离合器主缸推杆推动主缸活塞，离合器主缸产生油压，压力油经油管使工作缸的活塞推出，经推杆推动分离叉，推移分离轴承离合器等使离合器分离。

②接合过程（放松离合器踏板）：离合器踏板放松时，踏板复位弹簧将踏板拉回，离合器主缸油压消失，各机件复原，离合器接合。

③补偿过程：当管路渗入空气时，可利用补偿孔来排除渗入的空气。补偿过程如下：当踩下离合器踏板难以使离合器分离时，可迅速放松踏板，在踏板复位弹簧的作用下，主缸活塞快速右移。储液罐中的油压从补偿孔经主缸活塞上的单向阀流入活塞左面。在迅速踩下踏板，工作缸活塞前移，以弥补因从动盘磨损或系统渗入少量空气后引起的、在相同踏板位置工作缸移动量的不足，从而保证离合器的正常工作。

(4)离合器的结构。

离合器主要由：主动部分、从动部分、压紧机构和操纵机构等四部分构成。

主动部分包括：飞轮、压盘、离合器盖等。

从动部分包括：从动盘、变速器输入轴等。

压紧机构包括：压紧弹簧、支承装置等。

操纵机构包括离合器踏板、总泵、分泵和分离轴承等。

主、从动部件和压紧机构是保证离合器处于接合状态并能传递动力的基本装置，而操纵机构主要是使离合器分离的装置。

(5)离合器的工作原理。离合器的工作过程可以分为：接合状态、分离过程和接合过程三个阶段。

①接合状态。驾驶员未对离合器踏板进行任何作用时，离合器处于接合状态。在这一状态，操纵机构各部件在回位弹簧的作用下回到各自位置，压紧弹簧与分离轴承之间保持

有一定的间隙,压紧弹簧将飞轮、从动盘和压盘三者压紧在一起,发动机的转矩经过飞轮及压盘通过从动盘两摩擦面的摩擦作用传给从动盘,再由从动轴输入变速器。

②分离过程。驾驶员迅速踩下离合器踏板的过程,离合器处于分离过程。在这一过程,分离套筒和分离轴承在分离叉的推动下,先消除分离轴承与分离杠杆内端之间的间隙,然后推动分离杠杆内端前移,使分离杠杆外端带动压盘克服压紧弹簧作用力后移,摩擦作用消失,离合器的主、从动部分分离,中断动力传动。

③接合过程。驾驶员缓慢抬起离合器踏板直至离合器踏板完全回位的过程是离合器的接合过程。在这一过程,在压紧弹簧的作用下,压盘向前移动并逐渐压紧从动盘,使接触面间的压力逐渐增加,摩擦力矩也逐渐增加;当飞轮、压盘和从动盘之间接合还不紧密时,所能传动的摩擦力矩较小,离合器的主、从动部分有转速差,离合器处于打滑状态;随着离合器踏板的逐渐抬起,飞轮、压盘和从动盘之间的压紧程度逐渐紧密,主、从动部分的转速也渐趋相等,直到离合器完全接合而停止打滑,接合过程结束。

2. 变速器

(1)变速器的作用。

①改变传动比:改变输出转速与扭矩以适应经常变化的行驶条件,同时使发动机在最有利的条件下工作。

②实现倒车:通过倒挡,保证汽车能顺利倒车。

③切断动力传递:中断发动机向驱动桥的动力传递,以使发动机能够起步、怠速,满足汽车暂时停车的需要。

(2)变速器的分类。根据操作方式不同,变速器分为手动变速器(MT)和自动变速器(AT)。

发动机前置前驱与前置后驱动车辆的手动变速器结构不同,但是一般都由变速传动机构、同步器、操纵机构和安全装置组成。

(3)手动变速器传动机构。手动变速器传动机构主要是齿轮。

①齿轮传动原理。一对齿数不同的两个齿轮啮合传动时可以实现变速,而且两齿轮的转速比与齿数成反比,则有传动比的概念:

$$传动比\ i = \frac{主动齿轮的转速}{从动齿轮的转速} = \frac{从动齿轮的齿数}{主动齿轮的齿数}$$

对于变速器,各挡的传动比 i 就是变速器输入轴转速与输出轴转速之比。即

$$i = \frac{n_{输入}}{n_{输出}} = \frac{T_{输出}}{T_{输入}}$$

①当 $i > 1$ 时,$n_{输出} < n_{输入}$,$T_{输出} > T_{输入}$,此时实现减速增矩,为变速器的减速挡,且 i 越大,挡位越低;

②当 $i = 1$ 时,$n_{输出} = n_{输入}$,$T_{输出} = T_{输入}$,为变速器的直接挡;

③当 $i < 1$ 时,$n_{输出} > n_{输入}$,$T_{输出} < T_{输入}$,此时实现升速降矩,为变速器的超速挡。

若要改变动力传递方向,可以增加一个惰轮来实现,手动变速器中的倒挡就是这样实现的。

②动力传递路线(以三挡和倒挡为例)。三挡动力传递路线如图5-1-3所示。

输入轴→三挡主动齿轮→三挡从动齿轮及接合齿圈→三、四挡同步器结合套→三、四挡同步器花键毂→输出轴→主减速器主动齿轮

倒挡动力传递路线如图5-1-4所示,输入轴→输入轴倒挡齿轮→倒挡惰轮→输出轴倒挡齿轮(一、二挡同步器结合套)→一、二挡同步器花键毂→输出轴→主减速器主动齿轮。

图5-1-3　三挡动力传递路线　　　　图5-1-4　倒挡动力传递路线

(5)同步器。手动变速器在换挡过程中,所选挡位的待啮合齿轮轮齿线速度必须相等(即同步),才能平顺啮合而顺利挂挡。根据结构不同,惯性式同步器可分为锁环式同步器和锁销式同步器。

①锁销式同步器主要由摩擦锥盘、摩擦锥环、锁销和结合套组成。其结构形式合理,力矩较大,多适用于中型和大型货车上。

②锁环式同步器主要由花键毂、结合套、锁环、滑块、弹簧、钢珠等组成。其结构紧凑、便于合理布置,多用于轿车和轻型货车上,其结构如图5-1-5所示。

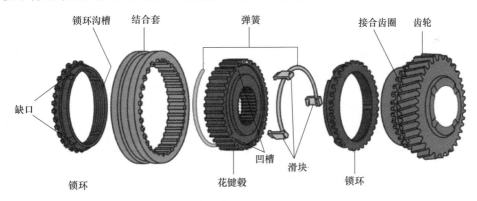

图5-1-5　锁环式同步器结构

(6)安全装置。为了保证变速器在任何情况下都能准确、安全、可靠地工作,变速器操纵机构一般都具有换挡锁装置,包括自锁装置、互锁装置和倒挡锁装置。自锁装置用于防止变速器自动脱挡或换挡,并保证轮齿以全齿宽啮合;互锁装置用于防止同时换上两个挡位;倒挡锁装置用于防止误挂倒挡。

3. 自动变速器

(1)作用。自动变速器是一种可以在车辆行驶过程中驾驶员不必手动换挡,能自动改

变齿轮传动比的变速器。

(2)类型。汽车自动变速器常见的有三种型式：分别是液力自动变速器(AT)、机械无级自动变速器(CVT)、双离合器自动变速器(DCT)。

(3)结构。汽车自动变速器主要由两大部分构成：与发动机飞轮连接的液力变矩器；紧跟在液力变矩器后方的变速机构。

液力变矩器一般是由泵轮、定叶轮、涡轮以及锁止离合器组成的。锁止离合器的作用是当车速超过一定速度时，采用锁止离合器将发动机与变速机构直接连接，这样可以减少燃油消耗。

液力变矩器的作用是将发动机的动力输出传递到变速机构。它里面充满了传动油，当与动力输入轴相连接的泵轮转动时，它会通过传动油带动与输出轴相连的涡轮一起转动，从而将发动机动力传递出去。

4. 万向传动装置概述

(1)作用。万向传动装置是保证轴线相交且相对位置经常变换的转轴之间的动力传递。

(2)组成。万向传动装置主要包括万向节和传动轴。对于传动距离较远的分段式传动轴，为了提高传动轴的刚度，通常设置有中间支承。

(3)万向节。万向节安装在转轴之间，改变动力传递角度。按其在扭转方向上是否有明显的弹性，可分为刚性万向节和挠性万向节。

刚性万向节按其运动特性可分为不等速万向节、准等速万向节和等速万向节，如表5-1-1所示。

表5-1-1　刚性万向节类型

分类	举例
不等速万向节	十字轴式万向节
准等速万向节	双联式万向节
	三销轴式万向节
等速万向节	球叉式万向节
	球笼式万向节

挠性万向节依靠弹性元件的弹性变形来保证两转轴之间在传动时不发生机械干涉，并使动力顺利传递。挠性万向节一般用于两轴夹角不大于$3°\sim 5°$。

(4)传动轴。传动轴总成主要由传动轴及其两端焊接的花键轴和万向节叉组成。转向驱动桥、断开式驱动桥或微型汽车的传动轴通常制成实心轴，传动轴中一般设有由滑动叉和花键轴组成的滑动花键，以实现传动长度的变化。

5. 驱动桥

(1)驱动桥的作用。

动力传递过程中，驱动桥具有以下功能：

①通过主减速器降低传动速度，增大扭矩。

②通过主减速器圆锥齿轮副改变转矩的传递方向。

③通过差速器实现两侧车轮差速作用，保证内、外侧车轮以不同转速转向。
④通过桥壳和车轮实现车身承载及传递力矩等作用。
(2)驱动桥组成。驱动桥通常由主减速器、差速器、半轴和桥壳和组成。
(3)驱动桥类型。
驱动桥按照结构型式的不同可分为整体式驱动桥和断开式驱动桥两种类型。
①整体式驱动桥桥壳是一根支承在左、右驱动车轮上的刚性空心梁，主减速器、差速器和半轴等传动部件都装在其内，整个驱动桥通过悬架与车架或车身连接，多用于后驱动桥。
②断开式驱动桥的桥壳分段，彼此之间用铰链连接，可作相对运动。主减速器、差速器等固定在车架或车身上，两侧驱动轮通过独立悬架与车架或车身连接，两轮可彼此独立地相对于车架或车身上下跳动。但结构复杂、成本高、多用于轿车和越野车全部或部分驱动桥、转向驱动桥。
(4)主减速器。
①作用。主减速器的主要作用是转速降低、转矩增大(即减速增扭)，并且在发动机纵置的车辆上，主减速器还具有改变转矩传递方向的作用。
②类型。按照参与减速传动的齿轮副数量来分单级式主减速器和双级式主减速器。
(5)差速器。
①作用。将主减速器传来的动力传给左、右半轴，并在必要时允许左右半轴以不同的速度旋转，以满足两侧驱动轮在转向时能以不同的转速运转。
②类型。根据差速器安装位置的不同，可分为轮间差速器和轴间差速器两种类型。安装在同一驱动桥左右半轴之间的差速器，称为轮间差速器；安装在多轴汽车各驱动桥之间的差速器称为轴间差速器。
按照差速器工作特性可分为普通齿轮式差速器和防滑差速器两种类型。
③工作原理。差速器工作时，行星齿轮绕行星齿轮轴的旋转称为行星齿轮的自转；行星齿轮绕半轴轴线的旋转称为行星齿轮的公转。差速器能够依靠行星齿轮的自转与公转将转矩改变方向，其工作原理如下：
当车辆直线行驶时，左右两个轮受到的阻力一样，行星齿轮不自转，把动力传递到两个半轴上，这时左右车轮转速一样(相当于刚性连接)，如图5-1-6所示。当车辆转弯时，左右车轮受到的阻力不一样，行星齿轮绕着半轴转动并同时自转，从而吸收阻力差，使车轮能够与不同的速度旋转，保证汽车顺利过弯，如图5-1-7所示。
(6)半轴。
①作用。半轴的作用是将差速器传来的动力传给驱动轮。其为实心轴。
②类型。根据半轴与驱动轮的轮毂在驱动桥壳上的支承形式及半轴受力情况的不同，现代汽车基本上采用了全浮式半轴和半浮式半轴两种形式。普通非断开式驱动桥的半轴，可根据外端支承形式不同分为全浮式和半浮式两种。
全浮式半轴支承广泛应用于各种类型的载重汽车上，在工作时，半轴只承受转矩不承受弯矩。半浮式半轴支承应用于各类轿车或微型货车上，在工作时，半轴既承受转矩又承受弯矩。

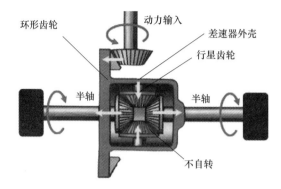

图 5-1-6　车辆直行时差速器差速示意图

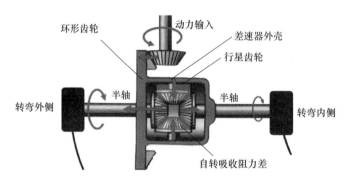

图 5-1-7　车辆转弯时差速器差速示意图

(7)桥壳。

①作用。

a. 支撑汽车质量,并承受由车轮传来的路面反力和反力矩,并经悬架传给承载式车身;

b. 桥壳是主减速器、差速器、半轴等部件的支承件和包容件;

c. 壳内装有润滑油,可对齿轮、车轴承等进行润滑;

d. 密闭的壳体又能防止脏东西侵入和损害壳体内部件的工作环境;

e. 桥壳还有使左、右驱动轮的轴向相对位置固定的作用。

②类型。驱动桥壳按结构形式分为整体式和分段式两种。整体式桥壳强度、刚度较大,应用比较广泛。分段式桥壳宜于铸造,加工简便,但不便于驱动桥的维修。

二、传动系统常见故障及检修

1. 离合器常见的故障及排除

离合器常见的故障有:离合器打滑、离合器分离不彻底、离合器发抖和离合器异响等。

(1)离合器打滑(见表 5-1-2)。

表 5-1-2　离合器打滑原因及故意排除

故障现象	故障原因	排除方法
主要表现在松开离合器踏板时，发动机动力不能完全传给驱动轮	离合器自由行程过小	调整离合器踏板自由行程
	离合器从动盘摩擦衬面有油或磨损	检查离合器从动盘
	膜片弹簧弹力不足	检查膜片弹簧
	离合器盖与飞轮之间螺栓松动	检查螺栓有无松动，必要时予以拧紧

(2) 离合器分离不彻底（见表 5-1-3）。

表 5-1-3　离合器分离不彻底原因及故障排除

故障现象	故障原因	排除方法
主要表现在离合器踏板踩到底，仍然挂挡困难	离合器自由行程过大	调整离合器踏板自由行程
	离合器油管内有空气	对离合器液压操纵系统进行放气
	离合器工作缸失效	修理离合器工作缸
	离合器主缸失效	修理离合器主缸
	从动盘变形或非原配件厚度超差	检查离合器从动盘

(3) 离合器发抖（见表 5-1-4）。

表 5-1-4　离合器发抖原因及故障排除

故障现象	故障原因	排除方法
主要表现不能平顺起步，伴有冲撞，严重时车身明显抖动	压盘或飞轮工作表面变形，从动盘表面不平	检查压备、飞轮是否变形
	从动盘严重磨损	检查离合器从动盘
	从动盘扭转减振弹簧疲劳、折断	检查从动盘的扭转减振器
	膜片弹簧弹力不均、疲劳	检查膜片弹簧的弹力

(4) 离合器异响（见表 5-1-5）。

表 5-1-5　离合器异响原因及故障排除

故障现象	故障原因	排除方法
主要表现在离合器接合、部分分离、完全分离时，离合器发出不正常响声	根本原因是部件磨损及主、从动部件或传动部件的松动	踏板自由行程是否调整过小
		踏板回位弹簧是否过软、脱落或折断
		分离轴承是否缺油或损坏
		分离轴承与膜片弹簧的间隙是否过小
		分离轴承回位弹簧是否折断
		膜片弹簧是否断裂
		摩擦片铆钉是否外露
		从动盘减振器弹簧是否折断

2. 手动变速器常见的故障及排除

变速器常见故障现象包括换挡困难、跳挡、乱挡、卡挡、漏油、异响等，这些故障都严重影响变速器的正常工作，同时还对车辆和驾乘人员的安全造成威胁。

(1)换挡困难(见表5-1-6)。

表5-1-6　换挡困难原因及故障排除

故障现象	故障原因	排除方法
主要表现在变速器不能顺利地挂入挡位，或无法挂挡，同时伴有齿轮撞击声	根本原因是待啮合轮齿的圆周速度不相等，或拨叉轴及拨叉阻力过大	离合器踏板自由行程是否调整不当或分离不彻底
		换挡杆是否弯曲变形
		操作机构是否调整不当
		拨叉轴是否弯曲变形
		拨叉轴与支承孔配合是否过紧或锈蚀
		同步器是否失效
		自锁、互锁装置是否卡死

(2)跳挡(见表5-1-7)。

表5-1-7　跳挡原因及故障排除

故障现象	故障原因	排除方法
主要表现在汽车行驶过程中，尤其在加速或爬坡时，换挡杆自动跳回到空挡位置	根本原因是啮合齿轮在传递动力时产生较大的轴向力，从而脱离啮合；或啮合未能全齿宽啮合导致跳挡	变速器或发动机固定支座螺栓是否松动或断裂
		变速器离合器壳体是否对正或松动
		换挡拉索是否调整不当
		拨叉是否弯曲或磨损
		拨叉轴支承轴承是否磨损
		拨叉轴自锁装置是否失效
		接合齿圈或接合套花键是否磨损成锥形
		齿轮轴向间隙是否过大
		输入轴或输出轴轴向间隙是否过大

(3)乱挡(见表5-1-8)。

表5-1-8　乱挡原因及故障排除

故障现象	故障原因	排除方法
主要表现在挂入的挡位与应该挂入的挡位不符，或原挡位未退出，仍然能挂上另一个挡	根本原因是操作机构选挡不正确或互锁装置失效	检查互锁装置是否损坏
		操纵机构部分杆件是否变形或连接松动
		换挡拉索是否调整不当
		换挡杆支承球头座是否松动
		选换挡控制器是否损坏

(4)卡挡(见表5-1-9)。

表5-1-9　卡挡原因及故障排除

故障现象	故障原因	排除方法
变速器卡在某个挡位，无法回到空挡	根本原因是接合套与接合齿圈不能正常分离	拨叉轴是否弯曲卡死
		同步器滑块是否堵塞
		齿轮轴向定位卡簧是否脱落

另外，根据换挡杆是否操作自如，具体检查范围可以适当缩小。若换挡手柄操作自如则应检查齿轮轴向定位卡簧或拨叉紧固销钉是否脱落；否则应检查操作机构或同步器。

（5）漏油（见表 5-1-10）。

表 5-1-10 漏油原因及故障排除

故障现象	故障原因	排除方法
主要表现在变速器内的润滑油从变速器壳体结合面、轴承盖等位置渗漏出来	根本原因变速器润滑油加注过多、密封不良或其内部压力过高等	通气孔是否堵塞
		润滑油油量是否过多
		变速器固定支座紧固螺栓是否松动
		油封是否损坏
		密封垫或密封胶是否失效
		变速器壳体是否有裂纹

（6）异响（见表 5-1-11）。

表 5-1-11 变速器异响原因及故障排除

故障现象	故障原因	排除方法
主要表现在变速器在工作过程中发出不正常的响声	根本原因是变速传动机构间隙偏大、松旷，齿轮或花键等啮合不正确，或润滑不良	变速器缺油或润滑油规格是否正确
		齿轮轮齿是否磨损严重
		齿轮内孔是否磨损严重
		齿轮轮齿是否折断或齿面剥落、缺损
		齿轮端面跳动量是否偏大
		轴承是否磨损严重
		输入轴、输出轴等是否弯曲变形
		花键是否过度磨损
		自锁装置是否损坏

3. 驱动桥常见的故障现象及排除

（1）驱动桥异响。

汽车在行驶过程中，驱动桥出现异响时，通常需要进行以下诊断：

①如果发现驱动桥有不正常的响声，则举升车辆，起动发动机并挂上挡，然后急剧改变发动机转速，察听驱动桥响声来源，以判断故障所在部位。

②汽车在行驶中；如果响声随着车速越高而增大，滑行时响声减小或消失，一般是轴承磨损松旷所致；如果急速改变车速或上坡时响声出现；则为齿轮齿侧间隙过大，应予调整。

③汽车在转弯时，响声发生，则为差速器行星齿轮齿侧间隙过大或半轴齿轮及键槽磨损，严重时应拆下来修理。

④在行驶中听到驱动桥有突然响声，多为齿轮损坏，应立即停车检查排除。如继续行驶，将会打坏齿轮。

（2）驱动桥发热。

汽车在行驶一段时间后，用手触摸驱动桥时有烫手的感觉。当出现这种现象时应检查以下内容：

①轴承装配是否过紧；
②齿轮齿侧间隙是否过小；
③齿轮油是否太少或黏度不当。同时结合发热部位，逐项检查并予以排除。当轮毂轴承过紧时，常伴有起步困难，行驶中发沉，滑行不良等现象。

(3) 驱动桥漏油。

当齿轮油从驱动桥处向外渗油时，应检查以下内容：
①主减速器油封是否损坏；
②半轴油封是否损坏；
③与油封接触的轴颈是否磨损，造成其表面有沟槽；
④衬垫是否损坏或紧固螺栓是否松动；
⑤齿轮油是否加注过多。

如果齿轮油经半轴凸缘周围渗漏，说明半轴油封不良，应更换半轴油封。主减速器主动圆锥齿轮凸缘处漏油，说明该处油封不良或凸缘轴颈表面磨损产生沟槽，应更换油封。

习题及答案

一、判断题

1. 离合器安装在发动机与手动变速器之间。（   ）
2. 离合器踏板自由行程过大会造成离合器打滑。（   ）
3. 液压系统渗漏或有空气会引起离合器打滑。（   ）
4. 从动盘摩擦片与飞轮、压盘之间的摩擦系数减小，同等压紧力时产生的摩擦力下降时会引起离合器打滑。（   ）
★5. 离合器接合时，压紧弹簧的变形量比分离时的变形量大。（   ）
★6. 离合器扭转减振器中的弹簧，在汽车正常行驶时不受力。（   ）
7. 在离合器的全部工作过程中，都不允许从动盘有打滑现象。（   ）
8. 离合器的摩擦衬片上粘有油污后，可得到润滑。（   ）
9. 离合器的主、从动部分常处于分离状态。（   ）
10. 拆下离合器底盖、变速器挂入空挡、离合器踩到底后，用起子拨动从动盘，如果能轻松拨转，说明离合器分离良好。（   ）
11. 离合器踏板自由行程过大，压盘分离时向后移动的行程也相应增大。（   ）
★12. 液压系统漏油，使油量不足或液压系统中有空气，使工作有效行程减小，会引起离合器分离不彻底。（   ）
★13. 离合器从动盘毂与花键轴花键磨损、锈污、有毛刺，会造成离合器分离不彻底。（   ）
14. 为使离合器接合柔和，驾驶员应逐渐放松离合器踏板。（   ）
★15. 随着从动盘磨损的增大，离合器踏板自由行程也会跟着变大。（   ）
16. 离合器踏板的自由行程过大会造成离合器的传力性能下降。（   ）
17. 变速器自锁装置的作用是防止变速器同时挂两个挡。（   ）

18. 自锁弹簧的弹力减弱容易造成变速器跳挡。（   ）
★19. 同步器滑块的弹簧圈的弹力不足，容易造成变速器乱挡。（   ）
20. 变速器互锁装置的作用是防止变速器同时挂进两个挡。（   ）
21. 惯性式同步器的结构简单，结构刚度大，寿命较长，一般多用于小型汽车。（   ）
22. 变速器在换挡时，为避免同时挂入两挡，必须装设自锁装置。（   ）
23. 换挡时，一般用两根拨叉轴同时工作。（   ）
24. 互锁装置的作用是当驾驶员用变速杆推动某一拨叉轴时，自动锁上其他所有拨叉轴。（   ）
25. 常说的几挡变速器，是指有几个前进挡的变速器。（   ）
26. 变速器所有挡位均采用圆柱直齿齿轮传动。（   ）
27. 变速器中间轴齿轮的旋转方向，在汽车前进时与倒退时相反。（   ）
28. 三轴式齿轮变速器的倒挡是通过三对齿轮啮合传动的。（   ）
29. 惯性式同步器的结构简单、结构刚度大、寿命较长，一般多用于小型汽车。（   ）
30. 在常压式同步器中，对啮合套的轴向阻力是由弹簧压力造成的。（   ）
31. 当变速器的同步器滑块的中间凸起部分磨损时，容易造成挂挡困难。（   ）
32. 汽车在行驶过程中离合器的主动部分和从动部分经常处于分离状态。（   ）
★33. 离合器分离不彻底，造成换挡困难，离合器磨损加剧，使离合器打滑。（   ）
34. 操纵机构中的机械、液压间隙和离合器分离间隙所对应的离合器踏板行程称离合器踏板自由行程。（   ）
35. 采用同步器的目的是使接合套与待啮合的齿圈迅速同步，缩短换挡时间，换挡方便。（   ）
36. 手动变速器简称 AT。（   ）
37. 在五挡变速器中，往往将第三挡设计为超速挡。（   ）
38. 变速器内部倒挡装置的传动齿轮比前进挡少一个齿轮。（   ）
39. 在前置后驱的车辆缺点是增加了车重，经济性略高。（   ）
40. 在踩下离合器踏板时应该缓慢，松离合器踏板时应迅速。（   ）

二、选择题

1. 离合器可分为（   ）等。
   A. 摩擦式离合器　　　　　　B. 液力耦合器
   C. 电磁离合器　　　　　　　D. 以上三项都正确

★2. 离合器打滑的故障原因是（   ）。
   A. 离合器操纵机构故障　　　B. 飞轮故障、从动盘故障
   C. 离合器盖总成故障　　　　D. 以上三项都是

3. 当离合器处于完全结合状态时，变速器一轴（   ）。
   A. 不转动　　　　　　　　　B. 与发动机曲轴转速不同
   C. 与发动机曲轴转速相同　　D. 以上三种说法均不正确

4. 制动液压系统进行必须的修理后，以下哪种情况不要求对制动液压系统进行冲洗？（   ）
  A. 制动液含有水分   B. 系统内渗有空气
  C. 制动液内有细小脏微粒   D. 制动液用错型号

5. 离合器从动盘安装在（   ）上。
  A. 发动机曲轴   B. 变速器输入轴
  C. 变速器输出轴   D. 变速器中间轴

6. （   ）会造成汽车离合器压盘及飞轮表面烧蚀。
  A. 离合器严重打滑   B. 离合器分离不彻底
  C. 动平衡破坏   D. 踏板自由行程过大

7. 膜片弹簧会因（   ）使其对压盘的压紧力下降，引起离合器打滑。
  A. 高温烧蚀退火变软   B. 弹力不足
  C. 变形或损坏时   D. 以上三项都正确

8. 以下几项属于液压式操纵机构组成的是（   ）。
  A. 离合器踏板   B. 主缸、工作缸
  C. 复位弹簧   D. 以上三项都是

9. 检查液压系统是否渗漏或有空气需检视（   ）外部是否有渗漏迹象。
  A. 储液罐   B. 进油管
  C. 主缸、高压油管、工作缸   D. 以上三项都是。

★10. 离合器操纵机构故障检修中检查机械运动是否失效或卡滞时，需检查（   ）是否失效或卡滞。
  A. 离合器踏板   B. 分离叉轴、分离套及分离轴承
  C. 工作缸   D. 以上三项都是

11. 离合器主动部分不包括（   ）。
  A. 飞轮   B. 离合器盖   C. 摩擦片   D. 压盘

12. 离合器从动部分包括（   ）。
  A. 压盘   B. 离合器盖   C. 从动盘   D. 压紧弹簧

13. 离合器最易磨损的零件为（   ）。
  A. 分离轴承   B. 从动盘   C. 压盘   D. 分离杠杆

14. 对离合器的主要要求是（   ）。
  A. 接合柔和，分离彻底   B. 接合柔和，分离柔和
  C. 接合迅速，分离彻底   D. 以上说法都不正确

★15. 离合器分离不彻底故障原因有（   ）。
  A. 离合器踏板行程故障，液压系统故障
  B. 离合器总成故障，分离套与分离轴承故障
  C. 从动盘毂与花键轴运动卡滞
  D. 以上三项都是

16. 离合器盖总成结构不包含( )。
    A. 飞轮   B. 压盘   C. 离合器盖   D. 减振器
★17. 离合器分离轴承与分离杠杆之间的间隙是为了( )。
    A. 实现离合器踏板的自由行程   B. 减轻从动盘磨损
    C. 防止热膨胀失效   D. 保证摩擦片正常磨损后离合器不失效
18. 离合器的从动盘主要由( )构成。
    A. 从动盘本体   B. 从动盘毂   C. 摩擦片   D. 以上都是
19. 三轴式齿轮变速器的( )为输出轴。
    A. 第一轴   B. 第二轴   C. 中间轴   D. 倒挡轴
20. 三轴式齿轮变速器中间轴齿轮的旋转方向( )。
    A. 在汽车前进时与第一轴相同
    B. 在汽车倒退时与第一轴相同
    C. 在汽车前进时与第一轴相反,倒退时与第一轴相同
    D. 在汽车前进时和倒退时都与第一轴相反
21. 一对啮合齿轮的传动比是其从动齿轮与主动齿轮的( )之比。
    A. 齿数   B. 转速   C. 角速度   D. 圆周速度
22. ( )惯性同步器主要用于轿车和轻型货车的手动变速器中。
    A. 滑块式   B. 锁环式   C. 锥块式   D. 锁销式
★23. 当互锁装置失效时,变速器容易造成( )故障。
    A. 乱挡
    B. 跳挡
    C. 异响
    D. 挂挡后不能退回空挡
★24. 当自锁装置失效时,变速器容易造成( )故障。
    A. 乱挡
    B. 跳挡
    C. 异响
    D. 挂挡后不能退回空挡
★25. 当同步器滑块弹簧力不足时,可能会造成变速器( )故障。
    A. 乱挡   B. 跳挡   C. 挂挡困难   D. 振动大
★26. 当变速杆定位销松旷时,易造成变速器( )故障。
    A. 乱挡   B. 跳挡   C. 挂挡困难   D. 振动大
★27. 一辆载重汽车采用了三轴式齿轮变速器,其第一轴常啮传动齿轮为23齿,中间轴常啮传动齿轮为41齿,中间轴三挡常啮齿轮为31齿,第二轴3挡常啮齿轮为33齿。该变速器3挡的传动比为( )。
    A. 0.92   B. 1.08   C. 1.67   D. 1.90
28. 目前手动变速器广泛采用( )同步器。
    A. 常压式   B. 惯性式   C. 自增力式   D. 其他形式
29. ( )惯性同步器主要用于轿车和轻型货车的手动变速器中。
    A. 滑块式   B. 锁环式   C. 锥块式   D. 锁销式
30. 一般手动变速器换挡内部是依靠( )传递动力。
    A. 链条   B. 传动轴   C. 齿轮   D. 皮带

31. 四轮驱动的越野车一般比普通轿车增加了（　　）。
　　A. 分动器　　　B. 发动机　　　C. 变速器　　　D. 主减速器
32. 传动系的组成：（　　）、变速器、万向传动装置和驱动桥。
　　A. 离合器　　　B. 制动系统　　C. 操作系统　　D. 差速器
33. 离合器由主动部分、（　　）、压紧装置和操纵机构等部分组成。
　　A. 被动部分　　B. 分开装置　　C. 从动部分　　D. 传动装置
34. 膜片弹簧既起到压紧弹簧的作用又起到（　　）的作用。
　　A. 结合杠杆　　B. 分离杠杆　　C. 摩擦　　　　D. 传动装置
35. 变速器按照操作方式可以分为手动变速器和（　　）变速器。
　　A. 自动　　　　B. 半自动　　　C. 双离合　　　D. 液压
36. 离合器（　　）包括：分离杠杆、分离轴承、分离套筒、分离叉。
　　A. 离合机构　　B. 分离机构　　C. 结合机构　　D. 压紧装置
37. （　　）采用齿轮传动，有可选的固定传动比。
　　A. 有级变速器　B. 无级变速器　C. 自动变速器　D. 分动器
38. 小齿轮带动大齿轮转动，则输出轴从动齿轮的转速就（　　）。
　　A. 升高　　　　B. 降低　　　　C. 不变　　　　D. 随时变化
39. 两轴式手动变速器主要由输入轴和（　　）组成。
　　A. 输出轴　　　B. 中间轴　　　C. 传动轴　　　D. 驱动轴
40. 三轴式手动变速器比两轴式手动变速器多（　　）。
　　A. 输出轴　　　B. 中间轴　　　C. 传动轴　　　D. 驱动轴

答　案

一、判断题

1. √　　2. ×　　3. √　　4. √　　5. ×　　6. ×　　7. ×
8. ×　　9. ×　　10. √　　11. ×　　12. √　　13. √　　14. √
15. ×　　16. ×　　17. √　　18. √　　19. ×　　20. √　　21. ×
22. ×　　23. ×　　24. √　　25. √　　26. ×　　27. ×　　28. ×
29. ×　　30. √　　31. √　　32. ×　　33. √　　34. √　　35. √
36. ×　　37. ×　　38. ×　　39. √　　40. ×

二、选择题

1. B　　2. D　　3. C　　4. B　　5. B　　6. A　　7. D
8. D　　9. D　　10. D　　11. C　　12. C　　13. B　　14. A
15. D　　16. D　　17. D　　18. D　　19. B　　20. D　　21. A
22. B　　23. A　　24. B　　25. C　　26. A　　27. D　　28. B
29. B　　30. C　　31. A　　32. A　　33. C　　34. B　　35. A
36. B　　37. A　　38. B　　39. A　　40. B

项目二　行驶系统

一、行驶系统

1. 行驶系统概述

（1）组成。

汽车行驶系一般由车架、车桥、车轮和悬架等组成。

（2）作用。

①接受由发动机经传动系传来的转矩，并通过驱动轮与路面附着作用，转化为汽车行驶的驱动力。

②将全车各部件连成一个整体，支承汽车的总质量。

③传递并承受路面作用于车轮上的各种力及其力矩。

④缓和不平路面对车身造成的冲击和振动，保证汽车平稳行驶。

2. 车架

车架俗称大梁，它是跨接在前后车轮上的桥梁式结构，是构成整个汽车的骨架，是整个汽车的装配基体，汽车绝大多数的零部件、总成（如发动机、变速器、传动机构、操纵机构、车桥、车身等）都要安装在车架上。

汽车上采用的车架主要有边梁式车架、中梁式车架和综合式车架。目前汽车上多采用边梁式车架，也有许多轿车和大客车上没有车架，车架的功能由轿车车身或大客车车身骨架承担，故称其为承载式车身。

3. 车桥

车桥的功用和类型。车桥位于悬架与车轮之间，其两端安装车轮，通过悬架与车架（或车身）相连，其功用是传递车架（或车身）与车轮之间各种载荷。

按悬架结构不同，车桥分为整体式和断开式。整体式车桥与非独立悬架配用；断开式车桥与独立悬架配用。

按车桥上车轮的作用不同，车桥分为转向桥、驱动桥、转向驱动桥和支持桥。其中转向桥和支持桥都属于从动桥。在后轮驱动的汽车中，前桥不仅用于承载，而且兼起转向作用，称为转向桥；后桥不仅用于承载，而且兼起驱动的作用，称为驱动桥；在越野汽车和前轮驱动汽车中，前桥除了承载和转向的作用外，还兼起驱动作用，所以称为转向驱动桥；只起支承作用的车桥称为支持桥。

4. 车轮

（1）车轮的作用。

车轮是汽车行驶系中极其重要的部件之一，具有以下基本功用：

①支撑整车质量，包括在汽车质量上下运动时产生的惯性动载荷。

②缓和由路面传递来的冲击载荷，提高乘坐舒适性。

③通过轮胎和路面之间的附着作用，产生驱动和阻止汽车运动的外力，即为汽车提供驱动力和制动力。

④产生平衡汽车转向离心力的侧向力，以便顺利转向，并通过轮胎产生的自动回正力矩，使车轮具有保持直线行驶的能力。

(2)车轮的组成。

车轮和轮胎组成车轮总成。车轮是将轮胎固定到车辆底盘上，是介于轮胎和车轴之间承受负荷的旋转组件。现代车轮主要有轮辋、偏距、胎圈座、轮缘、轮辐、气门孔和槽底等组成。

(3)车轮参数。

车轮宽度：横过轮辋两侧的唇边之间的距离。

车轮高度(直径)：胎圈座从车轮的顶部到底部所测得的距离。

偏置距：从车轮的中心线到安装法兰盘之间的距离。零偏置距：安装法兰盘偏移车轮中心的距离是零；正偏置距：安装法兰盘在中心线右侧(常用)；负偏置距：安装法兰盘在中心线左侧。

中央凹槽：轮辋上面留有一定深度和宽度的凹槽，便于装拆轮胎。中央凹槽分布着许多孔，以利于安装法兰盘。

5. 轮胎

轮胎是应用在车辆和机械设备上的一种橡胶制品，它通常安装在金属轮辋上，支承车身重量，缓冲路面的冲击，能够保证车辆的行驶性。目前绝大多数汽车采用充气轮胎。

(1)组成。轮胎主要由胎面、胎肩、胎侧、帘布层、缓冲层、钢丝圈和三角胶等组成。

(2)类型。轮胎按照不同的分类方式有不同的轮胎类型。

①按照有无内胎，轮胎可分为有内胎轮胎和无内胎轮胎。

②按照轮胎的结构类型，即胎体中帘线排列方式的不同，轮胎可分为斜交轮胎和子午线轮胎。

a. 斜交轮胎：帘布层和缓冲层中相邻层帘线交叉，且与中心线呈小于90°角排列；胎面和胎侧的强度大，但舒适性差，不适合高速行驶。

b. 子午线轮胎：帘布层帘线方向与轮胎子午端面方向一致；帘线在圆周方向上只靠橡胶来联系；使用寿命长，燃油经济性较好；弹性大，缓冲性能好，附着性能高，承载能力大。轿车大部分使用的都是子午线轮胎。

③按轮胎内空气压力的大小，轮胎分为高压胎(0.5~0.7 MPa)、低压胎(0.2~0.5 MPa)和超低压胎(0.2 MPa以下)三种。低压胎弹性好、减振性能强、壁薄散热性好、与地面接触面积大附着性好。超低压胎在松软路面上具有良好的通过能力，多用于越野汽车及部分高档汽车。

(3)轮胎的标识。

①轮胎规格如图5-2-1所示。

②高宽比。高宽比是轮胎高度与轮胎宽度之比

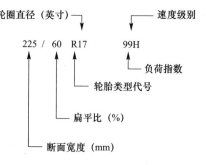

图5-2-1　轮胎规格

的百分值(%)，也称扁平率。

1)高宽比大的轮胎能允许侧壁偏转时有很大的柔韧性，增加了乘坐的舒适性。

2)高宽比小的轮胎能有较大的接触面积，增加了稳定性能和行驶的控制能力。

高宽比计算公式：

$$高宽比(扁平率)(\%)=\frac{H(轮胎的高度)}{W(轮胎的宽度)}\times100\%$$

(4)轮胎换位。

目的：确保轮胎使用寿命和均匀磨损，需要对轮胎进行换位。

方法：

①交叉换位：将一侧轮胎换到另外一侧且前、后位置变换。根据车辆的驱动方式不同，交叉换位又可分为三种形式。

②前后换位：针对单方向花纹轮胎，将前、后轮进行交换换位。

(5)车轮定位参数。

前轮定位参数包括：主销后倾角、主销内倾角、前轮外倾角、前轮前束、包容角。后轮定位参数包括：后轮外倾角、后轮前束、推力角。

①主销后倾角。定义：主销(即转向轴线)安装在前轴上，其上端略向后倾斜，这种现象称为主销后倾。从汽车的侧面看去，转向轴线与通过前轮中心的垂线之间形成一个夹角 γ，即主销后倾角。

主销后倾角的作用是：提高汽车直线行驶的稳定性；高速行驶转向自动回正。

主销后倾角包含：正后倾角；零后倾角；负后倾角。

②车轮外倾角。定义：车轮外倾角是指在车辆的前面观察时，车轮几何中心线与垂直参考线的夹角。车轮外倾角可正可负。

车轮外倾角作用控制轮胎磨损和车辆行驶方向控制，防止车轮成内"八"字。

正外倾角过大，轮胎外侧过早磨损；负外倾角过大，轮胎内侧过早磨损；两侧的车轮外倾角相差1°以上，车辆向车轮正外倾角较大的一侧跑偏。

③前轮前束。定义：车轮前束是指在车辆的正上方观察时，前轮(或后轮)的正前位置向内或向外的偏转程度。

车轮前束的作用是确保两侧车轮平行滚动，当车轮向前滚动时，前束可以补偿悬架系统引起的少量偏移。

正前束：车轮向内偏转；负前束：车轮向外偏；零前束：两侧车轮的中心线平行。

车轮前束若调整不当，将会导致轮胎过早磨损以及转向不稳。

包容角作用是方向控制角，如果左、右侧不相等，汽车向包容角大的一侧跑偏。

包容角可以用来诊断减振器、弹性元件等是否变形或磨损。

⑧磨胎半径。定义磨胎半径是指车轮中心线与路面相交点到转向轴线与路面相交点之间的距离。

当转向轴线与地面的交点在车轮中心线的外侧，称为负磨胎半径，反之为正磨胎半径。理论上，磨胎半径应尽可能小，磨胎半径越小，方向稳定性越好。

二、行驶系统常见故障及检修

1. 车轮和轮胎常见的故障

车轮和轮胎常见故障现象主要有行驶跑偏、前轮摆振、轮胎磨损等。其故障原因和维修方法见表5-2-1所示。

表 5-2-1　车轮和轮胎常见的故障原因和维修方法

序号	故障名称	故障定义	故障原因	维修方法
1	行驶跑偏	指汽车在平路直线行驶时，车辆偏离行驶的中心线	(1)左右侧轮胎气压不相等 (2)轮胎大小不相同 (3)轮胎异常磨损变形	(1)调整轮胎气压 (2)车轮换位或更换轮胎
2	前轮摆振	主要表现为车辆行驶中，前轮左右摆振或垂直颠簸，具体表现为车辆在低速时出现摆动，高速时出现颤动	(1)轮胎气压不相等 (2)轮胎大小不同或严重磨损 (3)车轮动不平衡	(1)调整轮胎气压 (2)更换轮胎 (3)校正车轮动平衡
3	轮胎磨损	1. 胎肩磨损	(1)轮胎气压不足 (2)长期超载行驶	调整轮胎气压
		2. 胎面磨损	轮胎气压过足	调整轮胎气压
		3. 单侧磨损	前轮外倾角不准确 (1)前轮外倾角过大，轮胎外侧过度磨损 (2)前轮外倾角过小，轮胎内侧过度磨损	校准前轮外倾角
		4. 斑秃状磨损	车轮动不平衡	校正车轮动平衡
		5. 锯齿状磨损	(1)前轮前束调整不当 (2)前悬挂系统位置失常、球头松动 TIP：前束过大则锯齿向内 前束过小则锯齿向外	(1)校准前轮前束 (2)校准前悬挂系统位置

习题及答案

一、判断题

1. 从车前部看，转向节主销与轮胎垂直中心线之间的角度即为主销内倾角。　（　　）
2. 主销内倾角的作用是将汽车重量传到路面上，同时保持汽车的稳定性。　（　　）
3. 主销内倾角帮助转向系统在转向后恢复向前的位置。　（　　）

4. 车轮定位的目的是保证汽车沿路面直线行驶。（   ）
5. 弹簧悬架高度不在规定的尺寸范围内，就需要调整行车高度。（   ）
6. 外倾角的改变会影响后倾角大小。（   ）
7. 主销后倾角和外倾角不受球头节位置的影响。（   ）
8. 轮胎缘距与轮胎磨损角度无关。（   ）
9. 从汽车前面看，车轮相对垂直线向内或向外偏离的角度称为主销后倾角。（   ）
10. 当汽车有方向偏移时，应检查主销后倾角和前束的大小。（   ）
★11. 轮胎规格，花纹不一致，轮胎气压不符合标准或轮毂轴承松旷，会引起车辆行驶过程中的摆振。（   ）
12. 任何轮胎都没有速度限制。（   ）
13. 不同厂家和不同型号的车辆做车轮定位时，调整和检查的顺序有可能不同。（   ）
★14. 完成车轮定位后，即使所有车轮角度都调整到合格范围，还应通过路试来检查定位调整的实际效果。（   ）
15. 转向盘必须空转过一个角度后，车轮才能转动。（   ）
16. 前轮外倾由前桥制造时保证。（   ）
17. 四个前轮定位角只有前束可调整。（   ）
18. 转向系统中，如果方向盘游隙过大，会引起方向盘和车辆振动。（   ）
19. 车轮静态不平衡由车轮左右摆动引起。（   ）
20. 车轮动态不平衡由车轮上下跳动引起。（   ）
21. 悬架系统仅有弹性元件和减振器组成。（   ）
22. 减振器的阻尼作用一般是伸张行程大于压缩行程。（   ）
23. 方向盘的最大自由行程为 30 mm。（   ）
★24. 悬架中橡胶元件或其他铰接连接件的过度磨损会加快轮胎的磨损。（   ）
★25. 一些车型在定位检测前应注意按照原厂要求先检测悬架或车身高度。（   ）

二、选择题

1. 外胎结构中起承受负荷作用的是（   ）。
   A. 胎面　　　　　B. 胎圈　　　　　C. 帘布层　　　　　D. 缓冲层
2. 前轮前束是为了消除（   ）带来的不良后果。
   A. 车轮外倾　　　B. 主销后倾　　　C. 主销内倾
3. 鼓式车轮制动器的旋转元件是（   ）。
   A. 制动蹄　　　　B. 制动鼓　　　　C. 摩擦片
★4. （   ）悬架是车轮沿摆动的主销轴线上下移动的悬架。
   A. 双横臂式　　　B. 双纵臂式　　　C. 烛式　　　　　D. 麦弗逊式
★5. 前轮前束值的调整，是通过调整（   ）实现的。
   A. 转向节臂　　　B. 横拉杆　　　　C. 转向节　　　　D. 纵拉杆
6. 汽车直线行驶时，对转向系的一个很重要的要求是（   ）。
   A. 转向盘摆动　　　　　　　　　　B. 驾驶员随时修正方向
   C. 车轮能自动回正　　　　　　　　D. 轻便

7. 盘式制动器摩擦块的磨损极限值为( )。
   A. 5 mm   B. 6 mm   C. 7 mm   D. 8 mm
8. 汽车转向时,转向轮围绕( )偏转。
   A. 前轴   B. 转向节   C. 主销   D. 轮毂
9. 发动机前置前轮驱动轿车的前悬架广泛采用的是( )。
   A. 钢板弹簧悬架   B. 横臂式悬架   C. 麦弗逊式悬架 D. 纵臂式悬架
★10. 改变横拉杆的长度可以调整( )。
   A. 主销后倾   B. 主销内倾   C. 前轮外倾   D. 前轮前束
11. 主销内倾角的主要作用为( )。
   A. 汽车转向轻便   B. 稳定力矩,保证直线行驶的稳定性
   C. 补偿轮胎侧滑的不良后果   D. 适应载荷变化引起的轮胎异常磨损
12. 主销后倾角的主要作用为( )。
   A. 汽车转向轻便   B. 稳定力矩,保证直线行驶的稳定性
   C. 补偿轮胎侧滑的不良后果   D. 适应载荷变化引起的轮胎异常磨损
13. 前轮前束的主要作用为( )。
   A. 汽车转向轻便   B. 稳定力矩,保证直线行驶的稳定性
   C. 补偿轮胎侧滑的不良后果   D. 适应载荷变化引起的轮胎异常磨损
14. 前轮外倾角的主要作用为( )。
   A. 汽车转向轻便   B. 稳定力矩,保证直线行驶的稳定性
   C. 补偿轮胎侧滑的不良后果   D. 适应载荷变化引起的轮胎异常磨损
★15. 车辆高速摆振的故障原因有( )。
   A. 车轮故障   B. 悬架故障   C. 转向系统故障 D. 以上三项都是。
16. 汽车转向系中各连接件和传动副之间存在这着一定间隙,这使转向盘在转向轮发生偏转前能转过一定角度,这段角行程称为( )。
   A. 转向盘自由行程   B. 转向盘行程
   C. 自由行程   D. 有效行程
17. 在悬架系统中,既有弹性,又有减振和导向作用的部件是( )。
   A. 钢板弹簧   B. 螺旋弹簧   C. 扭杆弹簧   D. 以上都不正确
★18. 车辆定位检测之前使用制动踏板锁顶住制动踏板是为了( )。
   A. 前轴前束测量准确
   B. 保证检测安全,防止溜车
   C. 防止为测量主销角度而转动方向盘时,车轮前后滚动造成检测结果偏差
   D. 以上说法都不正确
19. 轮胎提供减振功能的部位是( )。
   A. 胎边部   B. 胎肩部
   C. 胎冠部   D. 以上说话都不正确
20. 轮胎气压过低对轮胎的磨损状况是( )。
   A. 轮胎单侧胎磨损严重   B. 轮胎胎冠中间磨损严重

C. 轮胎两侧胎肩同时磨损严重　　　D. 以上说法都不正确

21. 定位检测之前，应该先检查的项目包括（　　）。
   A. 检测悬架是够明显变形或损坏　　B. 检测四轮胎压是否符合标准
   C. 检测轮辋是否严重变形或损坏　　D. 以上三项都必须检查

★22. 在车轮定位之前，下列哪项可以不用检查？（　　）
   A. 轮胎压力　　B. 轮胎平衡　　C. 轮胎状况　　D. 车轮轴承调整

★23. 下列（　　）会引起胎面中央磨损。
   A. 轮胎不经常旋转换位　　B. 外倾角不适当
   C. 轮胎充气压力过低　　D. 轮胎充气压力过大

24. 下列有关汽车轮胎不平衡的描述，哪项是正确的？（　　）
   A. 静态不平衡会引起摆动　　B. 静态不平衡会引起车轮颠簸
   C. 动态不平衡会使轮胎产生棱边　　D. 静态不平衡会使轮胎产生棱边

25. 轮胎规格的表示方法中，外径用字母（　　）表示。
   A. d　　B. H　　C. D　　D. P

26. 胎面是轮胎的外表面，可分为（　　）、胎侧和胎肩三部分。
   A. 轮头　　B. 胎冠　　C. 胎心　　D. 胎面

27. 一般轿车没有车架，而以车身代替车架，主要部件连接在车身上，称（　　）。
   A. 非承载式车身　　B. 承载式车身　　C. 综合式车身　　D. 刚性车身

28. 转向驱动桥能同时实现转向和（　　）两种功能。
   A. 驱动　　B. 制动　　C. 旋转　　D. 支承

29. 转向桥的前轴由（　　）、主销和轮毂。
   A. 前桥　　B. 后轴　　C. 转向节　　D. 轮胎

30. （　　）是由两根位于两边的纵梁和若干道横梁通过铆接或焊接而连成的坚固的刚性构架。
   A. 边梁式车架　　B. 中梁式车架　　C. 综合式车架　　D. 刚性车架

31. （　　）是车架（或承载式车身）与车桥（或车轮）之间的弹性链接装置。
   A. 弹簧　　B. 悬架　　C. 半轴　　D. 转向节

32. 钢板弹簧是汽车悬架中应用最广泛的一种（　　）。
   A. 弹性元件　　B. 钢板元件　　C. 伸缩元件　　D. 刚性元件

33. （　　）的车轴分成两段，当一边车轮发生跳动时，另一边车轮不受波及。
   A. 非独立悬架　　B. 独立悬架　　C. 空气悬架　　D. 液压悬架

答　案

一、判断题

1. √　　2. √　　3. √　　4. √　　5. ×　　6. ×　　7. ×
8. ×　　9. ×　　10. ×　　11. √　　12. ×　　13. √　　14. √
15. √　　16. √　　17. ×　　18. √　　19. ×　　20. ×　　21. ×
22. √　　23. √　　24. √　　25. √

二、选择题

1. A	2. A	3. B	4. D	5. B	6. C	7. C
8. C	9. C	10. D	11. A	12. B	13. C	14. D
15. D	16. A	17. A	18. C	19. A	20. C	21. D
22. B	23. D	24. B	25. C	26. B	27. B	28. A
29. C	30. A	31. B	32. A	33. B		

项目三　转向系统

一、转向系统概述

1. 转向特性

驾驶人将转向盘转过一定角度后固定，保持汽车以某一稳定车速开始转向，可能出现以下 4 种转向特性。

①不足转向：偏离圆周轨迹向外动力，且转弯半径越来越大。

②过多转向：偏离圆周轨迹向内运动，且转弯半径越来越小。

③中性转向：沿着圆周轨迹运动。

④交变转向：最初偏离轨迹向外运动，过一段时间后突然开始向内运动。

对于不足转向，汽车转弯半径越来越大，这种运动状态和人的运动感觉一致。对于过多转向，转弯半径越来越小，这和人的运动感觉不一致，转弯时驾驶人重心向内倾斜，使驾驶人难以往回打转向盘。因此除了特殊的赛车，一般都将汽车设计成具有轻微的不足转向特性。交变转向特性只极少地应用于后置发动机的汽车。

2. 转向系统概述

（1）作用：转向系是保证汽车在行驶中能安驾驶员的操纵要求，适时改变汽车的行驶方向和保持汽车稳定的直线行驶。

（2）要求：工作可靠、操纵轻便，转向机构还应能减轻地面传到转向盘上的冲击，并倒条适当的"路感"，当汽车发生碰撞时，转向装置应能减轻或避免对驾驶员的伤害。

（3）类型：转向系统分为机械转向系统和动力转向系统。其中动力转向系统又可分为液压助力转向系统和电动助力转向系统。

（4）机械转向系统的组成。机械转向系统通常由转向操纵机构、转向器和转向传动机构组成。转向操纵机构主要包括转向盘和转向柱。

①转向操纵机构：转向盘到转向器之间的所有零部件总称为转向操纵机构。主要由转向盘、转向柱、转向万向节等组成。

②转向器：转向器是转向系统的减速传动装置，目前汽车上广泛使用的转向器有齿轮齿条式和循环球式。

a. 齿轮齿条式转向器。齿轮齿条式转向器主要由转向齿轮、转向齿条和转向器壳体等组成。如图 5-3-1 所示。

齿轮齿条式转向器的优点是结构简单紧凑，啮合紧密、反应灵敏、转向轻便，采用密封结构，不需要维护转向器。在进行转向系统检查时，只需检查方向盘、传动管、转向传动臂几个部件。

转向时转向柱上的齿轮从转向轴获得旋转力矩，驱动与之啮合的齿条做横向移动，与齿条直接连接的横拉杆也随之横向移动，从而驱动转向传动机构中的其他部件工作，使转向轮偏转相应的角度，实现汽车转向。如图 5-3-2 所示。

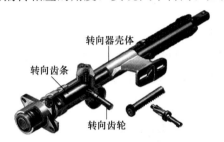

图 5-3-1　齿轮齿条式转向器组成

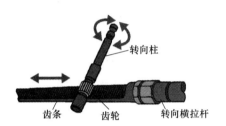

图 5-3-2　齿轮齿条式转向器工作原理

b. 循环球式转向器。循环球式转向器由齿轮机构将来自转向盘的旋转力进行减速，使转向盘的旋转运动变为蜗轮蜗杆的旋转运动，滚珠螺杆和螺母夹着钢球啮合，因而滚珠螺杆的旋转运动变为直线运动，螺母再与扇形齿轮啮合，直线运动再次变为旋转运动，使连杆臂摇动，连杆臂再使连动拉杆和横拉杆做直线运动，改变车轮的方向。其原理相当于利用了螺母与螺栓在旋转过程中产生的相对移动，而在螺纹与螺纹之间夹入了钢球以减小阻力，所有钢球在一个首尾相连的封闭的螺旋曲线内循环滚动。

③转向传动机构。转向传动机构按照转向器传递来的扭力使左右车轮按照一定的规律偏转。这就要求转向传动机构有较大的刚度和强度，吸收振动、缓冲振动。

转向传动机构主要由转向摇臂、转向直拉杆、转向横拉杆、转向节臂、梯形臂、转向减振器组成。

（5）自由行程。在转向盘转动过程的初始阶段，只需要很小的力就能够转动转向盘，该力矩只是用来克服转向系统内部的摩擦，使各传动部件的间隙完全消除，这一空转阶段的角行程称为转向盘的自由行程，是指从转向盘对应于汽车直线行驶的中间位置向任一方向的自由行程。

转向盘的自由行程有利于缓和路面冲击，避免驾驶员过度紧张，但不宜过大，否则将使转向灵敏性能下降。一般方向盘自由行程不大于 10°或方向盘圆周弧长 0～15 mm。

3. 助力转向系统

助力转向系统可分为液压助力转向系统和电动助力转向系统。

（1）液压助力转向系统类型。液压助力转向系统可分为：机械式液压助力转向系统（HPS）和电子液压助力转向系统（EHPS）。

①机械式液压助力转向优点：技术成熟稳定、可靠性高（即使车辆液压系统出现故障

失去助力,还能依靠传统的齿轮齿条机构进行转向),转向助力大,大小车型都可以使用,制造成本相对较低,路感更加清晰,手感柔滑。

机械式液压助力转向缺点:由于依靠发动机动力来驱动油泵,能耗比较高;液压系统的管路结构非常复杂,各种控制油液的阀门数量繁多,占用空间大,后期的保养维护需要成本。助力特性无法兼顾全车速。

②电子液压助力的优点:电子液压助力拥有机械液压助力的大部分优点,同时还降低了能耗,反应也更加灵敏,转向助力大小也能根据转角、车速等参数自行调节,更加人性化。

电子液压助力的缺点:由于引入了很多电子单元,其制造、维修成本也会相应增加,使用稳定性也不如机械液压式的牢靠,后期仍需进行维护。

(2)液压助力转向系统组成。液压助力转向系统在机械转向系统的基础上添加了一套液压系统。大多数车辆使用机械液压助力转向系统,它的液压系统完全由机械装置控制,除了机械装置,还有储油罐、转向助力泵、动力缸、回油管等组成,如图5-3-3所示。

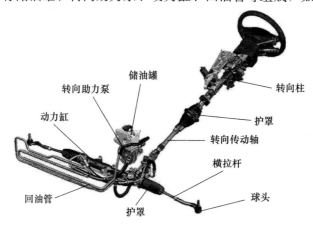

图 5-3-3 液压助力转向系统的组成

液压系统主要由动力转向泵、储液罐、流量控制阀、整体式转向器、动力转向液管等组成。该助力转向方式是将一部分的发动机动力输出转化成液压泵压力,对转向系统施加辅助作用力,从而使轮胎转向。

(3)液压助力转向系统部件说明。液压助力转向系统部件功能如表5-3-1所示。

表 5-3-1 液压助力转向系统部件功能

序号	名称	功能
①	转向助力泵	转向系统内产生油压
②	高压油管	转向助力泵把高压油提供给转向器;减少脉动
③	转向器	转向回转运动变为直线运动传递给转向节;控制方向
④	回流管	液压油从转向器→储油管的回路
⑤	冷却销	增加液压油的冷却性(适用于部分机种)
⑥	储油罐	储存和提供转向泵必要的油

(4)液压助力转向系统。根据系统内液流方式的不同可以分为常压式液压助力和常流式液压助力。

常压式液压助力系统的特点是无论方向盘处于正中位置还是转向位置，方向盘保持静止还是在转动，系统管路中的油液总是保持高压状态。

常流式液压转向助力系统的转向油泵虽然始终工作，但液压助力系统不工作时，油泵处于空转状态，管路的负荷要比常压式小。

(5)电动助力转向系统。

①电动助力转向系统优点：系统结构精简，质量小，占用空间少；只消耗电力，能耗低；电子系统反应灵敏，动作直接、迅速。

②电动助力转向系统缺点：由于电动机直接驱动转向机构，只能提供有限的辅助力度，难以在大型车辆上使用；同时电子部件较多，系统稳定性、可靠性都不如机械式部件，特别是在某些场地需要连续转动方向的时候，可能会引起助力电机过热而停止工作；路感信息匮乏，实际驾驶中的操控乐趣大大减少；制造成本较高等。

③电动助力转向有齿轮助力式、齿条助力式、转向柱助力式三种类型。

二、转向系统常见故障及检修

转向系统常见的故障有：转向盘自由行程偏大、转向沉重、行驶跑偏、转向不灵、摆头。

1. 转向盘自由行程偏大

(1)现象。汽车保持直线行驶位置静止不动时，轻轻来回晃动转向盘，感到游动角度很大。

(2)原因。

①转向器内主、从动啮合部位松旷或主、从动部位的轴承松旷；

②转向盘与转向轴的连接部位松旷；

③转向器垂臂轴与垂臂连接部位松旷；

④纵、横拉杆球头连接部位松旷；

⑤纵、横拉杆臂与转向节的连接部位松旷；

⑥转向节与主销松旷；

⑦轮毂轴承松旷。

(3)诊断与排除方法。

①应先检查转向盘与转向轴是否松旷；

②检查转向器内主、从动部分的轴承或衬套是否松旷；

③检查转向器内主、从动部分的啮合是否松旷；

④若故障不在以上部位，则应检查垂臂与垂臂轴、纵(横)拉杆球头连接、转向节与主销是否松旷；

⑤若以上部位均无故障，则故障是由轮毂轴承或拉杆臂松旷所造成。

2. 转向沉重

(1)现象。汽车行驶中驾驶员向左、右转动转向盘时，感到沉重费力，无回正感；当汽车以低速转弯行驶或掉头时，转动转向盘非常吃力，甚至打不动。

(2)原因。

①轮胎气压不足；

②转向节与主销配合过紧或缺油；

③纵、横拉杆球头连接调整过紧或缺油；

④转向器主动部分轴承预紧力太大或从动部分与衬套配合太紧；

⑤转向器主、从动部分的啮合调整得太紧；

⑥转向器无油或缺油；

⑦转向节止推轴承缺油或损坏；

⑧转向器转向轴弯曲或其套管凹瘪造成刮碰；

⑨主销后倾过大、主销内倾过大或前轮负外倾；

⑩前梁、车架变形造成前轮定位失准。

(3)诊断与排除方法。

①检查轮胎气压、轮毂轴承松紧程度、前轮定位等；

②顶起前桥，使前轮悬空，转动转向盘。若感到明显轻便省力，则故障在前轮、前桥或车架。若转向仍然沉重费力，应将垂臂拆下，继续转动转向盘，若明显轻便省力，则故障在转向传动机构；若仍沉重费力，则故障在转向器。

③对转向器进行检查。先检查外部转向轴，有无变形凹陷等。再检查啮合间隙是否过小，轴承间隙是否过小，是否缺油，有无异响等；

④对转向传动机构进行检查。检查各部连接处是否过紧而运动发卡，检查各拉杆及转向节有无变形，检查转向节主销轴向间隙是否过小；

⑤必要时，还应对前轮及车架是否变形进行检查。

3. 行驶跑偏

(1)现象。汽车行驶中自动跑向一边，必须用力握住转向盘才能保持直线行驶。

(2)原因。

①两前轮轮胎气压不等、直径不一或车厢装载不均；

②左右车架前钢板弹簧挠度不等或弹力不一；

③前梁、后桥轴管或车架发生水平平面内的弯曲；

④车架两边的轴距不等；

⑤两前轮轮毂轴承或轮毂油封的松紧度不一；

⑥前、后桥两端的车轮有单边制动或单边拖滞现象；

⑦两前轮外倾角、主销后倾角或主销内倾角不等；

⑧前束太大或负前束；

⑨路面拱度较大或有侧向风。

(3)诊断与排除方法。

①应先检查跑偏一侧的车轮毂和制动器是否温度过高，若温度过高，则为轮毂轴承过紧和制动拖滞；

②检查轮胎气压，轮毂轴承松紧程度；

③新换轮胎出现跑偏，多为轮胎规格不等；
④检查钢板弹簧有无松动、断裂，车桥有无歪斜移位，车架有无变形等；
⑤检查前轮定位情况。

4. 转向不灵

(1)现象。在汽车转向操纵转向盘时感觉旷量很大，需用较大幅度才能转动转向盘；汽车在直线行驶时又感到行驶不稳。

(2)原因。根本原因是由于磨损和松动导致各部位间隙过大所致，主要有以下原因。
①转向器啮合间隙过大，安装松旷；
②转向轴与转向盘配合松旷；
③主销与转向节衬套孔间隙过大；
④主销与转向节轴向间隙过大；
⑤转向传动机构各球头销处配合松旷；
⑥前轮毂轴承间隙过大；
⑦汽车前轮前束过大。

(3)诊断与排除方法。
①先检查转向盘的自由转动量，若过大，说明转向系内存在间隙过大的故障；
②若转向盘的自由转动量正常，故障原因可能是前轮毂轴承间隙过大、主销与转向节衬套孔间隙过大、主销与转向节轴向间隙过大及前束过大等；
③检查前轮毂轴承、主销等处，找出松旷部位；
④由一人原地转动转向盘，另一人观察垂臂摆动，当垂臂开始摆动时转向盘自由转动量不大，说明是转向传动机构松旷，否则为转向器松旷；
⑤必要时应检查前束，前束值过大时，会伴随有轮胎异常磨损。

5. 转向沉重

(1)现象。汽车在某低速范围内或某高速范围内行驶时，有时出现两前轮各自围绕主销进行角振动的现象。尤其是高速摆头时，两前轮左右摆振严重，握转向盘的手有麻木感，甚至在驾驶室内可看到整个车头晃动。

(2)原因。
①前轮轮胎、轮辋、制动鼓或盘、轮毂等旋转质量不平衡；
②前轮径向圆或端面圆跳动太大；
③前轮使用翻新胎；
④前轮外倾角太小、前束太大、主销负后倾或主销后倾角太大；
⑤两前轮的主销后倾角或主销内倾角不一致；
⑥前梁或车架变形；
⑦转向系与前悬架的运动互相干涉；
⑧转向系部件刚度太低；
⑨转向器主、从动部分啮合间隙或轴承间隙太大；
⑩转向器垂臂与其轴配合松旷；
⑪纵、横拉杆球头连接松旷；

⑫转向节与主销配合松旷或转向节与前梁拳形部沿主销轴线方向配合松旷；

⑬前轮轮毂轴承松旷；

⑭转向器在车架上的连接松旷；

⑮前悬架减振器失效或左、右两边减振器效能不一；

⑯左、右车架前悬架高度或刚度不一。

(3)故障诊断与排除方法。

①若摆振随车速提高而增大，多为车轮动不平衡和轮辋变形所致，应检查轮胎平衡和轮辋变形情况。

②若在某一转速时摆振出现，则情况比较复杂，应对转向系、前桥及悬架等进行全面检查，以发现造成摆振的原因。

习题及答案

一、判断题

1. 转向系统传动比一般是指转向盘的转角与安装在转向盘一侧的转向车轮偏转转角的比值。（　）

2. 转向器的角传动比越大，就越容易实现迅速转向，即灵敏性较高。（　）

3. 循环球式转向器中，钢球数量增加时，可提高承载能力，但降低传动效率。（　）

4. 齿轮齿条转向器中，由于主动齿轮小，转矩传递性不好，转向会相对较重。（　）

★5. 转向传动机构的功用是将转向器输出的力和运动传到转向桥两边的转向节，使两侧转向轮偏转。（　）

6. 动力转向实际上使依靠发动机输出的动力来帮助转向的。（　）

7. 常流式动力转向中，通过转向传动副使液压系统内的单向阀改变油路方向，实现不同的转向。（　）

8. 常流式动力转向系中，溢流阀的作用是把多余的油流回低压边，以控制最小供油量。（　）

9. 液压动力转向系统是一个位置跟踪装置，也称为驱动系统。（　）

★10. 动力转向的随动机构中，活塞之所以以一定准确度跟随螺杆运动，是因为活塞与转向盘间存在机械反馈联系。（　）

11. 转向时，油泵处出现噪声，可能是油壶中油量不够所至。（　）

12. 油液脏污可能会造成左、右转弯时轻重不同。（　）

13. 油泵驱动皮带打滑会造成快速转向时沉重。（　）

14. 转向传动机构是指转向盘至转向器间的所有连杆部件。（　）

15. 为使汽车正常转向，就要保持转向轮有正确的滚动和滑动。（　）

16. 为满足重型载重汽车和高速轿车转向更轻便和灵敏的要求，常采用动力转向并配合较小的传动比。（　）

17. 对于高速轿车，要求有较高的转向灵敏度，故转向器传动比的变化规律应是中间大，两头小。（　）

18. 蜗杆与滚轮的啮合间隙调整要适合，过大会影响转向力，过小会加速传动副磨损。（　　）

19. 动力转向系中，安全阀既可限制最大压力，又可限制多余的油液。（　　）

★20. 对转向器做调整或维修之前，先仔细检查前轮定位、减振器、轮胎气压等转向系可能出问题的部位。（　　）

二、选择题

1. 大型货车转向盘的最大自由转动量从中间位置向左右各不得超过（　　）度。
   A. 15　　　　B. 20　　　　C. 25　　　　D. 30

2. 汽车在行驶过程中，路面作用在车轮的力经过转向系统可大部分传递给方向盘，这种转向器称为（　　）。
   A. 可逆式　　B. 不可逆式　　C. 极限可逆式　　D. 极限不可逆式

3. 在转向系统中，采用液力式转向时，由于液体的阻尼作用，吸收了路面的冲击负荷，故可采用正效率高的（　　）转向器。
   A. 极限不可逆式　　B. 不可逆式　　C. 极限可逆式　　D. 可逆程度大

4. 以下（　　）不属于转向传动机构。
   A. 转向摇臂　　B. 转向节臂　　C. 转向轮　　D. 转向横拉杆

5. 以下不属于循环球式转向器特点的是（　　）。
   A. 正传动效率高　　　　　　B. 自动回正作用好
   C. 使用寿命长　　　　　　　D. 路面冲击力不易造成方向盘振动现象

★6. 汽车方向盘不稳的原因不可能是由（　　）造成的。
   A. 转向节主销与铜套磨损严重，配合间隙过大
   B. 转向机蜗杆轴承装配过紧
   C. 前束过大
   D. 横直拉杆球节磨损松动

★7. 以下（　　）是导致转向沉重的主要原因。
   A. 前束太大　　　　　　　　B. 外倾角太大
   C. 主销后倾角太大　　　　　D. 转向半径不正确

8. 影响转向器正效率的因素很多，在结构参数、质量要求一样的前提下（　　）转向器的转向效率最高。
   A. 循环球式　　B. 球面蜗杆式　　C. 齿轮齿条式

9. 齿轮齿条式动力转向系中动力缸与控制阀间有（　　）油管相连。
   A. 一条　　　　B. 两条　　　　C. 三条　　　　D. 四条

★10. 甲说检查动力转向系油液，当发现油中有泡沫，可能是油路中有空气。乙说转动方向盘到尽头时油路中压力最大。则（　　）。
   A. 甲正确　　B. 乙正确　　C. 两人均正确　　D. 两人均不正确

★11. 甲说常规动力转向系采用发动机驱动的油泵作为动力，乙说电子齿轮齿条机构可以在发动机熄火后还能提供转向动力，则（　　）。
   A. 甲正确　　B. 乙正确　　C. 两人均正确　　D. 两人均不正确

12. 转向系统分为机械式转向系统和( )转向系统两大类。
    A. 液压式　　　　B. 电子式　　　　C. 动力式
13. 转向器的作用是( )由转向盘传到转向节的力并且改变力的传递方向,获得所要求的摆动速度和角度。
    A. 减小　　　　　B. 增大　　　　　C. 收缩
14. 从转向器到转向轮之间的所有传动杆件总称为( )机构。
    A. 转向传动　　　B. 转向变速　　　C. 转向分配
15. ( )的功用是将转向摇臂传来的力和运动传给转向梯形臂或转向节臂。
    A. 转向直拉杆　　B. 转向横拉杆　　C. 转向推杆
16. 转向器的作用是增大由转向盘传到转向节的力并且改变力的( )。
    A. 传递方向　　　B. 传递过程　　　C. 传递流程
17. 转向盘到转向器之间的所有零部件总称为( )。
    A. 方向盘　　　　B. 转向操纵机构　C. 转向发送器
18. 有些轿车的转向盘上装有车速控制开关和( )。
    A. 速度表　　　　B. 倒车显示器　　C. 安全气囊
19. 转向摇臂的功用是把转向器输出的力和运动传给直拉杆或( )。
    A. 前拉杆　　　　B. 后栏杆　　　　C. 横拉杆
20. 液压助力转向系统可分为( )和常流式两种。
    A. 电子式　　　　B. 常压式　　　　C. 变压式

答　案

一、判断题

1. √　　2. ×　　3. √　　4. ×　　5. √　　6. √　　7. ×
8. ×　　9. √　　10. ×　　11. √　　12. √　　13. √　　14. ×
15. ×　　16. √　　17. ×　　18. ×　　19. √　　20. √

二、选择题

1. A　　2. A　　3. D　　4. C　　5. D　　6. B　　7. C
8. A　　9. B　　10. C　　11. C　　12. C　　13. B　　14. A
15. A　　16. A　　17. B　　18. C　　19. C　　20. B

项目四　制动系统

一、制动系统概述

1. 作用

汽车制动系统的作用是强制车辆减速直至车轮不再旋转,并能使汽车保持在地面上静止不动。

2. 类型

（1）根据制动功能的不同，制动系统可分为行车制动系统和驻车制动系统。

①行车制动系统：是在车辆在行驶中使用，保证汽车能在有效距离内减速并且停车，由于该系统是驾驶员通过脚来操作的，因此又称为"脚刹"。

②驻车制动系统：是在汽车停稳后，保证汽车能在地面上保持不滑动，由于该系统是驾驶员通过手来操作的，因此又称为"手刹"。当然，还有部分车辆的"手刹"也是用脚来操作的。

（2）按制动能源可分为人力制动、动力制动、伺服制动。

①人力制动：以人力为唯一能源；

②动力制动：以发动机动力转化为液压或气压制动；

③伺服制动：兼用人力和发动机动力制动。

3. 结构组成

现代车辆，大部分都采用的是液压制动系统。

液压制动系统主要由：操纵机构、助力系统、液压系统、制动器、平衡控制器、制动指示灯、电子制动控制系统等组成。

（1）操纵机构。操纵机构是将驾驶员施加在制动踏板上的力传递给制动主缸的装置。操纵机构由制动踏板、推杆或具有传力作用的联动装置等组成。当驾驶员脚踩制动踏板时，制动踏板推动推杆，将作用力传递给制动主缸的活塞。

（2）助力系统。制动助力系统是一种制动加力装置，其作用力与制动踏板的作用力一起施加在制动主缸上，使车辆更容易停下来，同时减轻驾驶员的疲劳强度。

（3）液压系统。液压系统主要由：制动主缸、制动管和软管、制动轮缸或制动钳、制动力调节装置等组成。

（4）制动器。制动器是制动车轮转动的装置，按照结构可分为鼓式制动器和盘式制动器。

①鼓式制动器。鼓式制动器主要包括制动轮缸、制动蹄、制动鼓、摩擦片、回位弹簧等部分。主要是通过液压装置使摩擦片与车轮转动的制动鼓内侧面发生摩擦，从而起到制动的效果。如图5-4-1所示。

在踩下刹车踏板时，推动刹车总泵的活塞运动，进而在油路中产生压力，制动液将压力传递到车轮的制动分泵推动活塞，活塞推动制动蹄向外运动，进而使得摩擦片与刹车鼓发生摩擦，从而产生制动力。如图5-4-2所示。

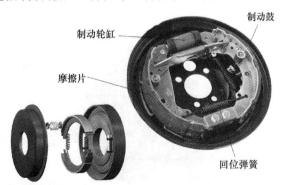

图5-4-1 鼓式制动器组成

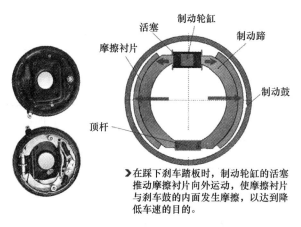

图 5-4-2　鼓式制动器工作原理

从结构中可以看出，鼓式制动器是工作在一个相对封闭的环境，制动过程中产生的热量不易散出，频繁制动影响制动效果。不过鼓式制动器可提供很高的制动力，广泛应用于重型车上。

②盘式制动器。盘式制动器也叫碟式制动器，主要由制动盘、制动钳、摩擦片、制动钳活塞、制动衬片等部分构成，如图 5-4-3 所示。

盘式制动器通过液压系统把压力施加到制动钳上，使制动摩擦片与随车轮转动的制动盘发生摩擦，从而达到制动的目的，如图 5-4-4 所示。

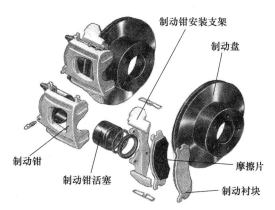

图 5-4-3　盘式制动器组成

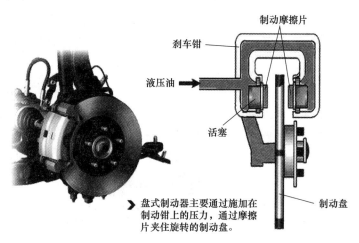

图 5-4-4　盘式制动器工作原理

与封闭式的鼓式制动器不同的是，盘式制动器是敞开式的。制动过程中产生的热量可以很快散去，拥有很好的制动效能，现在已广泛应用于轿车上。

（5）制动指示灯。常见的制动指示灯包括制动报警指示灯、制动片磨损指示灯、电子驻车故障指示灯、ABS故障指示灯、电子稳定控制指示灯等。

（6）电子制动控制系统。电子制动控制系统一般由传感器、电子制动控制模块和制动压力调节器等组成。

电子制动控制系统有防抱死制动系统（ABS）、电子制动力分配（EBD）、电子驻车制动（EPB）、液压制动辅助（HBA）、牵引力控制（TCS）、电子稳定程序（ESP）等类型。不同的车辆配备有一种或多种类型。

①制动防抱死系统（ABS）：ABS的主要作用是改善整车的制动性能，提高行车安全性，防止在制动过程中车轮抱死（即停止滚动），从而保证驾驶员在制动时还能控制方向，并防止后轴侧滑。

②电子制动力分配（EBD）：汽车在制动时，四条轮胎附着的地面条件往往不一样。比如，有时左前轮和右后轮附着在干燥的水泥地面上，而右前轮和左后轮却附着在水中或泥水中，这种情况会导致在汽车制动时四条轮子与地面的摩擦力不一样，制动时容易造成打滑、倾斜和车辆侧翻事故。EBD用高速计算机在汽车制动的瞬间，分别对四条轮胎附着的不同地面进行感应、计算，得出不同的摩擦力数值，使四条轮胎的制动装置根据不同的情况用不同的方式和力量制动，并在运动中不断高速调整，从而保证车辆的平稳、安全。

③液压制动辅助（HBA）：在紧急情况下有90％的汽车驾驶员踩刹车时缺乏果断，制动辅助系统正是针对这一情况而设计，可以从驾驶员踩制动踏板的速度中探测到车辆行驶中遇到的情况，当驾驶员在紧急情况下迅速踩制动踏板，但踩踏力又不足时，此系统便会协助，并在不到1秒的时间内把制动力增至最大，缩短在紧急制动情况下的刹车距离。如果驾驶员放松刹车踏板，系统又会降低制动力到规定值。液压制动辅助系统可以大幅缩短制动距离，系统工作时驾驶员几乎毫无察觉。

④牵引力控制（TCS）：汽车在光滑路面制动时，车轮会打滑，甚至使方向失控。同样，汽车在起步或急加速时，驱动轮也有可能打滑，在冰雪等光滑路面上还会使方向失控而出危险。牵引力控制系统就是针对此问题而设计的。牵引力控制系统依靠电子传感器探测到从动轮速度低于驱动轮时（这是打滑的特征），就会发出一个信号，调节点火时间、减小气门开度、减小油门、降挡或制动车轮，从而使车轮不再打滑。牵引力控制系统如果和ABS相互配合使用，将进一步增强汽车的安全性能。牵引力控制系统和ABS可共用车轴上的轮速传感器，并与行车电脑连接，不断监视各轮转速，当在低速发现打滑时，牵引力控制系统会立刻通知ABS动作来降低此车轮的打滑。若在高速发现打滑时，牵引力控制系统立即向行车电脑发出指令，指挥发动机降速或变速器降挡，使打滑车轮不再打滑，防止车辆失控甩尾。

⑤电子稳定程序（ESP）：电子稳定程序ESP系统能够主动纠正车辆在高速或湿滑路面上行驶时转向过度和转向不足，避免车辆偏航现象。

4. 制动系统基本原理

制动系统不工作时，制动片（或制动蹄）与制动盘（或制动鼓）之间保持一定的间隙，使车轮自由旋转。

当施加制动时，制动踏板的作用力经真空助力器助力放大后由液压系统传递给各个车轮制动器，使制动片（或制动蹄）与制动盘（或制动鼓）之间产生摩擦力，降低车轮转速。如图 5-4-5 所示。

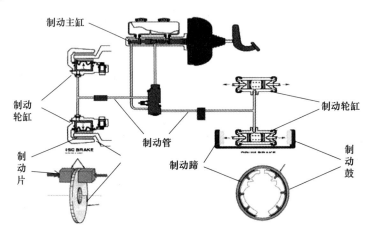

图 5-4-5　制动系统基本原理

二、制动系统常见故障及检修

制动系统常见故障有制动效能不良、制动失灵、制动跑偏和刹车不回。这四种故障轻则毁损车辆，重则影响行车安全，需尽早处理。

1. 制动效能不良

现象：汽车行驶中制动时，制动减速慢，制动距离长。

原因：

①总泵有故障；

②分泵有故障；

③制动器有故障；

④制动管路中渗入空气。

诊断：液压制动系统产生制动效能不良的原因，一般可根据制动踏板行程、脚踏制动踏板时的软硬感觉、踏下制动踏板后的稳定性以及多脚制动时踏板高度来判断。

①一般制动时踏板高度太低、制动效能不良。如连续两脚或几脚制动，踏板高度随着增高且制动效能好转，说明制动鼓与摩擦片或总泵活塞与推杆的间隙过大。

②维持制动时，踏板的高度若缓慢或迅速下降，说明制动管路某处破裂、接头密闭不良或分泵皮碗密封不良，其回位弹簧过软或折断，或总泵皮碗、皮圈密封不良，回油阀及出油阀不良。可首先踏下制动踏板，观察有无制动液渗漏部位。若外部正常，则应检查分泵或总泵故障。

③连续几脚制动时，踏板高度仍过低，且在第二脚制动后，感到总泵活塞未回位，踏

下制动踏板即有总泵推杆与活塞碰击响声,是总泵皮碗破裂或其连续几脚,回位弹簧太软。

④连续几脚制动时踏板高度稍有增高,并有弹性感,说明制动管路中渗入了空气。

⑤连续几脚,踏板均被踏到底,并感到踏板毫无反力,说明总泵储液室内制动液严重亏损。

⑥连续几脚制动时,踏板高度低而软,是总进油孔中储液室螺塞通气孔堵塞。

⑦一脚或两脚制动时,踏板高度适当,若制动踏板太硬则制动效能不良,应检查各摩擦片与制动盘的间隙是否太小。若间隙正常,则检查鼓壁与摩擦片表面状况。如正常,再检查制动蹄弹簧是否过硬,总泵或分泵皮碗是否发胀,活塞与缸壁配合是否松旷。如均正常,则应进而检查制动软管是否老化、不畅通。

2. 制动突然失灵

现象:汽车在行驶中,一脚或连续几脚制动,制动踏板均被踏到底,制动突然失灵。

原因:

①总泵内无制动液;

②总泵皮碗破损或踏翻;

③分泵皮碗破损或踏翻;

④制动管路严重破裂或接头脱节。

诊断:发生制动失灵的故障,应立即停车检查。首先观察有无泄漏制动液处。若制动总泵推杆防尘套处。若制动总泵推杆防尘套处制动液漏流严重,多属总泵皮碗踏翻或严重损坏。若某车轮制动鼓边缘有大量制动液,说明该轮分泵皮碗压翻或严重损坏。管路渗漏制动液一般明显可见,若无渗漏制动液现象,则应检查总泵储液室内制动液是否充足。

3. 制动发咬

现象:踏下制动踏板时感到既高又硬或没有自由行程,汽车起步困难或行驶费力。

原因:

①制动踏板没有自由行程或其回位弹簧脱落、折断或过软;

②踏板轴锈滞回位困难;

③总泵皮碗、皮圈发胀或活塞变形或被污物卡住;

④总泵活塞回位弹簧过软、折断,皮碗发胀堵住回油孔或回油孔被污物堵塞;

⑤制动蹄摩擦片与制动鼓间隙过小;

⑥制动蹄回位弹簧过软、折断;

⑦制动蹄在支承销上下能自由转动;

⑧分泵皮碗胀大、活塞变形或有污物粘住;

⑨制动管凹瘪、堵塞,使回油不畅;

⑩制动液太脏,黏度太大,使回油困难。

诊断:放松制动踏板后,全部或个别车轮仍有制动作用,即表明制动发咬。行车中出现制动发咬,若各轮制动鼓均过热,表明总泵有故障。若个别制动鼓过热,则属于该轮制动器工作不良。若故障在总泵时,应先检查制动踏板自由行程。若无自由行程,一般为总泵推杆与活塞的间隙过小或没有间隙。若自由行程正常,可拆下总泵储液室螺塞,踏抬制动踏板，观察回油情况。如不回油，为回油孔堵塞。如回油缓慢，可检查制动液是否太脏、黏度太大。若制动液清纯，则总泵皮碗、皮圈可能发胀或其回位弹簧过软，应分解总泵检查。若故障在个别车轮制动器发咬，可架起该车轮，旋松分泵放气螺钉，若制动液随之急速喷出且车轮即刻转动自如，说明该轮制动管路堵塞，分泵未能回油。如转动该轮仍发咬，可检查制动蹄摩擦片与制动鼓间隙是否太小。若上述均正常，则应检查分泵活塞皮碗及制动蹄回位弹簧的情况。

4. 制动跑偏（单边）

现象：汽车制动时，向一边偏斜。

原因：

①两前轮制动鼓与摩擦片的间隙不一，两前轮摩擦片的接触面积相差太大，两前轮磨片的质量不同，两前轮制动鼓内径相差过多，两前轮制动蹄回位弹簧弹力不等；

②前轮某侧分泵活塞与缸筒摩擦过甚，某侧前轮分泵有空气，软管老化或分泵皮碗不良或前轮某侧制动鼓失圆，两前轮胎气压不一致，某侧前轮摩擦片油污、水湿、硬化、铆钉外露；

③两前轮制动蹄支承销偏心套磨损程度不一；

④两后轮有上述前三条故障的；

⑤车架变形、前轴移位、前束不合要求、转向机构松旷及两前钢板弹簧弹力不等。

诊断：检查时先通过路试制动，根据轮胎拖印查明制动效能不良的车轮予以检修。拖印短或没有拖印的车轮即为制动效能不良。可先检视该轮制动管路是否漏油，轮胎气压是否充足。若正常，可检查高速摩擦片与制动鼓间隙。若仍无效，可查分泵是否渗入空气。若无空气渗入，即拆下制动鼓，按原因逐一检查制动器各部件。若也正常，说明故障不在制动系。应检查车架或前轴的技术状况及转向机构情况。如有制动试验台检查更为方便，看哪个车轮制动力小，即为不良的车轮。

习题及答案

一、判断题

1. 同轴上的轮胎规格、气压、花纹、磨损程度不一致，可造成制动跑偏。　　　　（　）

★2. 汽车在制动过程中，同轴上左右制动器产生的制动力大小不等或同一时间内制动力增长的快慢不一致，必然造成制动跑偏。　　　　（　）

3. 车轮载荷不均、前轮定位不正确、前后轴移位等现象将导致制动跑偏。　　（　）

★4. 车轮左右载荷分布不均进行制动时，在左右轮制动力大小相等，制动力增长快慢一致的情况下，承受载荷小的车轮必然先抱死。　　　　（　）

5. 在车轮定位中，最后调整后倾角。　　　　（　）

6. 制动防抱死装置会使最大制动力减小。　　　　（　）

7. 汽车行驶过程中是靠减振器与地面产生一个与行驶方向相反的外力来实现停车或减速的。　　　　（　）

★8. 制动盘径向跳动量过大，会造成制动时踏板跳动。　　　　（　）

9. 用百分表检测制动盘的径向跳动,要求小于 0.05 mm。 (   )
10. 汽车制动的最佳状态是出现完全抱死的滑移现象。 (   )
11. 制动液是汽车液压制动系统中传递制动压力的介质。 (   )
12. 制动踏板自由行程过小会造成制动效能不良。 (   )
13. 制动管路中有空气或者管壁积垢太厚会导致制动效能不良。 (   )
14. 制动效能主要取决于制动力的大小,而制动力仅与制动器的摩擦力矩有关。
 (   )
15. 连续踏下踏板,踏板位置能升高,但继续往下踏有下沉感觉,说明系统中有空气。 (   )
16. 盘式制动器制动效能比鼓式制动器好,是因为盘式制动器有自增力作用。 (   )
★17. 制动时,不旋转的制动蹄对旋转着的制动鼓作用一个摩擦力矩,其方向与车轮旋转方向相反,所以车辆能减速甚至停止。 (   )
18. 制动时,必须在踏板二分之一行程内产生最大制动效能。 (   )
19. 常用的汽车制动效能评价指标是指制动距离和制动减速度。 (   )

二、选择题

1. 制动跑偏的故障原因是(   )。
   A. 轮胎故障   B. 制动器故障
   C. 悬架系统故障   D. 以上三项都是
2. 造成左右制动力不等的原因可能是(   )。
   A. 单侧车轮制动管路泄漏或堵塞
   B. 单侧摩擦片或制动鼓磨损情况不一致
   C. 单侧制动蹄回位弹簧衰损或装配不良
   D. 以上三项都正确
3. 主销内倾角的主要作用为(   )。
   A. 汽车转向轻便   B. 稳定力矩,保证直线行驶的稳定性
   C. 补偿轮胎侧滑的不良后果   D. 适应载荷变化引起的轮胎异常磨损
4. 汽车制动时,制动力的大小取决于(   )。
   A. 汽车的载质量、车速   B. 制动力矩、轮胎与地面的附着条件
   C. A、B 两项都正确   D. 以上说法都不对
★5. 制动器缓慢拖滞转动的原因可能是(   )。
   A. 系统内空气过量   B. 制动轮缸或制动钳活塞被卡住
   C. 制动踏板回位弹簧拉力过大 D. 制动蹄片磨损量过大
6. 在车轮定位之前,下列(   )可以不用检查。
   A. 轮胎压力   B. 轮胎平衡   C. 轮胎状况   D. 车轮轴承调整
7. 鼓式车轮制动器的旋转元件是(   )。
   A. 制动蹄   B. 制动鼓   C. 摩擦片   D. 以上说法都不正确
8. 盘式制动器摩擦块的磨损极限值为(   )。
   A. 5 mm   B. 6 mm   C. 7 mm   D. 8 mm

9. 为制动盘机械加工作准备的过程中，下列（　　）不正确。
   A. 用千分尺检查制动盘厚度变化量　　B. 用千分尺检查制动盘厚度
   C. 用制动器测量仪测量直径　　　　　D. 用千分尺测量制动盘平行度
10. （　　）悬架是车轮沿摆动的主销轴线上下移动的悬架。
    A. 双横臂式　　B. 双纵臂式　　C. 烛式　　D. 麦弗逊式
★11. 甲说，不合适的制动软管可能引起泄漏；乙说，有缺陷的制动软管可能会造成液压回路节流。谁正确？（　　）
    A. 只有甲正确　　B. 只有乙正确　　C. 两人均正确　　D. 两人均不正确
★12. 在汽车制动过程中，如果只是前轮制动到抱死滑移而后轮还在滚动，则汽车可能（　　）。
    A. 失去转向性能　　B. 甩尾　　C. 正常转向　　D. 掉头
★13. 制动效能不良的故障原因是（　　）。
    A. 制动液不足、制动踏板行程故障　　B. 液压传动装置故障、制动器故障
    C. A、B两项都正确　　　　　　　　　D. A、B两项都不正确
★14. 制动踏板自由行程过大会（　　）。
    A. 制动不灵　　　　　　　　B. 制动拖滞
    C. 甩尾　　　　　　　　　　D. 以上说法都不正确
15. 汽车制动系（　　）的作用是将由踏板输入的机械推力转换成液压力。
    A. 制动主缸　　B. 推杆　　C. 后活塞　　D. 制动轮缸
16. 以下项目不属于液压传动装置的是（　　）。
    A. 制动主缸　　B. 制动轮缸　　C. 真空助力器　　D. 制动鼓
17. 连续踏几次制动踏板后，踏板能升高，但踏制动踏板感觉有弹性，则可能是（　　）。
    A. 主缸皮碗破损
    B. 液压制动系统中渗入空气或制动液受热汽化
    C. 液压系统中有渗漏
    D. 以上三项都正确
★18. 制动时，制动踏板的行程过大，是下列（　　）造成。
    A. 制动轮缸的活塞被卡住　　　B. 制动蹄与制动鼓间的间隙过大
    C. 制动蹄片磨损量过大　　　　D. 驻车制动器调整有误
★19. 一辆汽车产生了制动踏板海绵感，下列（　　）可能是故障的原因。
    A. 空气进入制动系　　　　B. 制动主缸内部泄漏
    C. 制动蹄片磨损过量　　　D. 制动盘扭曲
★20. 汽车处于刚开始制动状态时，真空助力器的（　　）。
    A. 空气阀打开，真空阀打开　　B. 空气阀关闭，真空阀打开
    C. 空气阀打开，真空阀关闭　　D. 空气阀关闭，真空阀关闭
★21. 在不制动时，液力制动系中制动主缸与制动轮缸的油压关系是（　　）。
    A. 主缸高于轮缸　　　　　　B. 主缸与轮缸相等

C. 轮缸高于主缸 　　　　　　　　D. 不确定

★22. 甲说，制动鼓绝不能加工成超出规定的最大直径；乙说，当制动鼓圆度误差超过 0.127 mm 时就应当使用车床加工。谁正确？(　　)
   A. 只有甲正确　　B. 只有乙正确　　C. 两人均正确　　D. 两人均不正确

★23. 用平稳的力踩制动踏板时，制动踏板只是缓慢地移向地板，没有制动液泄漏的迹象。问下列四项中哪项最有可能是(　　)故障造成。
   A. 溢流阀工作不正常　　　　　　B. 主皮碗过量磨损
   C. 副皮碗过量磨损　　　　　　　D. 活塞弹簧变软

★24. 一辆装有真空助力制动器的汽车，进行制动时踏板力量不正常。下列(　　)可能是造成故障。
   A. 制动主缸内泄漏　　　　　　　B. 助力器内的真空度过大
   C. 助力器真空管路堵塞　　　　　D. 制动液液面太低

25. 制动时车轮振动严重，下列(　　)最不可能造成这个故障。
   A. 轮胎　　　B. 车轮轴承调整　　C. 制动主缸　　D. 悬架

★26. 甲说，用制动鼓测量仪测量制动鼓直径，并且应在几个不同位置测量；乙说，必须用测量仪测量制动鼓壁厚。谁正确？(　　)
   A. 只有甲正确　　B. 只有乙正确　　C. 两人均正确　　D. 两人均不正确

27. 汽车制动系一般至少装用(　　)套各自独立的系统。
   A. 一　　　　B. 二　　　　C. 三

28. 液压制动传动系统的类型分为单回路和(　　)。
   A. 双回路　　B. 三回路　　C. 四回路

29. 驻车制动器有(　　)和盘式两种。
   A. 碟刹　　　B. 鼓式　　　C. 气刹

30. 大货车主要使用(　　)制动。
   A. 盘式　　　B. 鼓式　　　C. 碟刹

31. 制动器主要由(　　)和固定元件组成。
   A. 转向元件　B. 活动元件　C. 精密元件

32. (　　)使行驶中的汽车降低速度或停车的一套专门装置，是在行车过程中经常使用的。
   A. 行车制动　B. 驻车制动　C. 手刹

33. 盘式制动器摩擦副中的旋转元件是以端面工作的金属圆盘，被称为(　　)。
   A. 制动钳　　B. 制动盘　　C. 制动器

34. 鼓式制动器都采用带摩擦片的制动蹄作为(　　)。
   A. 活动元件　B. 浮动元件　C. 固定元件

35. 汽车的制动传动系统主要分为(　　)系统和气压制动传动系统。
   A. 电力　　　B. 液压　　　C. 起动

36. 制动主缸作用是将踏板输入的(　　)转换成液压能。
   A. 液压　　　B. 机械能　　C. 电能

答 案

一、判断题

1. √	2. √	3. √	4. √	5. ×	6. ×	7. ×
8. ×	9. √	10. ×	11. √	12. ×	13. √	14. ×
15. ×	16. ×	17. √	18. ×	19. √		

二、选择题

1. D	2. D	3. A	4. B	5. B	6. B	7. B
8. C	9. C	10. D	11. C	12. A	13. C	14. A
15. A	16. D	17. D	18. D	19. A	20. C	21. B
22. C	23. B	24. C	25. C	26. A	27. A	28. A
29. B	30. B	31. A	32. A	33. B	34. C	35. B
36. B						

模块六 汽车空调检修

项目一 概 述

一、汽车空调的作用

汽车空调可对驾驶室和车厢内温度、湿度、空气流速和空气清洁度等参数进行调节，使驾驶员和乘客感到舒适，同时还能对汽车前挡风玻璃进行除霜，如图6-1-1所示。

1. 衡量汽车空调质量的指标

（1）温度调节：是空调系统里最重要的指标。人舒适的温度是在18 ℃～26 ℃，温度过高，人就会感觉到烦躁，温度过低，人身体就会感觉到僵硬。因此，合适的车内温度才能保证车辆的行驶安全。空调应控制车内温度夏天在25 ℃，冬天在18 ℃。

图6-1-1 汽车空调的作用

（2）湿度调节：空调系统常用相对湿度表示。相对湿度是指空气中水蒸气分压力和饱和水蒸气分压力之比，人觉得最舒适的相对湿度为50%～70%。

（3）空气清新度：车厢内空气的质量是舒适的重要保证。车厢内的空气时刻受到乘客呼出的CO_2、乘员身体的各种异味、烟味、化妆品味、非金属材料味、大气中的悬浮物的污染及环境异味的影响，因而有的汽车在空调的进风口装有空气过滤装置和空气净化装置。

（4）除霜功能：汽车室内外温差大，玻璃上出现霜雾，影响驾驶员的视线，所以汽车空调必须具有除霜除雾的功能。汽车后挡风玻璃一般使用电加热除霜。

（5）空气流速：人在流动的空气中比在静止的空气中舒服。指空气的流动速度和方向。根据人的生理特点，头部对冷比较敏感，脚部对热比较敏感。所以，应采取上冷下热的格式。

2. 汽车空调的特点

（1）制冷量大、降温迅速。

(2)不便于用电力作为动力源,必须用汽车发动机或辅助发动机来带动压缩机,因而在动力源处理上要比家用空调困难得多。

(3)系统中制冷剂流量变化幅值大(由发动机带动的空调系统,汽车车速变化大)。

(4)冷凝温度高。冷凝器的通风冷却效果受发动机水箱辐射热、汽车行驶速度和路面尘土污染的影响。

(5)制冷剂容易泄漏。

(6)由于汽车结构紧凑,制冷装置的安装位置局限性很强,各种车型必须要有专门的车内冷气设备,蒸发器总成通用化很困难。

(7)由于车厢高度小,风量分配不易均匀,故而车内温度不易均匀。

3. 汽车空调的发展方向

(1)自动化:控制自动化、诊断自动化。

(2)舒适性:全季节型空调,保持最佳空气质量,高效节能、小型轻量。

(3)环保:新型环保的制冷剂。

(4)创新技术:制冷技术的创新。

二、汽车空调的组成

1. 汽车空调的组成

(1)通风系统:把车外新鲜空气吸进车内进行换气。

汽车空调系统鼓风机将车内或车外的空气吸进,强制气流流过蒸发器热交换器一侧,气流则将蒸发器侧液态制冷剂蒸发时产生的冷量带入车内,或把暖风芯交换的热气带入车内,鼓风机是空调系统必不可少的电器元件之一,汽车上的鼓风机是一个直流电动机,一般由电动机、风扇叶片、壳体、调速电阻等组成。通风系统布置如图6-1-2。

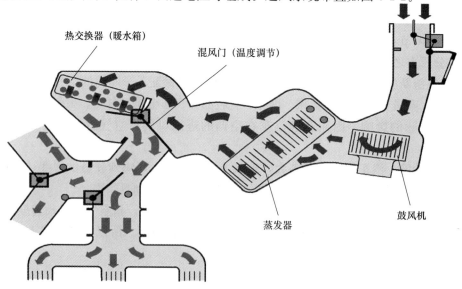

图 6-1-2 空调通风系统布置

(2)供暖系统：把车内空气或吸进来的新鲜空气加热。

暖风系统用加热器引进发动机冷却液，水道设置暖水阀，阀体受控于驾驶员或电脑的指令。当暖水阀开启时，较热发动机冷却水流经加热器，使加热器升温。鼓风机带动空气流过加热器，加热器出来的空气是热空气。供暖系统基本结构如图6-1-3。

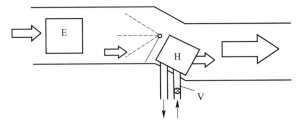

图 6-1-3　供暖系统基本结构

E—蒸发器；H—加热器；V—热水阀

(3)制冷系统：把车内空气或吸进来的新鲜空气冷却除湿。

(4)空气净化系统：净化空气，除去车内存在的灰尘气味。

汽车空调净化系统的作用：是对车内污浊的空气进行除尘，脱臭，杀菌，使乘室内空气保持清洁，卫生。

空气净化方法按净化原理不同有以下4种：静电除尘、过滤除尘、对冲黏附式和吸附除尘。

①静电除尘。静电除尘是利用高压电极产生高压电场，对空气进行电离，使尘粒带电，然后在电场作用下产生定向运动，沉降在正负电极上而实现对空气的过滤除尘。

②过滤除尘。过滤除尘一般用无纺布、玻璃纤维、滤纸、合成树脂等材料制成过滤网，网眼的大小和厚度不同，被过滤的尘粒的大小和效率也不同，通常把网眼大小不同的滤网组合起来使用。对于较大的尘埃，当进入过滤器时，由于惯性作用，来不及随气流转弯就碰在纤维孔壁上而下沉；对于微小颗粒，在围绕纵横交错的纤维表面而沉积下来，并且与纤维摩擦产生静电作用，被纤维吸附在其表面。

汽车空调过滤除尘器，一般选用直径为 $10\ \mu m$ 的中孔聚氨酯塑料、化纤无纺布和人造纤维。

③对冲黏附式除尘。使粉尘冲撞到涂有黏着剂的较粗的过滤介体上黏附除尘。

④吸附除尘。使用吸附材料除尘。

(5)控制系统：对制冷和暖风装置进行控制，使空调正常工作。

手动空调操纵控制系统主要由操纵开关、真空操纵系统和电气控制三部分组成。

自动空调操纵控制系统主要由传感器、执行元件和空调ECU三部分组成。

控制过程：各种传感器作为信息采集部件，将温度、压力和其他有关信息输入到空调电脑控制器ECU中。电脑控制器ECU将获得的信息进行分析处理，经"模/数"转换后以数字形式向执行装置鼓风电动机、控制伺服电动机、各控制继电器和显示器各风门等发出控制指令，对车内空气的温度、湿度及流通情况按照预定要求进行调节，调节的结果被反馈到电脑控制器ECU中进行比较、分析、处理，然后再传递给执行装置，如此进行高速反复调节,直到达到预定的要求。

每个车系的汽车空调鼓风机电路不尽相同。但其基本的控制原理类似。图6-1-4为丰田卡罗拉轿车鼓风机控制电路图。该电路鼓风机调速的方式为电阻降压。其中"E66"为调速电阻,"E64"为鼓风机,"E70"为鼓风机调速开关,"50 A HTR"为鼓风机电源保险丝,"HTR Relay"为鼓风机继电器,"ECU IG NO. 2"为继电器线圈电源保险丝。

该电路工作原理:

①鼓风机开关打到1挡时,鼓风机开关中4号(Lo)与5号(E)接线柱接通。

鼓风机继电器(HTR Relay)电磁线圈工作电流路径为:蓄电池"+"→"ECU IG NO. 2"→"HTR Relay"电磁线圈→鼓风机开关4号(Lo)接线柱→鼓风机开关5号(E)接线柱→蓄电池负极。电磁线圈得电,触点闭合。

鼓风机工作电流:蓄电池"+"→"50 A HTR"保险→鼓风机继电器(HTR Relay)→"E64"鼓风机(经过三个电阻)→蓄电池负极。鼓风机此时处于最低转速运行。

通过对鼓风机开关闭合表分析可知,鼓风机开关在1挡、2挡、3挡、4挡时,都会接通鼓风机继电器(HTR Relay)电磁线圈电路。

②鼓风机开关打到2挡时,鼓风机工作电流:蓄电池"+"→"50 A HTR"保险→鼓风机继电器(HTR Relay)→"E64"鼓风机(经过两个电阻)→鼓风机开关9号(M1)接线柱→鼓风机开关5号(E)接线柱→蓄电池负极。鼓风机此时处于中低转速运行。

③鼓风机开关打到3挡时,鼓风机工作电流:蓄电池"+"→"50 A HTR"保险→鼓风机继电器(HTR Relay)→"E64"鼓风机(经过一个电阻)→鼓风机开关10号(M2)接线柱→鼓风机开关5号(E)接线柱→蓄电池负极。鼓风机此时处于中高转速运行。

④鼓风机开关打到4挡时,鼓风机工作电流:蓄电池"+"→"50 A HTR"保险→鼓风机继电器(HTR Relay)→鼓风机开关6号(H1)接线柱→鼓风机开关5号(E)接线柱→蓄电池负极。鼓风机此时处于高转速运行。

2. 汽车空调分类

(1)非独立式汽车空调。空调制冷压缩机由汽车本身的发动机驱动,汽车空调系统受汽车发动机工况的影响较大,工作稳定性较差,尤其是低速时制冷量不足,而在高速时制冷量过剩,并且消耗功率较大,影响发动机动力性。这种类型的汽车空调一般多用于制冷量相对较小的中、小型轿车上。

(2)独立式汽车空调。空调制冷压缩机由专用的空调发动机驱动,故汽车空调系统的制冷性能不受汽车主发动机工况的影响。工作稳定,制冷量大。但由于加装了一台发动机,不仅成本增加,而且体积和质量也增加,这种类型的汽车空调多用于大、中型豪华客车上。

按汽车空调功能分类

(1)单一功能:指冷风、暖风各自独立、自成系统,一般用于大、中型客车上。

(2)组合式:指冷风、暖风合用一个鼓风机,一套操纵机构。这种结构又分为冷风、暖风分别工作和冷、暖风可同时工作两种方式,多用于轿车上。

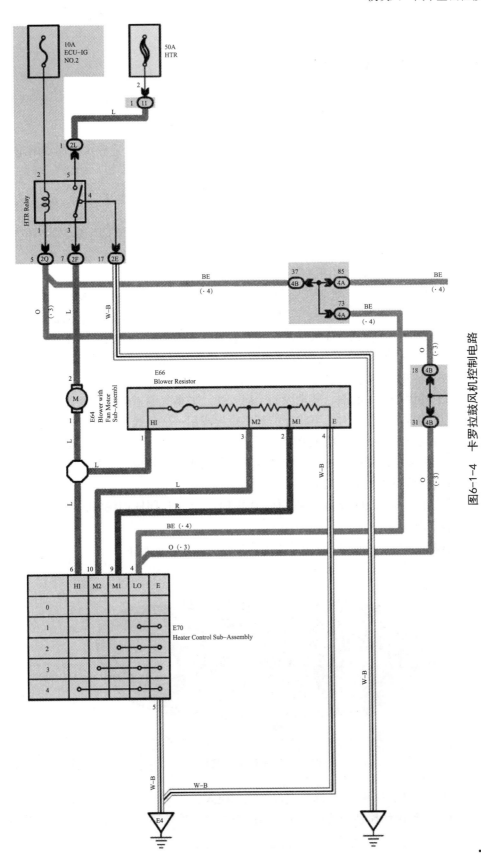

图6-1-4 卡罗拉鼓风机控制电路

三、汽车空调的使用

汽车空调系统的正确使用包括下述几个方面：

(1)起动发动机时，空调开关应处在关闭位置。

(2)发动机熄火后，应关闭空调器，以免耗尽蓄电池的电能，造成再次起动困难。

(3)夏天停车时，应尽量避免阳光直晒，以免加重空调器的负担；如果在阳光下长时间停车，在开空调之前，应先打开门窗和风机，把车内的热气赶出。

(4)开空调后，车厢门窗应关闭，以降低热负荷。

(5)在使用空调时，切勿将功能键选在制冷量最大位置而将调风挡选在最小位置，如果这样，则冷气排不出去，蒸发器易结霜，严重时会使压缩机发生"液击"现象。

(6)上长坡时，应暂时关闭压缩机，以免水箱"开锅"。

(7)超车时，应了解本车是否装有超速停转装置，停转装置开关一般安装在油门踏板下面，可先试一下超速突然重重踩一下踏板，压缩机停转，说明有速停转装置，在超车时，应先关压缩机，否则无。如果无超速停转装置，在超车时，应先关闭压缩机。

(8)应经常清洗冷凝器。清洗时使用压缩空气或冷水冲洗，不可用热蒸气冲洗。

(9)冬季不使用空调时，也应定期开启压缩机(每两周一次，每次 10 min 左右)，以避免压缩机轴封处因油干而泄漏，转轴因油干而咬死。如果气温过低，空调系统中温控保护起作用而使压缩机不能起动时，可将保护开关短接或用一根导线直接给离合器通电，使压缩机工作，待运行结束后，再将电路恢复原样。

(10)在空调运行过程中，若听到空调装置有异响或发现其他异常情况，应立即关闭空调系统，并及时联系相关维修人员进行检修。

在使用汽车空调系统时要认真阅读使用说明书，严格按照使用说明的要求进行操作。

1. 手动空调

手动空调(如图 6-1-5 所示)控制面板的各按钮开关的功能如下：

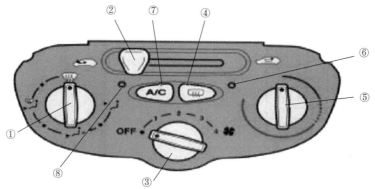

图 6-1-5　手动空调控制面板

①—送风模式旋钮(开关)：选择出口气流的模式。

②—空气内外循环控制开关：控制车厢内空气的内外循环。

③—鼓风机控制开关：控制鼓风机的开和关，并控制鼓风机速度。

④—后风窗除霜控制：用于后挡风玻璃除霜。

⑤—温度调节旋钮：用来调整出口气流的温度。

⑥—除霜指示灯：显示除霜模式。起动时，指示灯亮；反之，指示灯灭。

⑦—空调起动开关：起动发动机，将鼓风机控制开关置于所需的挡位，按下空调开关，空调起动。

⑧—空调指示灯：显示空调开关状态。空调开启时，指示灯亮；反之，指示灯火。

2. 自动空调

自动空调(如图 6-1-6 所示)控制面板的各按钮开关的功能如下：

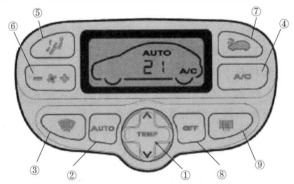

图 6-1-6　自动空调控制面板

①—温度调节按钮：设置所需温度。

②—自动空调起动按钮：按下此开关，压缩机、进风门、空气混合门、送风门和鼓风机速度均被自动控制，车内温度可达到并维持在设定温度。

③—前风窗除霜控制。

④—空调起动开关：用于手动控制压缩机工作。

⑤—送风模式按钮(开关)。

⑥—鼓风机控制开关：手动控制鼓风机速度。

⑦—空气内外循环控制开关。

⑧—空调关闭开关：用于关闭自动空调。

⑨—后风窗除霜控制。

不同厂家生产的各种车型的空调操作面板按钮开关的功能基本相似，只是有些按钮的符号有所差异。

习题及答案

一、判断题

1. 汽车空调是根据物质状态改变时吸收或释放热量这一基本热原理工作的。　　(　　)

2. 空调制冷系统工作时，空调压缩机的进、出口无明显温差。　　(　　)

3. 冷凝器又称为散热器。（　　）
4. 鼓风机的作用是加速蒸发器周围的空气流动，将冷气吹入车内，达到降温的目的。
（　　）
★5. 汽车空调系统的转速控制电路是防止发动机熄火或过热的装置。（　　）

二、单项选择题

1. 汽车空调可以预防或除去（　　）。
   A. 制冷系统中的水气　　　　　　B. 风挡玻璃上的雾霜冰雪
   C. 通气系统中的灰尘　　　　　　D. 以上三种说法都正确
2. 引起空调系统不出风的故障原因是（　　）。
   A. 风机开关损坏　　　　　　　　B. 压缩机不工作
   C. 电磁离合器不工作　　　　　　D. 制冷剂不足
3. 对于标准大气压，以下说法正确的是（　　）。
   A. 1个标准大气压约等于101 kPa　　B. 1个标准大气压可用1 bar来表示
   C. 1个标准大气压约等于14.7 psi　　D. 其他答案都正确
4. 空调系统鼓风机控制电路中电阻器的作用是（　　）。
   A. 使鼓风机无级变速　　　　　　B. 为鼓风机提供几个挡位的速度控制
   C. 保护鼓风机驱动电路　　　　　D. 增大鼓风机出风量
5. 发热源直接向其周围的空间散发热量，这种热的传递方式称为（　　）。
   A. 传导　　　　B. 对流　　　　C. 辐射　　　　D. 传递
★6. 汽车空调系统工作时出风口不够凉，关闭压缩机后出风口有热气，可能的原因是（　　）。
   A. 制冷剂泄漏　　　　　　　　　B. 暖风阀关闭不严
   C. 制冷剂过量　　　　　　　　　D. 暖水箱泄漏
★7. 蒸发器出口处的制冷剂应（　　）。
   A. 全部汽化　　B. 部分汽化　　C. 全部液化　　D. 部分液化
★8. 如果发动机冷却水温过高时，空调的控制电路可（　　）。
   A. 自动接通冷凝器风扇电路　　　B. 自动切断压缩机电磁离合器电路
   C. 自动切断鼓风机电路　　　　　D. 发动机自动熄火
★9. 鼓风机（　　）电阻是调节出风量的一个辅助元件。
   A. 调速　　　　B. 升速　　　　C. 调压　　　　D. 调流
★10. 空气中的（　　），就会导致空调的潜热负荷加大。
   A. 温度增高　　B. 湿度增大　　C. 压力上升　　D. 比容减少
★11. 甲说：车厢内的湿度是由调节冷却的空气与从加热器芯来的热空气来控制的；乙说：车厢内只需维持适当的温度，湿度无需调节。谁正确（　　）。
   A. 甲正确　　　B. 乙正确　　　C. 两人均正确　　D. 两人均不正确

答　案

一、判断题

1. √　　　2. ×　　　3. √　　　4. √　　　5. √

二、单项选择题

1. B   2. A   3. D   4. B   5. C   6. B
7. A   8. B   9. A   10. B   11. A

项目二　汽车空调的制冷系统

一、制冷系统的组成

1. 制冷系统基本结构

汽车空调制冷系统主要由制冷剂、压缩机、蒸发器、冷凝器、节流装置和辅助控制元件等组成。如图 6-2-1。

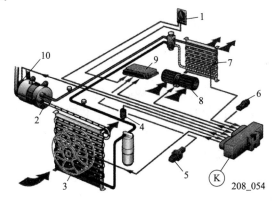

图 6-2-1　制冷系统的组成

1—空调开关；2—卸压阀；3—风扇；4—空调三功能开关；5—冷却液温度开关(SV)；
6—散热器风扇双温开关；7—蒸发器温度开关；8—鼓风机；9—发动机控制单元；10—电磁离合器

2. 压缩机

作用：
①低高压转换、低高温转换；
②输送和压缩气态制冷剂、保证制冷循环正常工作。
性能要求：
①低速性；
②高速运转时输入功率低，降低油耗；
③体积小、质量轻；
④安全稳定、可靠性好；
⑤对汽车影响小，运行平稳，噪声低、震动小。

3. 冷凝器

作用：使高温、高压的气态制冷剂冷凝成中温、高压的液体。（放热过程）。

性能要求：

①较高的散热效率；

②结构、重量、尺寸、空间合理；

③抗震性好；

④冷凝空气阻力小；

⑤耐腐蚀性好。

种类：①管带式；②管片式；③平流式。

4. 蒸发器

作用：低温低压液气混合制冷剂转换为低温低压气态制冷剂。（吸热过程）。

性能要求：

①质量轻、体积小、较高的散热效率；

②耐腐蚀，抗震性能好；

③材料低温性能好，无毒性，价格便宜。

种类：①管片式；②管带式；③层叠式。

5. 储液干燥器

作用：临时性存储制冷剂，过滤杂质，吸收湿气。

组成：储液器、干燥剂、过滤器、观察窗、安全装置等。

干燥瓶的安装：

①安装在通风、冷却好、远离热源的地方；

②直立安装，倾斜度不能大于15″；

③干燥瓶最后安装；

④不同制冷剂的干燥瓶不能混用。

6. 膨胀阀（节流阀）

作用：起节流降压的作用，把高温高压的液态制冷剂转换为低温低压的混合态制冷剂。

分类：①热力膨胀阀；②日型膨胀阀；③节流膨胀管。

7. 热力膨胀阀

作用：①节流降压；②调节制冷剂流量；③防止液击和异常过热。

分类：①内平衡式；②外平衡式。

8. 连接软管和管路接头

连接软管：连接空调各个部件，吸收振动，密封良好，耐爆裂。

管路接头（连接方式）：①胶圈接头方式；②喇叭口接头方式；③管箍接头方式；④弹簧锁紧接头方式。

二、制冷系统的工作原理

1. 物理学基本概念

①液化：物质由气态转变为液态的过程叫做液化。液化是放热过程。

②汽化：物质从液态变为气态的相变过程叫做汽化。汽化是吸热过程。

③显热：物体不发生化学变化或相变化时，温度升高或降低所需要的热称为显热。

④潜热：是指在温度保持不变的条件下，物质在从某一个相转变为另一个相的相变过程中所吸入或放出的热量。

2. 制冷原理

压缩机将来自蒸发器低温低压的制冷剂气体，压缩为高温高压的制冷剂气体，再送冷凝器冷却为中温高压的制冷剂液体，又流经储液干燥瓶，按制冷负荷的需求，将多余的液体制冷剂储存，被干燥后的制冷剂液体在膨胀阀（由感温包制冷剂状态决定阀口大小）节流降压，形成雾滴状的制冷剂在蒸发器大量蒸发、吸热，使蒸发器外表面温度下降（鼓风机带动空气流过蒸发器，这些空气大部分热量传递到蒸发器而变为冷空气，再送至车内），吸热后制冷剂在压缩机进气口的负压作用下，被吸进压缩机气缸，制冷剂进行下一循环，而鼓风机出风口连续得到冷空气。

制冷系统工作时，制冷剂以不同的状态在密闭的系统内循环流动，每一个循环包括四个基本过程。

(1) 压缩过程（增压过程）。

(2) 冷凝过程（放热过程）。

(3) 节流膨胀过程（减压过程）。

(4) 蒸发吸热过程（吸热过程）。

制冷剂便在密闭系统内经过压缩、冷凝、膨胀、蒸发四个过程，完成一个制冷循环。而从蒸发器出来的气态制冷剂再次进入压缩机，重复上述过程。循环系统中的膨胀阀可以根据制冷负荷的大小调节制冷剂的流量。

3. 膨胀阀系统（CCTXV 系统）

如图 6-2-2 所示膨胀阀系统，在环境温度为 30 ℃下，以制冷剂为 R134a 为例，汽车空调制冷系统理想上各管路中温度、压力及状态情况为：

(1) 压缩机至冷凝器入口间制冷剂温度 70 ℃左右、压力 16 bar 左右、状态为气态。

(2) 冷凝器中制冷剂气液共存，压力 16 bar 左右。

(3) 冷凝器出口至膨胀阀入口制冷剂温度 70 ℃左右、压力 16 bar 左右、制冷剂状态为液态。

(4) 蒸发器内制冷剂压力 2 bar 左右，温度 0 ℃左右，气液共存。

(5) 蒸发器出口至压缩机入口间，制冷剂压力 2 bar 左右，温度 0 ℃左右，制冷剂状态为气态。

4. 节流管系统（CCOT 系统）

如图 6-2-3 所示节统管系统各管路中温度、压力及状态情况为：

(1) 压缩机至冷凝器入口间制冷剂温度 70 ℃左右、压力 16 bar 左右、状态为气态。

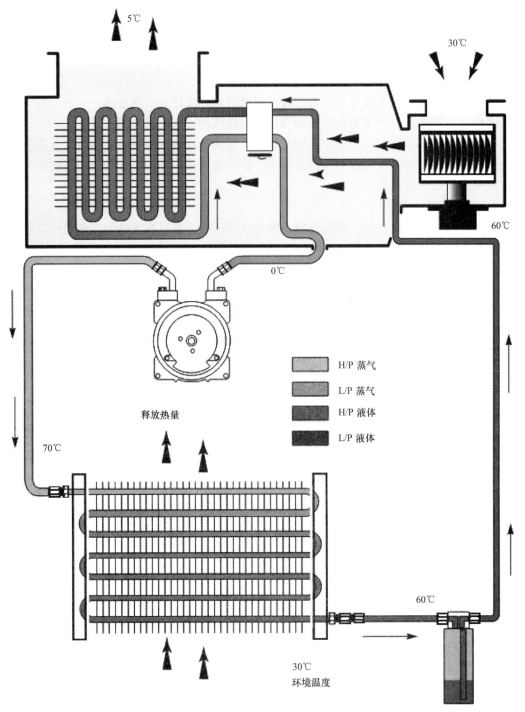

图 6-2-2 膨胀阀系统

(2)冷凝器中制冷剂气液共存,压力 16 bar 左右。

(3)冷凝器出口至节流管入口制冷剂温度 70 ℃左右、压力 16 bar 左右、制冷剂状态为液态。

(4)蒸发器内制冷剂压力 2 bar 左右,温度 0 ℃左右,气液共存。

(5)蒸发器出口至气液分离器入口间,制冷剂压力 2 bar 左右,温度 0 ℃左右,气液共存。

(6)气液分离器出口至压缩机入口,制冷剂压力 2 bar 左右,温度 0 ℃,制冷剂状态为气态。

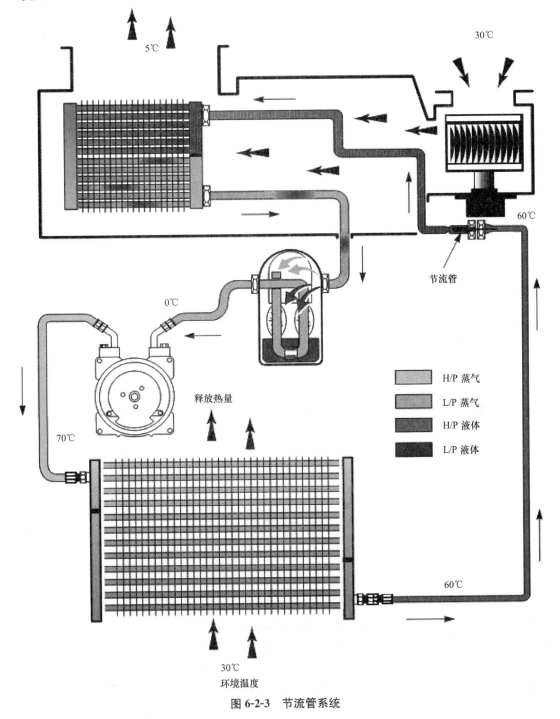

图 6-2-3 节流管系统

习题及答案

一、判断题

1. 蒸发器和冷凝器都是热交换器，可以互换。（　）
2. 冷凝器的作用是将制冷剂从气体转变为液体，同时放出热量。（　）
3. 低压蒸气软管用于连接压缩机和冷凝器的。（　）
4. 压缩机输出端连接高压管路、冷凝器、储液干燥器和液体管路，并构成高压侧。（　）
5. 压缩机将气态制冷剂压缩成低温、低压状态而输出到冷凝器。（　）
6. 空调电磁离合器的功用是控制发动机和压缩机之间的动力联系。（　）
7. 干球温度和湿球温度的差值越大，说明湿度越大。（　）
8. 物质在状态发生变化时所吸收或放出的热量称为显热。（　）
★9. 提高压强，可使液体更容易蒸发。（　）
★10. 蒸发器的作用是将压缩机送来的高温、高压制冷剂蒸气液化或冷凝，从而得到高压制冷剂液体。（　）
★11. 视液镜位于制冷系统的低压管路上。（　）
★12. 从汽车空调节流元件流出的制冷剂为低压气态。（　）
★13. 膨胀阀一般安装在蒸发器入口处。（　）

二、单项选择题

1. 汽车空调系统中用来散热和吸热的装置分别是（　　）。
    A. 鼓风机，压缩机　　　　　　　　B. 冷凝器，蒸发器
    C. 压缩机，鼓风机　　　　　　　　D. 蒸发器，冷凝器
2. 以下关于储液过滤干燥器描述不正确的是（　　）。
    A. 过滤杂质　　B. 吸收水分　　C. 防止堵塞　　D. 热交换
3. 造成空调不制冷故障的是（　　）。
    A. 压缩机不工作　　　　　　　　　B. 膨胀阀连续工作时间过长
    C. 制冷剂不足　　　　　　　　　　D. 制冷剂过量
4. 水的状态从固态变为液态是吸热，其热量是（　　）。
    A. 潜热　　　　B. 显热　　　　C. 潜热或显热　　D. 都不是
★5. 蒸发压力调节器的作用是（　　）
    A. 防止膨胀阀结冰　　　　　　　　B. 防止制冷剂流量过大
    C. 防止蒸发器结霜　　　　　　　　D. 防止制冷剂压力过大
★6. 如果压缩机电磁离合器不工作，可能的原因是（　　）。
    A. 环境温度过高　　　　　　　　　B. 膨胀阀结冰
    C. 制冷剂严重缺乏　　　　　　　　D. 压缩机损坏
★7. 如果湿度达到100%，干湿球温度计的差值达到（　　）。
    A. 最小　　　　B. 最大　　　　C. 不一定　　　　D. 一半

★8. 如果要使某一物质液化，压力应（　　）。
A. 提高　　　　　B. 减小　　　　　C. 不变　　　　　D. 不确定

答　案

一、判断题

1. ×　　2. √　　3. ×　　4. √　　5. ×　　6. √　　7. ×
8. ×　　9. ×　　10. ×　　11. ×　　12. ×　　13. √

二、单项选择题

1. B　　2. D　　3. A　　4. A　　5. C　　6. C　　7. A　　8. B

项目三　制　冷　剂

一、制冷剂的认识

1. 汽车空调制冷剂类型

汽车空调制冷剂一种化学物质。是制冷系统中完成制冷循环的工作介质。大多数是氟利昂（Freon），国际用 R 表示。

汽车空调系统所用的制冷剂主要有 R12 和 R134a 两种。R12 制冷剂的分子式为 CF_2Cl_2，是一种无色、无味、无毒的气体，价格相对低廉，且可回收重复使用，但它对大气臭氧层有一定的破坏作用。因此近年来逐渐被环保型 R134a 制冷剂取代，R134a 的分子式为 CH_2FCF_3。在使用中，绝对禁止两种制冷剂交换使用。

2. R134a 制冷剂

R134a 作为使用最广泛的中低温环保制冷剂，由于 R134a 良好的综合性能，使其成为一种非常有效和安全的 R12 的替代品，主要应用于在使用 R12 制冷剂的多数领域。完全不破坏臭氧层，是当前世界绝大多数国家认可并推荐使用的环保制冷剂，也是目前主流的环保制冷剂，广泛用于新制冷空调设备上的初装和维修过程中的再添加。R134a 制冷剂如表 6-3-1 所示。

表 6-3-1　R134a 物理特性

分子式	CH_2FCF_3	全球变暖潜能值	1 300(GWP, 100 yr)
沸点(101.3 kPa)	−26.1 ℃	ASHRAE 安全级别	A1(无毒不可燃)
临界温度	101.1 ℃	饱和液体密度	1.207 g/cm^3
临界压力	4 066.6 kpa	液体比热容	1.51[kJ/(kg·℃)]
液体密度	1 188.1 kg/m^3	溶解度(水中, 25 ℃)	0.15%
饱和蒸气压力	661.9 kPa	全球变暖系数值	0.29(GWP)
汽化热/蒸发潜热 (沸点下, 1 atm)	216 kJ/kg	临界密度	0.512 g/m^3
破坏臭氧潜能值	0(ODP)	沸点下蒸发潜能	215.0 kJ/kg

R134a 常见包装有 250 g、300 g 和 13.6 kg 包装(如图 6-3-1)。

3. 冷冻机油

制冷设备使用的润滑油一般称为冷冻机油，简称冷冻油。它是一种在高、低温工况下均能正常工作的特殊润滑油。

R134a 中常用的冷冻油主要有聚烃基乙二醇(PAG)和聚脂油(ESTER)。

图 6-3-1　R134a 制冷剂包装

作用：润滑、密封、冷却防锈、洗涤、降低压缩机噪声。

对冷冻机油的要求：冷冻机油在空调制冷系统中完全溶解于制冷剂中，并随制冷剂一起在制冷系统中循环，因此，冷冻机油的油温有时会超过 120 ℃，而制冷剂的蒸发温度范围为 －30 ℃～10 ℃，所以它的工作环境是在高温与低温交替的条件下进行的。

二、汽车空调制冷剂的回收、加注工艺规范

1. 制冷剂回收作业

制冷剂回收作业操作流程如下：

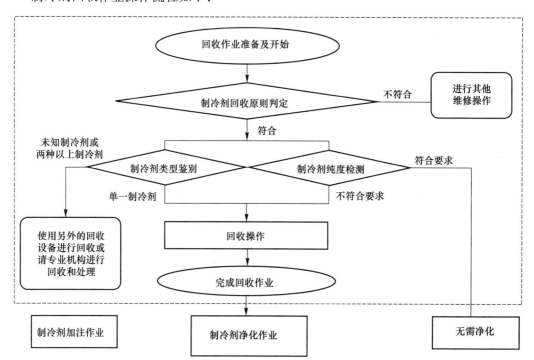

3. 制冷剂净化作业

制冷剂净化作业操作流程如下：

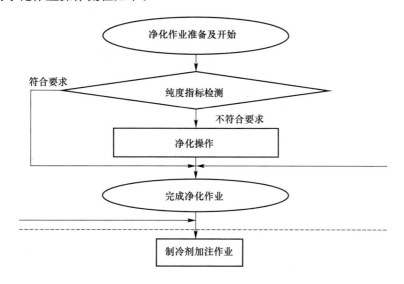

4. 制冷剂加注作业

制冷剂加注作业操作流程如下：

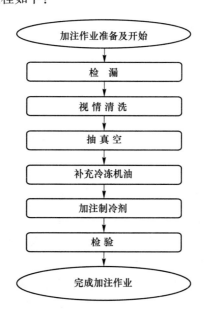

（1）高压侧加注制冷剂。高压侧加注制冷剂是以液态形式注入制冷系统，加注期间不得起动制冷系统。

（2）低压侧加注制冷剂。低压侧加注制冷剂是以气态形式注入制冷系统，加注期间起动发动机，鼓风机风量调至最大，A/C开关打开，温度设置最低。

习题及答案

一、判断题

1. 制冷剂有较高的稳定性，对金属、橡胶和润滑油无明显腐蚀。　　　　（　　）
2. 制冷剂越多，制冷效果越好。　　　　（　　）
3. 制冷剂液体过冷，过冷度越大，在蒸发过程中其蒸发吸热的能力也就越大，制冷效果越好，即产冷量相应增加。　　　　（　　）
★4. 在制冷系统抽真空时，只要系统内的真空度达到规定值时，即可停止抽真空。　　　　（　　）
★5. 制冷剂中破坏臭氧层的成分是氯。　　　　（　　）
★6. 热力膨胀阀在制冷负荷增大时，可自动增加制冷剂的喷出量。　　　　（　　）

二、单项选择题

1. 在加注制冷剂时，如果以液体的方式加入（　　）。
   A. 只能从低压侧加入
   B. 只能从高压侧加入
   C. 既可以从低压侧加入，也可以从高压侧加入
   D. 根据具体情况再确定

2. 如果低压开关断开，导致压缩机电磁离合器断电，原因可能是（　　）。
   A. 制冷剂过量　　　　　　　　　B. 制冷剂严重不足
   C. 鼓风机不转　　　　　　　　　D. 发动机过热

3. 如果制冷循环系统的制冷剂不足，接上压力表后会显示（　　）。
   A. 高低压表均显示压力过高
   B. 高低压表均显示压力过低
   C. 高压表显示压力低，低压表显示压力高
   D. 高压表显示压力高，低压表显示压力低

4. 制冷剂的蒸发压力与大气压力相比（　　），否则空气会进入制冷系统。
   A. 高　　　　B. 低　　　　C. 相等　　　　D. 不确定

★5. 蒸发器表面温度不应低于（　　），以防蒸发器结霜和结冰。
   A. 2.2 ℃　　　　B. 1.1 ℃　　　　C. 0 ℃　　　　D. −1.1 ℃

★6. 汽车低速行驶时，空调压缩机有较强的制冷能力，高速行驶时，要求低（　　）。
   A. 油耗　　　　B. 耗能　　　　C. 损耗　　　　D. 污染

★7. 制冷剂灌注过量时，将使制冷系统工作时出现以下哪种现象？（　　）
   A. 过冷　　　　B. 制冷度不够　　　　C. 压缩机不转　　　　D. 管道堵塞

答　案

一、判断题

1. √　　2. ×　　3. √　　4. ×　　5. √　　6. √

二、单项选择题
1. B　　2. B　　3. B　　4. A　　5. B　　6. B　　7. B

项目四　汽车空调的常见故障

一、汽车空调不制冷

故障现象：
(1) 打开风机开关及 A/C 开关，鼓风机工作正常，但压缩机不转动，系统不制冷。
(2) 打开风机开关及 A/C 开关，压缩机转动，但鼓风机不转动，系统无冷风。
(3) 打开风机开关及 A/C 开关，鼓风机与压缩机均正常，但不制冷。
故障原因分析：

1. 风量正常，压缩机不工作

①压缩机故障；②电磁离合器故障；③电磁离合器继电器电路故障。

2. 冷风机无风量

①保险丝断路；②风机电机损坏；③风机开关损坏；④配线松脱或断落；⑤风机控制电阻器损坏。

3. 风量正常，压缩机正常

①膨胀阀冰堵或脏堵；②蒸发器泄漏；③压缩机吸、排气阀损坏；④制冷剂软管破损或松动；⑤储液器内过滤器堵塞；⑥压缩机轴封损坏。

二、汽车空调制冷不足

故障现象：打开风机开关及 A/C 开关，用温度计在蒸发器送风口测量的温度大于 5 ℃或车内温度高于正常的调节温度。
故障原因分析：

1. 制冷剂不良

①制冷剂过少或过多；②系统中有空气；③系统中有水分④系统中有脏物。

2. 压缩机不良

①压缩机损坏；②压缩机皮带松弛；③压缩机离合器打滑。

3. 蒸发器不良

①蒸发器风机转速不够；②蒸发器散热片堵塞；③空气过滤网堵塞。

4. 蒸发器不良

①蒸冷凝器散热风量小；②冷凝器散热片堵塞。

5. 膨胀阀不良

①膨胀阀滤网堵塞；②膨胀阀开度过大；③膨胀阀感温包泄漏；④膨胀阀感温包包扎

不好。

6. 其他原因

①温控调整不当；②蒸发器压力调节阀故障；③空调风门关闭不严；④送风管堵塞。

三、汽车空调有异响或振动

故障现象：

空调系统工作时发出异常的声响或出现振动。

故障原因：

(1)压缩机驱动皮带松动、磨损过度，皮带轮偏斜，皮带张紧轮轴承损坏等。

(2)压缩机安装支架松动或压缩机损坏。

(3)冷冻机油过少，使配合副出现干摩擦或接近干摩擦。

(4)间隙不当、磨损过度、配合表面油污、蓄电池电压低等原因造成电磁离合器打滑。

(5)电磁离合器轴承损坏，线圈安装不当。

(6)鼓风机电动机磨损过度或损坏。

(7)系统制冷剂过多，工作时产生噪声。

四、汽车空调系统高低压压力不正常

1. 高压压力过高

故障原因：

(1)冷凝面积过小；

(2)冷凝器内外过脏；

(3)冷却风扇转速过慢，风量不足，或风扇停转；

(4)系统制冷剂过多；

(5)系统存油过多；

(6)高压侧堵塞或部分堵塞。

2. 高压压力过低

故障原因：

(1)系统制冷剂过少；

(2)系统存在堵塞；

(3)压缩机的压缩性能差或变排量失灵。

3. 低压压力过高

故障原因：

(1)膨胀阀(或孔管)的开启度过大；

(2)系统制冷剂过多；

(3)压缩机的压缩性能差或变排量失灵；

(4) 外循环未关闭(或关闭不严)，或有漏热风、热气、热水等现象。

4. 低压压力过低

故障原因：
(1) 膨胀阀(或孔管)的开启度过小；
(2) 系统制冷剂过少；
(3) 膨胀阀或低压侧有堵塞；
(4) 压缩机久开不停，或变排量失灵。

5. 高低压压力都低

(1) 制冷剂不足；
(2) 储液干燥器内有污垢使制冷剂流通不畅。

6. 高低压压力均过高

(1) 制冷剂过多；
(2) 系统内有空气；
(3) 冷凝器散热不良；
(4) 膨胀阀不良。

7. 低压侧压力过高，高压侧压力过低

压缩机工作不良。

8. 高压侧压力过高，低压侧压力过低

(1) 制冷系统管路有堵塞；
(2) 冷凝器散热不良。

9. 高压侧压力正常，低压侧压力过高

(1) 蒸发器传感器有故障；
(2) 空调控制器有故障。

10. 低压侧压力有时正常，有时为真空

(1) 制冷剂中有空气；
(2) 制冷剂中有水分。

习题及答案

一、判断题

1. 空调不制冷和冷却不良属于汽车空调系统常见故障。　　　　　　　　　　（　）
2. 空调系统正常工作时，低压侧的压强应在 0.15 MPa 左右。　　　　　　　（　）
3. 若冷凝器散热不良，则会出现空调系统高压侧压力偏高。　　　　　　　　（　）
4. 制冷系统压力过高或压力过低都会导致压缩机停止工作。　　　　　　　　（　）
5. 正常情况下，空调系统高压侧压力为 1.35～1.75 kPa。　　　　　　　　　（　）
★6. 制冷剂灌注过量，将使制冷系统工作时出现制冷不足现象。　　　　　　（　）

★7. 低压开关的作用是在系统低压管路中压力过低时，切断压缩机电磁离合器的电路。
（　　）

二、单项选择题

1. 诊断汽车空调故障需测量制冷系统高、低压侧的压力是否正常，需要用到的仪器是（　　）。

　　A. 压力表　　　　B. 电压表　　　　C. 万用表　　　　D. 密度计

2. 空调系统的低压压力一般为（　　）。

　　A. 1.5～2 MPa　　　　　　　　B. 1.2～1.5 MPa
　　C. 0.15～0.25 MPa　　　　　　D. 0.1～0.3 MPa

3. 空调在运行中，若低压表指示过高，高压表指示过低，说明故障在（　　）。

　　A. 压缩机　　　　B. 膨胀阀　　　　C. 蒸发器　　　　D. 鼓风机

4. 以下哪个不是空调系统制冷剂罐的功能？（　　）

　　A. 储液　　　　B. 干燥　　　　C. 过滤　　　　D. 节流

5. 下列不属于空调系统不制冷故障原因的是（　　）。

　　A. 鼓风机电机卡滞　　　　　　B. 传动皮带松旷
　　C. 制冷剂过量　　　　　　　　D. 冷凝器堵塞

6. 空调系统低压侧出现真空度，高压侧压力过低，说明管路（　　）。

　　A. 有空气　　　　B. 制冷剂不足　　　　C. 堵塞　　　　D. 低压管过冷

7. 下列可能引起空调系统出风量不足的故障原因是（　　）。

　　A. 鼓风机固定不良　　　　　　B. 压缩机不工作
　　C. 制冷剂过少　　　　　　　　D. 电磁离合器不工作

★8. 空调系统工作时，若蒸发器内制冷剂不足，离开蒸发器的制冷剂会是（　　）。

　　A. 高于正常压力，温度较低　　B. 低于正常压力，温度较高
　　C. 高于正常压力，温度较高　　D. 低于正常压力，温度较低

★9. 如果空调系统低压和高压侧压力都偏低，从储液干燥器到空调压缩机间的管路都结霜，可能的故障原因是（　　）。

　　A. 制冷剂过量　　　　　　　　B. 制冷剂不足
　　C. 制冷剂循环不良　　　　　　D. 膨胀阀冰堵

★10. 空调器运行后，储液干燥器外壳有一层白霜，说明（　　）。

　　A. 制冷剂过量　　B. 干燥器脏堵　　C. 制冷剂泄漏　　D. 干燥器老化

★11. 当空调系统管路中有湿气时，可能会产生什么现象？（　　）

　　A. 制冷剂罐堵塞　　B. 间歇性制冷　　C. 压缩机损坏　　D. 管路过热

答　案

一、判断题

1. √　　2. √　　3. √　　4. √　　5. ×　　6. √　　7. ×

二、单项选择题

1. A　　2. C　　3. A　　4. D　　5. C　　6. C　　7. A
8. B　　9. C　　10. C　　11. B

模块七

汽车电气维修

项目一　电源系统

汽车电源系统包括蓄电池、发电机及内置电压调节器、连接线路等，如图7-1-1所示。

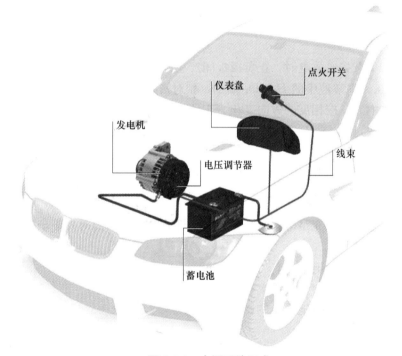

图7-1-1　电源系统组成

发动机不工作时由蓄电池供电，发动机起动后，转由发电机供电。在发电机向用电设备供电的同时，也给蓄电池充电。调节器的作用是在发电机工作时，保持其输出电压的稳定。

一、铅酸蓄电池

1. 汽车蓄电池作用

蓄电池是一种将化学能转变为电能的装置，属于可逆的直流电源。与发电机并联工

作,作为汽车电源,它的功用是:
(1)起动发动机时,向起动机和点火系供电。
(2)发电机不发电或电压较低时向用电设备供电。
(3)发电机超载时,协同发电机一起向用电设备供电。
(4)发电机端电压高于蓄电池电压时,将发电机的电能转变为化学能储存起来。
(5)大电容器作用,能够吸收发电机和电路中形成的过电压,保护电气设备不受过高电压的损坏。

2. 铅酸蓄电池结构

铅酸蓄电池是在盛有稀硫酸的容器内插入两组极板而构成的电能存储器,它由正极板、负极板、隔板、电池盖、电解液、加液孔盖和电池外壳组成。

3. 蓄电池的规格型号

以型号 6-QAW-80 A·h12 V 的铅酸蓄电池为例,其含义是:由6个单体电池组成,额定电压为 12 V,额定容量为 80 A·h 的起动用干荷电免维护蓄电池。

4. 蓄电池工作原理

当蓄电池和负载接通放电时,正负极板间产生电流,正极板上的 PbO_2 和负极板上的 Pb 都变成 $PbSO_4$,电解液中的 H_2SO_4 减少,相对密度下降。

当蓄电池充电时,按相反的方向变化,正负极板上的 $PbSO_4$ 分别恢复成原来的 PbO_2 和 Pb,电解液中的硫酸增加,相对密度变大。

化学反应过程,可用下式表示:

$$PbO_2 + Pb + 2H_2SO_4 \rightleftharpoons 2PbSO_4 + 2H_2O$$

5. 蓄电池的容量及其影响因素

定义:蓄电池在完全充足电的情况下,在允许放电的范围内对外输出的电量,单位为安培小时(A·h)。

使用条件对容量的影响:
①放电电流对蓄电池容量的影响;
②电解液的温度对蓄电池容量的影响;
③电解液的密度。

二、交流发电机

1. 交流发电机的构造

交流发电机是汽车的主要电源,其功用是在发动机正常运转时,向所有用电设备(起动机除外)供电,同时给蓄电池充电。

普通交流发电机一般由转子、定子、整流器、前端盖、风扇、皮带轮、后端盖、电刷等组成,各组成的作用详见表 7-1-1。图 7-1-2 为交流发电机解体图。

表 7-1-1　交流发电机各组成部分作用

名称	作用
转子	建立交流发电机的旋转磁场
定子	产生三相交流电
整流器	将定子绕组产生的三相交流电变为直流电
电刷	将直流电引入励磁绕组
皮带轮	通过皮带将发动机转速传递给发电机的转子轴
风扇	对发电机进行冷却
前、后端盖	固定发电机、散热

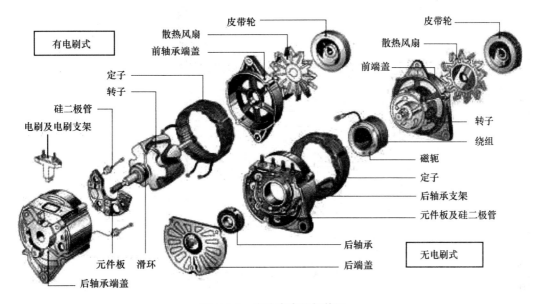

图 7-1-2　交流发电机解体图

2. 交流发电机工作原理

(1) 发电原理。

交流发电机是根据电磁感应原理而产生交流电。

产生交流电的两个必要条件：

①线圈中有磁场；

②线圈中的磁通量不断发生变化。

电压调节器工作的基本原理是改变转子中磁场的强弱来稳定交流发电机的输出电压，当交流发电机转速较高时，减弱交流发电机励磁电流；当交流发电机转速较低时，增强交流发电机励磁电流，使其输出电压保持恒定。

(2) 整流原理。

整流器的作用就是利用二极管具有单向导通性，将交流发电机产生的三相交流电转换成直流电。

最基本的整流器由 6 个整流二极管组成，如图 7-1-3 所示。

在 6 管交流发电机的基础上加 2 个二极管对中性点电压进行全波整流就组成 8 管交流发电机，如图 7-1-4 所示，8 管交流发电机的改进提高了交流发电机的输出功率。

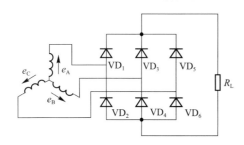

图 7-1-3　6 管整流器交流发电机

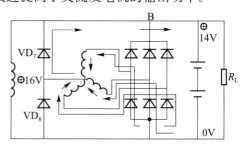

图 7-1-4　8 管整流器交流发电机

9 管交流发电机（如图 7-1-5 所示）是由 6 只大功率整流二极管和 3 只小功率励磁二极管组成的，3 只小功率二极管与三只大功率负极管也组成三相全波桥式整流电路，专门为发电机磁场供电。

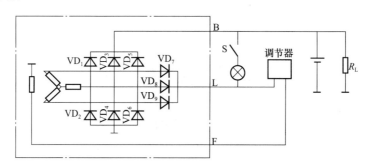

图 7-1-5　9 管整流器交流发电机

11 管交流发电机同时具有 8 管交流发电机和 9 管交流发电机的功用，如图 7-1-6 所示。

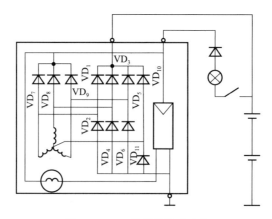

图 7-1-6　11 管整流器交电机

(3)交流发电机的励磁方式。

①他励。在发电机转速较低时,自身不能发电或发电量较低时,需要蓄电池供给发电机励磁绕组电流,使励磁绕组产生磁场来发电。

②自励。随着发动机转速的提高,当发电机的输出电压大于蓄电池电压时,发电机就能把自身发的电供给励磁绕组,这种自身供给磁场电流发电的方式称为自励发电。

交流发电机励磁过程是先他励后自励。

3. 交流发电机的型号及分类

(1)交流发电机的型号。汽车交流发电机型号由产品代号、电压等级代号、电流等级代号、设计序号、变型代号五部分组成。

例如,桑塔纳轿车所使用的代号为 JFZ1 913 Z 型的交流发电机,其含义为:电压等级为 12 V,输出电流大于 90 A,第 13 次设计,调整臂在左边的整体式交流发电机。

(2)交流发电机的分类。

①内搭铁型交流发电机,如图 7-1-7 所示,磁场绕组的一端(负极)直接搭铁(和壳体相联)。

②外搭铁型交流发电机,如图 7-1-8 所示,磁场绕组的一端(负极)接入调节器,通过调节器后再搭铁。

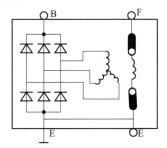
图 7-1-7　内搭铁型交流发电机

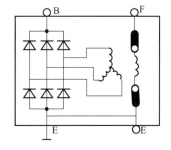
图 7-1-8　外搭铁型交流发电机

三、电源系统常见故障

1. 电源系统不充电

故障现象:

发动机中速以上运转,充电指示灯不熄灭。

原因分析:

(1)发电机故障。

①整流二极管损坏;

②滑环脏污,电刷架变形使电刷卡住,电刷磨损过甚,引起磁场电路不通;

③发电机磁场绕组或定子三相绕组有断路、短路或搭铁处;

(2)调节器故障。

①调节器调节电压过低;

②调节器损坏,很可能是大功率管断路或其他元件故障;

(3)其他故障。

①发电机连线断路；

②发电机驱动皮带打滑；

③电流表损坏或充电指示灯损坏；

④带有磁场继电器的电源系，可能是继电器线圈或电阻烧断，触点接触不良。

2. 电源系统充电不足

故障现象：

蓄电池经常亏电。

原因分析：

(1)发电机故障。

①个别整流二极管损坏；

②定子三相绕组局部短路或有一相接头断开；

③抑制干扰的电容器短路；

④磁场绕组局部短路等。

(2)调节器故障。

①调节器电压过低；

②触点式调节器触点接触不良；

(3)其他故障。

①发电机风扇皮带过松、打滑；

②路接触不良，接触电阻过大。

3. 交流发电机异响故障检测

故障现象：

发动机在运转过程当中有不正常的响声。

原因分析：

(1)皮带过紧或过松；

(2)轴承损坏或缺油松旷、转子与定子相碰；

(3)电刷磨损过大或与滑环接触角度偏斜；

(4)电刷在刷架内倾斜摇摆；

(5)交流发电机装配不到位，使机体倾斜或转子轴弯曲；

(6)交流发电机皮带轮与轴松旷，使皮带轮与散热片碰撞。

习题及答案

一、判断题

1. 蓄电池和发电机是汽车上的两个电源，蓄电池与发电机串联，共同向用电设备供电。 （ ）

2. 铅酸蓄电池的放电过程是化学能转变成电能的过程。 （ ）

3. 蓄电池在放电过程中，正负极板上的活性物质均转变为硫酸铅。（   ）

4. 蓄电池正极板上的活性物质是二氧化铅，负极板上的活性物质是海绵状纯铅。（   ）

5. 蓄电池在放电过程中，电解液相对密度是逐渐升高的。（   ）

6. 汽车刚起动时，硅整流发电机是他励，随后一直是自励的。（   ）

★7. 发电机就车检查包括检查不带负载的充电电路和带负载的充电电路。（   ）

★8. 正常情况下，蓄电池电解液液面应高于 10～15 mm。若低于规定位置，则应适当加水至电解液上刻度线。（   ）

★9. 硅整流器中每个二极管在一个周期的连续导通的时间为 1/2 周期。（   ）

★10. 发电机运转时，充电指示灯亮，说明充电正常。（   ）

★11. 电压调节器的作用是：当发动机的转速发生变化时，通过调节发电机的充电电流使输出电压基本保持不变。（   ）

二、单项选择题

1. 交流发电机不充电故障原因，下列说法错误的是（   ）。
   A. 充电指示灯故障　　　　　　　　B. 发电机磁场绕组断路
   C. 发电机定子绕组搭铁故障　　　　D. 传动皮带过松

2. 在 20 ℃下，蓄电池电解液密度标准值为（   ）。
   A. 1.30～1.35 g/cm³　　　　　　　B. 1.25～1.29 g/cm³
   C. 1.15～1.29 g/cm³　　　　　　　D. 1.10～1.15 g/cm³

3. 发电机 B+接线柱外部连接（   ）。
   A. 起动机电极柱　　B. 蓄电池正极　　C. 蓄电池负极　　D. 整流器

4. 下列不属于蓄电池作用的是（   ）。
   A. 发电　　　　　B. 储电　　　　　C. 供电　　　　　D. 电压稳定器

5. 在蓄电池静态电压检查应选用万用表的量程是（   ）。
   A. 直流电压，200 mV　　　　　　　B. 直流电压，20 V
   C. 交流电压，200 mV　　　　　　　D. 交流电压，20 V

6. 当发电机电刷损坏时，发电机将不发电，其原因是电刷损坏后，将使（   ）。
   A. 励磁电路断路　　　　　　　　　B. 一相绕组断路
   C. 输出线路中断　　　　　　　　　D. 中性点输出线路中断

7. 对于免维护蓄电池，电量显示孔显示哪种颜色时，说明该更换蓄电池？（   ）
   A. 白色　　　　　B. 红色　　　　　C. 绿色　　　　　D. 黄色

★8. 充电警示灯用来指示（   ）系统的工作情况。
   A. 起动　　　　　B. 发电机　　　　C. 电源　　　　　D. 蓄电池

★9. 发电机发电量过大的原因是（   ）。
   A. 定子断路　　　　　　　　　　　B. 电压调节器损坏
   C. 转子线圈断路　　　　　　　　　D. 换向器损坏

★10. 发电机总成检查不包含以下哪项？（   ）
   A. 发电机电压调节器　　　　　　　B. 发电机转子滑环直径
   C. 发电机定子　　　　　　　　　　D. 整流器

★11. 检测电压调节器时，使用试灯灯泡连接到调节器的哪两端？（   ）
　　 A. B、E　　　　　B. B、F　　　　　C. E、F　　　　　D. C、F

★12. 发电机电压调节器工作不良，会使调节电压（   ），容易引起断电器触点烧蚀。
　　 A. 过高　　　　　B. 过低　　　　　C. 不稳　　　　　D. 为0

答　案

一、判断题

1. ×　　2. √　　3. √　　4. √　　5. ×　　6. √
7. √　　8. ×　　9. ×　　10. ×　　11. ×

二、选择题

1. A　　2. B　　3. B　　4. A　　5. B　　6. A
7. A　　8. C　　9. B　　10. A　　11. C　　12. A

项目二　起动系统

一、起动系统

1. 起动系统的组成与工作原理

起动系统主要由起动机和控制电路组成，其在汽车中的安装位置如图 7-2-1 所示。

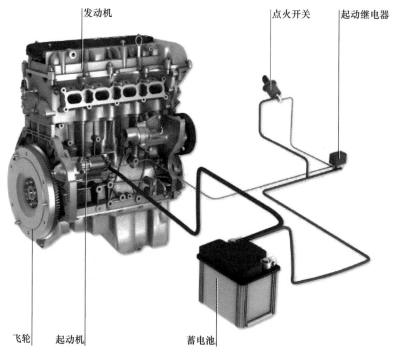

图 7-2-1　起动系统的组成

当点火开关处于 ST 位置时，起动机电磁开关中的吸引线圈和保持线圈同时通电，两个线圈产生的磁场力吸引铁芯移动，带动拨叉使小齿轮移出与飞轮齿圈啮合。当铁芯移动到使接触片闭合位置时，吸引线圈被短路，失去作用，保持线圈所产生的磁力继续保持铁芯位置。

当点火开关回到 ON 位时，电路被断开，在回位弹簧作用下，铁芯复位，小齿轮移出且停止转动，起动机停止工作。

2. 起动机的作用和组成

起动机功用是将蓄电池的电能转变成机械能，然后传给发动机飞轮，使发动机运转直至起动成功。

起动机由直流电动机、传动机构和控制机构三部分组成。

直流电动机的作用是将蓄电池输入的电能转换为机械能，产生电磁转矩。

传动机构的作用是在起动发动机时使驱动齿轮与飞轮齿圈相啮合，将起动机的转矩传递给发动机曲轴，在发动机起动后又能使驱动齿轮与飞轮自动脱离。

控制机构为起动机的电磁开关，用来接通或断开电动机与蓄电池之间的电路。

3. 起动机的类型

起动机按照驱动机构分为普通起动机和减速起动机，现代汽车上普遍采用减速式起动机。

4. 起动机的控制电路

(1) 电磁开关工作电路。如图 7-2-2 所示，当起动电路接通后，保持线圈和吸引线圈产生的电磁力克服回位弹簧弹力使铁芯左移，并带动齿轮右移；起动后，起动电路断开，铁芯在回位弹簧作用下右移，并带动齿轮回位。

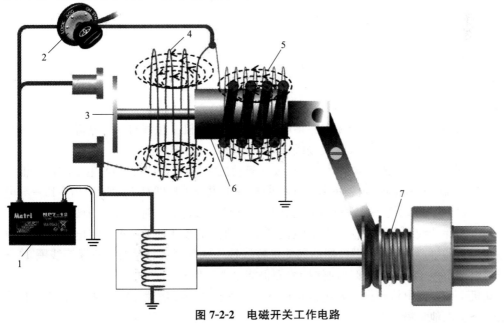

图 7-2-2　电磁开关工作电路

1—蓄电池；2—点火开关；3—接触片；4—吸引线圈；5—保持线圈；6—铁芯；7—回位弹簧

(2)具有起动继电器的起动控制电路。具有起动继电器的控制电路可以有效保护点火开关，解决点火开关触点额定电流较小的问题。图 7-2-3 是具有起动继电器的起动控制电路。

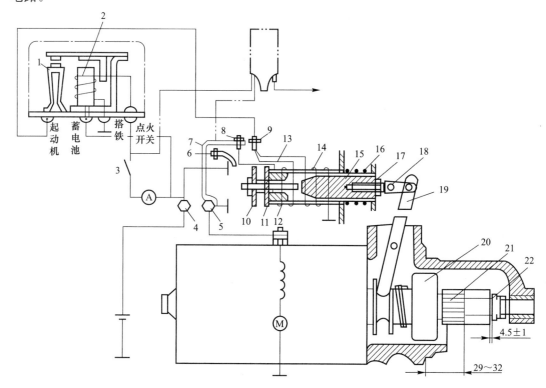

图 7-2-3　具有起动继电器的起动控制电路

1—起动继电器触点；2—起动继电器线圈；3—点火开关；4—端子 30；5—端子 C；6—附加电阻接线柱；7—连接片；8—附加电阻短路开关接线柱；9—端子 50；10—接触片；11—拨杆；12—外壳；13—吸引线圈；14—保持线圈；15—活动铁芯；16—复位弹簧；17—调整螺钉；18—拉杆；19—拨叉；20—单向离合器；21—驱动齿轮；22—开花螺母

起动机工作时的电流流向：

起动继电器的控制电路电流流向：蓄电池正极→起动机主接线柱 4→电流表→点火开关起动触点→起动继电器的点火开关接线柱线圈→搭铁→蓄电池负极；

控制电路吸引线圈电流流向：蓄电池正极→起动机主接线柱 4→起动继电器的蓄电池接线柱→继电器触点 1→起动继电器的起动机接线柱→电磁开关接线柱 9→吸引线圈 13→导电片 8→主接线柱 5→起动机→搭铁→蓄电池负极（工作电路接通的同时吸引线圈被短路）；

控制电路保持线圈电流流向：蓄电池正极→起动机主接线柱 4→起动继电器的蓄电池接线柱→继电器触点 1→起动继电器的起动机接线柱→电磁开关接线柱 9→保持线圈 14→搭铁→蓄电池负极（工作电路接通时保持线圈仍能正常工作）；

起动机工作电路电流流向：蓄电池正极→主接线柱 4→接触片 10→主接线柱 5→起动机→搭铁→蓄电池负极。

二、起动系统常见故障

1. 起动机不工作

故障现象：

起动开关接通后，起动机不转。

原因分析：

(1)电源故障。蓄电池严重亏电或极板硫化、短路等，蓄电池极桩与线夹接触不良，起动电路导线连接处松动而接触不良等；

(2)起动机故障。换向器与电刷接触不良，励磁组或电枢绕组有断路或短路，绝缘电刷搭铁，电磁开关线圈断路、短路、搭铁或其触点烧蚀而接触不良等；

(3)起动继电器故障。起动继电器线圈断路、短路、搭铁或其触点接触不良等；

(4)点火开关故障。点火开关接线松动或内部接触不良；

(5)起动系线路故障。起动线路中有断路、导线接触不良或松脱等。

2. 起动机运作无力

故障现象：

起动机运转缓慢无力，发动机无法正常起动。

原因分析：

(1)电源故障。蓄电池亏电或极板硫化短路导致蓄电池电压过低等；

(2)起动机故障。换向器与电刷接触不良，电磁开关接触点和触点接触不良，电动机励磁绕组或电枢绕组有局部短路等；

(3)起动继电器故障。起动继电器触点接触不良等；

(4)点火开关故障。点火开关接线松动或内部接触不良；

(5)起动系线路故障。起动线路中有导线接触不良或锈蚀等。

3. 起动机空转

故障现象：

接通起动开关，起动机运转正常，发动机不转，发动机舱中有"嗡嗡"声。

原因分析：

(1)起动机单向啮合器打滑；

(2)飞轮齿圈轮齿严重磨损或损坏；

(3)电磁开关控制的起动机，其电磁开关铁芯行程太短；

(4)拨叉与铁芯连接处脱开，或拨叉安装在单向离合器拨叉套外面。

习题及答案

一、判断题

1. 起动系统主要包括起动机和控制电路两个部分。　　　　　　　　　　　　(　)

2. 起动机的电磁开关中两个线圈分别是保持线圈和吸引线圈。　　　　　（　　）
3. 起动机在主电路接通后，保持线圈被短路。　　　　　　　　　　　　（　　）
4. 起动机有普通起动机、减速起动机两种类型。　　　　　　　　　　　（　　）
5. 常规起动机中，吸引线圈、励磁绕组及电枢绕组是串联连接。　　　　（　　）
6. 在永磁式起动机中，电枢是用永久磁铁制成的。　　　　　　　　　　（　　）
★7. 起动机电枢装配过紧可能会造成起动机运转无力。　　　　　　　　　（　　）
★8. 减速起动机中的减速装置可以起到降速增扭的作用。　　　　　　　　（　　）
★9. 在起动机起动的过程中，吸引线圈和保持线圈中一直有电流通过。　　（　　）
★10. 起动发动机时，蓄电池为起动机供电。　　　　　　　　　　　　　 （　　）
★11. 检测起动机电刷长度时，需使用千分尺。　　　　　　　　　　　　 （　　）
★12. 起动机换向器的作用是将直流电变成交流电。　　　　　　　　　　 （　　）

二、单项选择题

1. 下列关于起动机作用说法正确的是（　　）。
   A. 起动机将机械能转换为化学能　　　B. 起动机将热能转换为电能
   C. 起动机将电能转化为机械能　　　　D. 起动机将机械能转化为电能
2. 下列不属于起动机无法起动的故障原因是（　　）。
   A. 点火正时不准　　　　　　　　　　B. 电磁开关故障
   C. 蓄电池亏电　　　　　　　　　　　D. 继电器故障
3. 永磁式起动机中用永久磁铁代替常规起动机的（　　）。
   A. 电枢绕组　　　B. 励磁绕组　　　C. 电磁开关中的两个线圈
4. 起动机空转的原因之一是（　　）。
   A. 蓄电池亏电　　　B. 单向离合器打滑　　C. 电刷过短
★5. 不会引起起动机运转无力的原因是（　　）。
   A. 吸引线圈断路　　　　　　　　　　B. 蓄电池亏电
   C. 换向器脏污　　　　　　　　　　　D. 电磁开关中接触片烧蚀、变形
★6. 减速起动机和常规起动机的主要区别在于（　　）不同。
   A. 直流电动机　　　B. 控制装置　　　C. 传动机构
★7. 在行星齿轮式减速起动机中，行星齿轮（　　）。
   A. 只是围绕各自的中心轴线转动　　　B. 沿着内齿圈公转
   C. 边自转边公转
★8. 检测起动机换向器径向跳动值时，需使用到的工具是（　　）。
   A. 千分尺　　　B. 百分表　　　C. 游标卡尺　　　D. 万用表
★9. 起动机检查不包含以下哪项？（　　）
   A. 电磁开关　　　B. 换向器　　　C. 电刷架　　　D. 整流器

答　案

一、判断题

| 1. √ | 2. √ | 3. × | 4. √ | 5. √ | 6. × |
| 7. √ | 8. √ | 9. × | 10. √ | 11. × | 12. × |

二、选择题

1. C   2. A   3. B   4. B   5. A   6. C
7. C   8. B   9. D

项目三 汽车点火系统

一、点火系统

1. 点火系统的作用

对于汽油发动机，吸入气缸内的可燃混合气在压缩终了时由电火花点燃而开始燃烧，燃烧产生的强大的压力即推动活塞向下运动而做功。为此，汽油机设有能在气缸内产生电火花的系统，称为点火系统，如图 7-3-1 所示。

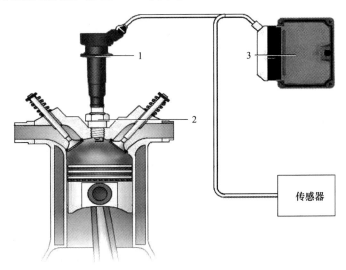

图 7-3-1 点火系统的结构图

1—点火线圈；2—火花塞；3—ECU

点火系的作用是在气缸内适时、准确、可靠地产生电火花，以点燃可燃混合气，使汽油发动机实现做功。

2. 对点火系统的要求

汽车点火系统在工作中必须满足以下要求：

(1) 能产生足以击穿火花塞间隙的电压；

(2) 火花具有足够的能量；

(3) 点火时刻应适应发动机的工作情况。

3. 点火系统类型

由于发动机点火时刻和初级线圈电流的不同控制方法，产生了不同的点火系统。按照点火系统的不同发展阶段可分为：传统点火系统、电子点火系统和微机控制点火系统三种类型。

4. 点火系统的组成

微机控制点火系统的组成及作用如表 7-3-1。

表 7-3-1　点火系统的组成及作用

组成部分		作用
传感器	空气流量计	检测进气量
	进气歧管压力传感器	检测进气量
	曲轴位置传感器	检测曲轴角度和发动机转速
	凸轮轴位置传感器	检测发动机工作时凸轮轴位置
	节气门位置传感器	检查节气门的开度，向 ECU 输入点火提前角修正信号
	冷却液温度传感器	检测发动机的温度
	起动开关	检测发动机是否正处于起动状态
	空挡起动开关	检测自动变速器的挡位是否置于 N 位或 P 位
	车速传感器	检测车速，向 ECU 输入车速信号
	空调开关 A/C	检测空调的工作状态
	爆震传感器	检测发动机爆燃信号
	电源电压传感器	向主 ECU 输入电源电压信号
执行器	点火线圈模块	根据 ECU 输出的点火控制信号，控制点火线圈初级线圈电路的通断，在次级线圈产生高电压使火花塞点火；同时，把点火确认信号 IGF 反馈给 ECU
	火花塞	点燃气缸内的混合气
控制单元	ECU	根据各传感器输入的信号，计算出最佳的点火提前角，并向电子点火器输出点火控制信号

低压缩比、低转速、小功率的发动机适用热型火花塞；高压缩比、高转速、大功率的发动机适用冷型火花塞。

5. 点火系统工作原理

微机控制点火系统中 ECU 主要进行点火提前角、通电时间和爆燃三个方面的控制。

（1）点火提前角。发动机工作循环中，压缩行程活塞运动至接近上止点前点火，称为点火提前。点火提前对保证发动机功率正常是必需的。从发出电火花开始至活塞到达上止点为止的一段时间内曲轴转过的角度，称为点火提前角。

如果点火提前过小，当活塞到达上止点时才点火，则混合气的燃烧主要在活塞下行过程中完成，则气缸内最高燃烧压力降低，导致发动机过热，功率下降。如果点火提前过大，由于混合气的燃烧完全在压缩过程进行，当活塞到达上止点之前即达最大，使活塞受到反冲，发动机做负功，不仅使发动机的功率降低，并有可能引起爆燃和运转不平稳现象，加速运动部件和轴承的损坏。

汽油的辛烷值越高，抗爆性越好，点火提前角可适当增大，以提高发动机的性能；辛烷值较低的汽油抗爆性差，点火提前角则应减小。

点火提前角的控制：

起动时：点火提前角＝初始点火提前角＋基本点火提前角

起动后：点火提前角＝初始点火提前角＋基本点火提前角＋修正点火提前角

初始点火提前角为10°。初始点火提前角由发动机的转速和负荷确定，点火提前角与发动机转速成正比，与发动机的负荷成反比。点火提前角的修正主要由暖机修正（发动机冷却液温度信号、进气流量信号和节气门开度信号）、过热修正（发动机冷却液温度信号、和节气门开度信号）和怠速稳定性修正（发动机转速信号、节气门开度信号、车速信号、空调信号等）。

（2）通电时间控制。通电时间进行控制，就是对点火闭合角进行控制。闭合角的大小取决于发动机转速和电源电压的大小。

（3）爆燃控制。汽油发动机获得最大功率和最佳燃油经济性的有效方法之一是增大点火提前角，但是点火提前角过大又会引起发动机爆震。爆震的主要危害一是噪声大，二是导致发动机使用寿命缩短甚至损坏，发动机在大负荷状态工作时，这种可能性更大。消除爆震最有效的方法就是推迟点火提前角。理论与实践证明：剧烈的爆震会使发动机的动力性和经济性严重恶化，而当发动机工作在爆震的临界点或有轻微的爆震时，发动机热效率最高，动力性和经济性最好。因此，利用点火提前角的爆震控制能够有效地控制点火提前角，从而使发动机工作在爆震的临界状态。

二、点火系统常见故障

1. 点火系统无高压火

故障现象：

接通点火开关，起动机能带动发动机曲轴运转，点火系统无高压火。

故障原因：

（1）曲轴位置传感器连接电路短路或短路；

（2）曲轴位置传感器工作性能不良；

（3）点火控制模块性能失效或连接线束松脱、短路或断路；

（4）线圈的初级绕组断路；

（5）点火线圈的次级绕组断路；

（6）高压线断路；

（7）火花塞工作不良。

2. 高压火花弱

故障现象：

次级电压偏低，发动机起动困难，怠速不稳，排气冒黑烟，加速性及高中速性较差。

故障原因：

(1)点火器点火线圈不良，高压线电阻过大；

(2)火花塞漏电或积碳，点火系统供电电压不足火或搭铁不良等。

习题及答案

一、判断题

1. 发动机转速增大时，点火提前角应增大。（   ）
2. 发动机负荷减小时，点火提前角应减小。（   ）
3. 火花塞间隙过小，高压火花变弱。（   ）
★4. 使发动机产生最大功率，不损失能量就应在活塞到达上止点时点火。（   ）
★5. 点火过迟会使发动机过热。（   ）
★6. 点火控制器的作用是控制点火线圈初级绕组中电流的通断。（   ）
★7. 微机控制电子点火系的基本点火提前角是电子控制单元根据发动机的水温和转速确定的。（   ）
★8. 点火系根据点火能量的储存方式不同可分为电感储能和电场储能两类。（   ）

二、单项选择题

1. 普通电子控制点火系统由（   ）控制点火线圈的通断。
   A. ECU　　　　　B. 点火控制器　　　C. 分电器　　　　D. 转速信号
2. 点火闭合角主要是通过（   ）加以控制的。
   A. 通电电流　　　B. 通电时间　　　　C. 通电电压　　　D. 通电速度
3. 发动机工作时，随冷却液温度提高，爆燃倾向（   ）。
   A. 不变　　　　　B. 增大　　　　　　C. 减小　　　　　D. 与温度无关
4. ECU 根据（   ）信号对点火提前角实行反馈控制。
   A. 水温传感器　　　　　　　　　　　B. 曲轴位置传感器
   C. 爆燃传感器　　　　　　　　　　　D. 车速传感器
5. 采用电控点火系统时，发动机实际点火提前角与理想点火提前角关系为（   ）。
   A. 大于　　　　　B. 等于　　　　　　C. 小于　　　　　D. 相近
★6. 检测汽车电子控制元件时要使用数字式万用表，是因为数字式万用表（   ）。
   A. 具有高阻抗　　B. 具有低阻抗　　　C. 测量精确　　　D. 使用方便
★7. 发动机转动时，检查霍尔传感器输出信号的电压应为（   ）。
   A. 5 V　　　　　B. 0 V　　　　　　C. 0～5 V　　　　D. 4 V
★8. 传统点火系与电子点火系最大的区别是（   ）
   A. 点火能量的提高　　　　　　　　　B. 断电器触点被点火控制器取代
   C. 曲轴位置传感器的应用　　　　　　D. 点火线圈的改进
★9. 混合气在气缸内燃烧，当最高压力出现在上止点（   ）左右时，发动机输出功率最大。
   A. 前 10°　　　　B. 后 10°　　　　　C. 前 5°　　　　　D. 后 5°

★10. 在装有（   ）系统的发动机上，发生爆震的可能性增大，更需要采用爆震控制。
   A. 废气再循环   B. 涡轮增压
   C. 可变配气相位   D. 排气制动

★11. 发动机在暖机修正工况下工作时，若冷却液温度较低，点火提前角应适当（   ）。
   A. 增大   B. 减小   C. 不应改变   D. 不能确定

答　案

一、判断题
1. √   2. ×   3. √   4. ×   5. ×   6. √   7. ×   8. √

二、选择题
1. B   2. B   3. B   4. C   5. D   6. A   7. C
8. B   9. B   10. B   11. A

项目四　汽车电路图

汽车电路图一般为电路原理图和电路接线图，由于电气装置繁多，使得电路图错综复杂，较为密集，很难看懂。但只要掌握了电路图中的图形符号、相关标志和接线柱的标记，以及电气各系统的工作原理，再结合以下几种方法进行识图，就可以完全掌握不同控制形式的电路图了。

一、汽车电路图组成、类型

1. 汽车整车电路的组成

汽车整车电路通常由电源电路、起动电路、点火电路、照明与灯光信号装置电路、仪表信息系统电路、辅助装置电路和电子控制系统电路组成。

汽车基础电器是汽车电路工作中传输电能、控制电能及工作保护的电气设备。其工作的可靠性是确定汽车电气系统正常工作的关键因素。下面介绍几种汽车基础电器。

（1）电源开关。电源开关又称为电源总开关。是用于切断蓄电池与外电路的连接的开关装置，以防止车辆停驶过程中蓄电池经外电路漏电。电源开关主要有闸刀式和电磁式两种。闸刀式电源开关直接由手动切断或接通电源，电磁式电源开关则由电磁力吸力控制触点的吸合或断开而实现的。

（2）点火开关。点火开关是一个多挡开关，需用相应的钥匙才能对其进行操纵。点火开关通常用于控制点火电路、仪表电路、发电机励磁电路、起动电路及一些辅助电器电路等，有些类型的点火开关设计成停车时用钥匙可锁住转向盘。

（3）继电器。继电器在汽车电气系统中有两大作用。第一是保护汽车开关作用。由开关控制继电器线圈的通断，继电器触点的开关作用控制较大电流负载。开关只流过较小的继电器线圈电流，因而开关不易损坏，可延长使用寿命。第二是自动控制作用。继电器线圈由汽车电路中的某个工作电压控制，当电路中的受控电压达到设定的继电器动作电压时，继电器触点改变工作状态，从而实现电路自动控制。

继电器有常开型继电器、常闭型继电器和组合型继电器三种，如图7-4-1、图7-4-2、图7-4-3所示。

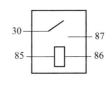

图 7-4-1　常开型继电器

　　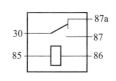

图 7-4-2　常闭型继电器　　　　　图 7-4-3　组合型继电器

（4）易熔线。易熔线是一种截面积小于被保护电线截面积，可长时间通过额定电流的铜芯低压导线或合金线。用于保护工作电流较大的电路。当线路极大的过载电流时，相对地易于熔断的保险装置。

（5）保险丝。当电路发生故障或异常时，伴随着电流不断升高，并且升高的电流有可能损坏电路中的某些重要器件或贵重器件，也有可能烧毁电路甚至造成火灾。若电路中正确地安置了保险丝，保险丝会在电流异常升高的时候，自身熔断，切断电路电流，从而起到保护电路安全运行的作用。

（6）低压导线。低压导线包括普通低压导线、起动电缆、蓄电池搭铁电线。

（7）高压导线。汽车电气系统高压导线用于输送点火系统点火高电压。点火系统次级电压很高，可以达到 15 kV 以上，因此高压导线的绝缘性能要求较高，绝缘层很厚，能在高压下不被击穿。但由于点火电流很小，线芯截面积较小。

（8）线束。汽车上的线路导线容易受到机械损伤与腐蚀等影响而使得绝缘性能降低，容易产生断路等故障。为了保护导线的绝缘性能，同时兼顾汽车的安装，将同路的不同规格的导线用棉纱编织或用薄聚氯乙烯带半叠缠绕包扎成束，称为线束。现代汽车的线束总成由导线、端子、插接器、护套等组成。

（9）接插器。汽车接插器是导线之间或线束之间的连接器件。接插起由插头和插座组成。

2. 汽车电路图的类型

汽车电路图可分为原理图、布线图、线束图。

（1）原理图。为了生产与教学的需要，常常需要尽快找到某条电路的始末，以便确定故障分析的路线。在分析故障原因时，不能孤立地仅局限于某一部分，而要将这一部分电路在整车电路中的位置及与相关电路的联系都表达出来。

(2)布线图。布线图识按照汽车电气在车身上的大体位置来进行布线的。

其特点是：全车的电气(即电气设备)数量明显且准确，电线的走向清楚，有始有终，便于循线跟踪，查找起来比较方便。按线束编制将电线分配到各条线束中去与各个插件的位置严格对号。在各开关附近用表格法表示了开关的接线与挡位控制关系，表示了熔断器与电线的连接关系，表明了电线的颜色与截面积。

(3)线束图。整车电路线束图常用于汽车厂总装线和修理厂的连接、检修与配线。线束图主要表明电线束各用电器的连接部位、接线柱的标记、线头、插接器(连接器)的形状及位置等，它是人们在汽车上能够实际接触到的汽车电路图。这种图一般不去详细描绘线束内部的电线走向，只将露在线束外面的线头与插接器详细编号或用字母标记。它是一种突出装配记号的电路表现形式，非常便于安装、配线、检测与维修。如果再将此图各线端都用序号、颜色准确无误地标注出来，并与电路原理图和布线图结合起来使用，则会起到更大的作用且能收到更好的效果。

(4)一般汽车电路的接线规律。汽车线路一般采用单线制、用电设备并联、负极搭铁、线路有颜色和编号加以区分，并以点火开关为中心将全车电路分成几条主干线，即蓄电池火线(30号线)、附件火线(ACC线)、钥匙开关火线(15号线)。

①蓄电池火线(B线或30号线)。从蓄电池正极引出直通熔断器盒，也有汽车的蓄电池火线接到起动机火线接线柱上，再从那里引出较细的火线。

②点火仪表指示灯线(IG线或15号线)。点火开关在ON(工作)和ST(起动)挡才有电的电线，必须有汽车钥匙才能接通点火系统、预充磁、仪表系统、指示灯、信号系、电子控制系等重要电路。

③专用线(ACC线或15 A线)。用于发动机不工作时需要接入的电器，如收放机、点烟器等。点火开关单独设置一挡予以供电，但发动机运行时收音机等仍需接入与点火仪表指示灯等同时工作，所以点火开关触刀与触点的接触结构要作特殊设计。

④起动控制线(ST线或50号线)。起动机主电路的控制开关(触盘)常用磁力开关来通断。磁力开关的吸引线圈、保持线圈可以由点火开关的起动挡控制。大功率起动机的吸引、保持线圈电流也很大(可达40～80 A)，容易烧蚀点火开关的"30－50"触点对，必须另设起动机继电器(如东风、解放及三菱重型车)。装有自动变速器的轿车，为了保证空挡起动，常在50号线上串有空挡开关。

⑤搭铁线(接地线或31号线)。汽车电路中，以元件和机体(车架)金属部分作为一根公共导线的接线方法称为单线制，将机体与电器相接的部位称为搭铁或接地。

搭铁点分布在汽车全身，由于不同金属相接(如铁、铜与铝、铅与铁)，形成电极电位差，有些搭铁部位容易沾染泥水、油污或生锈，有些搭铁部位是很薄的钣金件，都可能引起搭铁不良，如灯不亮、仪表不起作用、喇叭不响等。要将搭铁部位与火线接点同等重视，所以现代汽车局部采用双线制，设有专门公共搭铁接点，编绘专门搭铁线路图，堪与熔断器电路提纲图并列。为了保证起动时减少线路接触压降，蓄电池极桩夹头、车架与发动机机体都接上截面积大的搭铁线，并将接触部位彻底除锈、去漆、拧紧。

二、识读汽车电路图的一般要领

(1)认真读几遍图注；
(2)牢记电气图形符号；
(3)熟记电路标记符号；
(4)牢记汽车电路特点；
(5)牢记回路原则；
(6)浏览全图，分割各个单元系统；
(7)熟记各局部电路之间的内在联系和相互关系；
(8)掌握各种开关在电路中的作用；
(9)全面分析开关、继电器的初始状态和工作状态；
(10)掌握电器装置在电路图中的位置；
(11)先易后难；
(12)注意搜集资料和经验积累。

习题及答案

一、判断题

1. 桑塔纳汽车电路图中，30线为点火线，15线为电源线。　　　　　　(　)
2. 汽车电路图中，凡是与31线直接相连的线均为搭铁。　　　　　　　(　)
3. 汽车电气原理图是将电气设备用电符号做原理性连接的线路图。　　(　)
4. 汽车电气原理中的线路连接时实际的连线，可表示线路的走向。　　(　)
5. 在控制器件与用电部件之间使用继电器或电子控制器的电路称为独立控制电路。
　　　　　　　　　　　　　　　　　　　　　　　　　　　　　　　　(　)
6. 汽车电路的一个显著特点是各分系统相互关联，互不独立。　　　　(　)

二、选择题

1. 汽车上用电设备与电源连接的方式是(　)。
　　A. 串联　　　　　B. 并联　　　　　C. 串联、并联
2. 汽油轿车大多采用低压(　)V电压供电，柴油货车大多采用低压(　)V电压供电。
　　A. 24、12　　　B. 24、24　　　C. 12、24　　　D. 12、12
3. 汽车电气电路图类似于无线电设备的(　)。
　　A. 电路原理图　　　B. 印刷电路板图　　　C. 实物接线图
4. 布线图在各开关附近用(　)表示了开关的接线与挡位控制关系，表示熔断器与电线的连接关系，表明电线的颜色与截面积。
　　A. 简图法　　　　　B. 表格法　　　　　C. 符号法
5. 汽车电路线束图用以表示汽车电路线束和(　)的具体位置，以便于在汽车上安装。
　　A. 电源　　　　　B. 继电器　　　　　C. 电器

6. 汽车电路原理图中，电流的方向基本上都是由上而下，路径是：电源正极（＋）→开关→（   ）搭铁→电源负板。

A. 用电器　　　　B. 继电器　　　　C. 熔断器

答　案

一、判断题

1. ×　　2. √　　3. √　　4. √　　5. ×　　6. ×

二、选择题

1. A　　2. C　　3. C　　4. B　　5. C　　6. A

项目五　汽车照明与信号系统

一、照明系统

1. 汽车照明系统的作用和组成

汽车照明系统的作用是用以夜间汽车的内外照明。是汽车夜间行驶必不可少的照明设备，为了提高汽车的行驶速度，确保夜间行车的安全，减少交通事故和机械事故的发生，汽车上都装有多种照明设备和灯光信号装置。

汽车照明系统根据安装位置和功能不同，一般可分为外部照明装置、内部照明装置，如图 7-5-1 所示。汽车照明灯的种类、特点及用途见表 7-5-1。

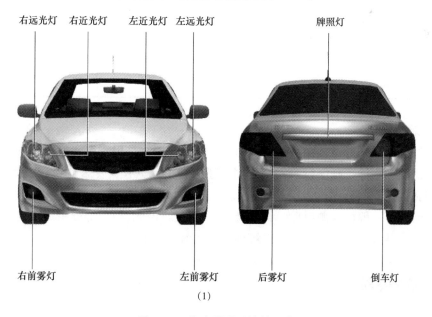

(1)

图 7-5-1　汽车照明系统的组成

(1)外部照明装置

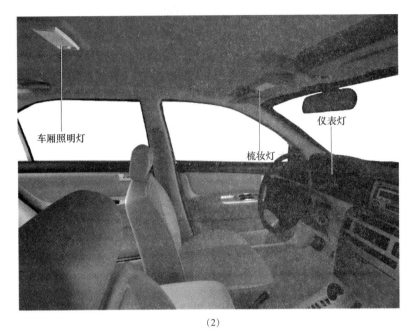

(2)

图 7-5-1 汽车照明系统的组成(续)

(2)内部照明装置

表 7-5-1 汽车照明系统组成

种类	外照明灯			内照明灯		
	前照灯	雾灯	牌照灯	顶灯	仪表灯	行李厢灯
工作时的特点	白色常亮远近光变化	黄色或橙色单丝常亮	白色常亮	白色常亮	白色常亮	白色常亮
用途	为驾驶员安全行车提供保障	雨雪雾天保证有效照明及提供信号	用于照亮汽车尾部牌照	用于夜间车内照明	用于夜间观察仪表时的照明	用于夜间拿取行李物品时的照明

2. 前照灯

前照灯：又称大灯，装在汽车头部的两侧，主要用途是用于夜间或光线昏暗路面上照明车前的道路和物体，确保行车安全。同时还可利用远近开关交替变换作夜间超车信号。有两灯制和四灯制之分。

汽车前照灯一般由光源(灯泡)、反光镜、配光镜(散光镜)三部分组成。前照灯控制电路主要由灯光开关、变光开关、前照灯继电器及前照灯组成。

二、信号系统

1. 汽车信号系统的种类及用途

汽车上的信号灯具按其所处位置不同，分为外部信号灯具和内部信号灯具两大类。各种信号灯的特点及用途见表 7-5-2。

表 7-5-2　汽车信号系统的种类、特点及用途

种类	外信号灯				内信号灯		
	转向灯	制动灯	示宽灯（小灯）	倒车灯	转向指示灯	其他指示灯	报警灯
安装位置	汽车头部、尾部两侧	汽车尾部	汽车前部和后部	汽车尾部	仪表板上	仪表板上	仪表板上
工作时的特点	黄色闪亮左右变化	红色制动时亮	前小灯为白色后小灯为红色	白色倒车时亮	绿色闪亮	绿色或蓝色常亮	红色或黄色常亮
用途	用于指示车辆行驶趋向或有紧急情况	对尾随车辆发出制动信号，防止追尾	用于也夜间标示车辆的轮廓或位置	向其他车辆和行人发出倒车信号，夜间倒车照明	提示驾驶员车辆的行驶方向	提示驾驶员车辆的状况	监视汽车异常状况
功率	20 W 以上	20 W 以上	5～10 W	20 W 以上	2 W	2 W	2 W

2. 汽车信号系统的组成

汽车信号系统主要有转向信号装置、制动信号装置、倒车信号装置及喇叭信号装置等。

(1)转向信号灯：转向信号灯装在汽车的前后左右四角，其用途是在车辆起步、靠边停车、变更车道、超车和转弯时，发出明暗交替的闪烁信号，使前后的车辆、行人、交警知道。前转向信号灯的灯色为橙色，后转向信号灯的灯光颜色为红色或橙色。有的汽车车侧中间装有侧转向灯。

(2)示宽灯：一般都安装在车前和车尾的两侧的边缘。某些大型汽车的中部、驾驶室外侧还增设了一对示宽灯，用来表示该车的存在和车体宽度。要求在距车 100 m 处能确认灯光信号。前示宽灯也称为小灯、示位灯。灯光一般为白色或琥珀色，后示宽灯也称为尾灯、行车灯，灯光多为红色。侧位灯光多为琥珀色。

(3)制动灯：又称为刹车灯，安装在车尾两侧，用来表明该车正在进行制动的灯具。灯光一律为醒目的红色。要求白天距车尾 100 m 处能确认灯光信号。现在有的轿车后窗内加装了高位制动灯。

(4)倒车灯：倒车灯安装在汽车后面。其作用有两个：一个是向其他车辆和行人发出倒车信号，另一个是用于夜间倒车照明。倒车灯的颜色一般为白色。

(5)指示灯：指示灯一般装在仪表盘上，用以指示有关照明、灯光信号及某些装置的工作情况的灯具。灯光的颜色可根据需要为绿色或蓝色。

(6)危险报警灯：由于现代交通密度日益增高，除了给特制车辆使用外，还需为发生

交通事故或道路堵塞被迫停在车道上的车辆采取安全措施，通过危险报警闪光器接通前后左右转向灯发出告警光信号。

(7) 报警灯：报警灯一般装在仪表盘上，用以指示某些装置的工作情况的灯具。灯光的颜色可根据需要为黄色或红色。

(8) 喇叭：喇叭为声响信号装置，按下喇叭按钮，发出声响，警告行人车辆，以确保行车安全。

当电路接通时，励磁线圈产生吸力，上铁心被吸下与下铁心撞击，产生较低的基本频率，并激励膜片及与膜片联成一体的共鸣板产生共鸣，从而发出比基本频率强得多、且分布又比较集中的谐音。

三、照明系统与信号系统常见故障

1. 前照灯不亮

分析：如图 7-5-2 所示是前照灯电路图，灯光开关控制继电器的导通或断开，以决定是否为远光灯和近光灯供电。近光灯正常，可判断远光灯和近光灯公共线路正常，即蓄电池、总保险丝、灯光开关正常。故障部位可能是灯泡、保险丝、继电器、组合开关和连接线路。

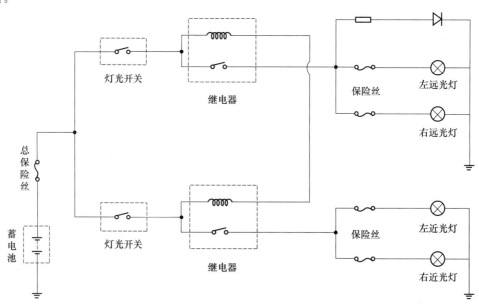

前照灯电路由灯光开关、变光开关和灯光继电器控制

图 7-5-2 前照灯电路图

导致远光灯不亮的故障原因可能是：

(1) 灯泡损坏；

(2) 保险丝烧断；

模块七 汽车电气维修

(3)继电器故障；

(4)连接线路短路或断路；

(5)组合灯光开关损坏。

2. 喇叭不响

喇叭不响是电气中的常见问题，首先确认汽车电源系统工作正常，然后进一步检测喇叭电路。查看喇叭的电路原理，如果喇叭不发声，故障原因可能在电路图中的保险丝、喇叭继电器、喇叭按钮处，其中任何一处出现故障，导致喇叭电路断路，都会引起喇叭不响。

经过以上分析，喇叭不响的故障原因主要有：

(1)喇叭按钮故障；

(2)保险丝故障；

(3)喇叭继电器故障；

(4)螺旋电缆故障；

(5)连接线路故障；

(6)喇叭本身故障。

 习题及答案

一、判断题

1. 转向信号灯及危险报警信号灯可共用一个闪光器。　　　　　　　　　（　　）
2. 前照灯由灯泡、反射镜、配光镜三部分组成。　　　　　　　　　　　（　　）
3. 牌照灯属于信号及标志用灯具。　　　　　　　　　　　　　　　　　（　　）
4. 汽车上安装喇叭继电器可防止喇叭触点烧蚀。　　　　　　　　　　　（　　）
5. 电喇叭的基本原理是通过控制电磁线圈激励膜片振动而产生声音的。　（　　）
6. 喇叭的音量越响越好。　　　　　　　　　　　　　　　　　　　　　（　　）
★7. 通常喇叭按钮控制喇叭继电器的搭铁电路。　　　　　　　　　　　　（　　）
★8. 前照灯继电器是用来保护变光开关的。　　　　　　　　　　　　　　（　　）
★9. 当车辆出现有远光而无近光，或有近光而无远光时，应先检查变光开关。（　　）
★10. 调整喇叭下铁芯可调节喇叭音调。　　　　　　　　　　　　　　　　（　　）

二、单项选择题

1. 前照灯灯光暗的原因是(　　)。

　　A. 电源电压低　　　　　　　　B. 保险丝烧断

　　C. 发电机电压过大　　　　　　D. 灯光开关故障

2. 前照灯变光开关的作用是根据行驶与会车需要，实现远光与近光的(　　)。

　　A. 开启　　　　　　　　　　　B. 关闭

　　C. 变换　　　　　　　　　　　D. 以上三种说法均正确

3. 造成喇叭不响的故障原因有(　　)。

　　A. 喇叭按钮故障　　B. 保险丝烧断　　C. 继电器故障　　D. 以上都正确

★4. 灯光不亮，喇叭不响，查看保险器处于跳开状态，按下后又跳开，说明线路存在（　　）故障。

  A. 短路　　　　B. 断路　　　　C. 搭铁不良　　　D. 接触不良

★5. 电喇叭继电器搭铁或继电器触点烧结，均会导致电喇叭（　　）。

  A. 不响　　　　B. 长鸣　　　　C. 声音异常　　　D. 音量过小

★6. 如果要调节喇叭的音调，应调整（　　）。

  A. 上铁芯　　　B. 下铁芯　　　C. 音量调整螺栓　D. 喇叭继电器

答　案

一、判断题

1. √　　2. √　　3. ×　　4. √　　5. √　　6. ×
7. √　　8. ×　　9. ×　　10. √

二、选择题

1. A　　2. C　　3. D　　4. A　　5. B　　6. B

项目六　汽车仪表和报警系统

  汽车仪表盘是反映车辆各系统工作状况的装置，也是驾驶员了解车辆运行状况的重要途径，汽车仪表盘的结构如图 7-6-1 所示。

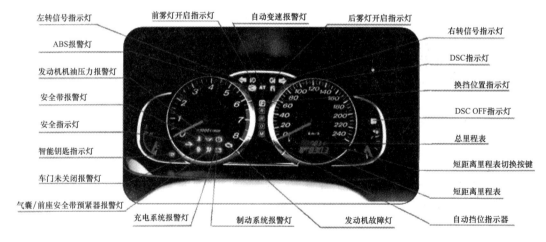

图 7-6-1　汽车仪表盘的组成

一、仪表系统

1. 冷却液温度表

  冷却液温度表又称为水温表，其功用是指示发动机冷却液的工作温度。水温表由安装在发动机冷却水道上的温度传感器和安装在仪表盘上的温度指示表两部分组成。

汽车水温表按工作原理不同可分为电磁式和电热式(双金属片式)两种类型。

2. 燃油表

燃油表的功用是指示燃油箱内储存的燃油量。燃油表由安装在燃油箱上的燃油传感器和安装在仪表盘上的燃油指示表两部分组成。

汽车燃油表按工作原理不同可分为电磁式和电热式(双金属片式)两种类型。

3. 机油压力表

发动机润滑油压力表又称为机油压力表,简称油压表。机油压力表的功用是在发动机运转时,指示发动机机油压力的大小。它由油压指示表和油压传感器两大部分组成,两者用导线相连接。指示表装在仪表板上,其作用是使指针的偏转角随电路中的电流的大小不同而改变,以指示出油压大小;传感器配合指示表工作装在发动机主油道上或粗滤器壳上,承受油压,使电路中的电流随油压的改变而改变。

汽车机油压力表按工作原理不同可分为电磁式和电热式(双金属片式)两种类型。

4. 发动机转速表

为了检查调整和监视发动机的工作状况,更好地掌握换挡时机,利用经济车速行驶等,在汽车仪表盘上还装有发动机转速表。

发动机转速表分为机械式和电子式两种。机械式转速表的结构原理与磁感应式车速表基本相同。电子式转速表指示平稳、结构简单、安装方便,因此小轿车广泛采用。

5. 车速里程表

车速里程表的功用是指示汽车行驶速度和行驶里程数,行驶里程数又分为累计行驶里程数和单程行驶里程数两种。

按工作原理不同,车速里程表可分为磁感应式和电子控制式两种。

二、报警装置

1. 冷却液温度报警装置

冷却液温度过高警告灯为红色,其功用是当冷却液温度升高到一定值时,警告灯自动发亮报警,指示冷却液温度过高。

2. 制动系统报警装置

在左右制动信号灯电路中,连接有两个电磁线圈 W1,W2 以及舌簧开关 K,信号灯电路断路警报灯与舌簧开关串联。

当踩下制动踏板时,如果左(或右)制动信号灯线路(或灯丝)断路,则电磁线圈 W1(或 W2)中将有一个线圈无电流通过,另一个线圈通电产生的磁场将使舌簧开关触点 K 磁化而闭合,使断路警示灯电路接通而发亮,提醒驾驶人及时排除故障。

3. 润滑系统报警装置

在汽车润滑系统中,除了装备机油压力表之外,还装备机油压力过低警告灯。

机油压力过低警告灯为红色警告灯,其功用是当润滑系统的机油压力降低到一定值

(50～90 kPa)时，警告灯电路自动接通而发亮警报，提醒驾驶人及时检修，避免损坏发动机。

汽车上目前与机油压力警告灯配套使用的传感器有弹簧管式和膜片式两种。

4. 燃油量报警装置

燃油储量过少警告灯为红色，其功用是当油箱燃油储量少于某一规定值时，警告灯自动发亮，提醒驾驶人及时补充燃油。汽车常用燃油储量警告灯的控制方式有热敏电阻控制式、可控硅控制式和电子式三种。

5. 声音报警

为了提高行车安全，保护车辆及乘员，现代汽车装备了声音报警系统。
(1)倒车开关与倒车蜂鸣器；
(2)语音倒车报警；
(3)前照灯未关及点火钥匙未拔报警系统；
(4)防撞系统报警。

6. 发动机电控系统故障报警装置

发动机电控系统有自检功能，一旦检测到发动机电控系统有故障，仪表上的"Check Engine(发动机故障)"指示灯就会点亮，提示驾驶员及时进站维修，并在发动机电脑中存储故障码。发动机控制电脑监视着发动机的多个系统，并在发现故障时将报警灯点亮。

三、仪表与报警系统常见故障

1. 冷却液温度表指针不动故障

故障现象：发动机工作时冷却液温度表指针不动，反应不出发动机冷却液工作温度。
故障原因：
(1)稳压器工作不正常；
(2)冷却液温度自身故障(如双金属片发热线圈断路或脱落)；
(3)冷却液温度表传感器故障(如热敏电阻失效)；
(4)线路有故障。

2. 冷却液温度报警灯常亮故障

故障现象：汽车在行驶过程中发动机无论冷态还是热态，冷却液温度报警灯常亮。
故障原因：
(1)冷却液温度报警开关故障；
(2)线路有搭铁故障；
(3)储液罐中冷却液液面过低；
(4)冷却液液面位置开关故障。

3. 燃油表指针总指向无油位置故障

故障现象：无论油箱内燃油多少，燃油表指针总指向无油位置不动。

故障原因：

(1)燃油表自身故障；

(2)稳压器工作不正常；

(3)线路有断路故障；

(4)燃油表传感器故障或浮子机构被卡住。

4. 机油压力报警灯常亮故障

故障现象：汽车在行驶过程中，发动机机油压力报警灯常亮。

故障原因：

(1)机油压力报警开关故障；

(2)润滑油油压力达不到规定要求；

(3)线路故障。

习题及答案

一、判断题

1. 冷却液温度表又称为水温表，其功用是指示发动机冷却液的工作温度。（ ）
2. 燃油表的功用是指示发动机润滑系统中机油的含量。（ ）
3. 在汽车润滑系统中，除了装备有机油压力表之外，还装备有机油压力过低警告灯。
（ ）

二、单项选择题

1. 下列关于警示灯说法正确的是(   )。
   A. 接通点火开关，安全带未系时，安全带指示灯点亮。
   B. 驻车制动松开时，驻车制动指示灯点亮。
   C. 充电指示灯亮即为蓄电池处于充电状态。
   D. 当点火开关置于ON位置时，仪表盘上的警示灯熄灭。

2. 充电警示灯属于(   )。
   A. 显示装置   B. 指示装置
   C. 提醒装置   D. 故障报警指示装置

3. 下面不属于汽车仪表及报警系统的是(   )。
   A. 机油压力过低指示灯   B. 气压过低警示灯
   C. 充电指示灯   D. 转向灯

答　案

一、判断题

1. √   2. ×   3. √

二、选择题

1. A   2. D   3. D

项目七 汽车辅助电器设备

一、电动雨刮

1. 电动刮水器的作用

刮水器的作用是用来清除风窗玻璃上的雨水、雪或尘土,以确保为驾驶员提供良好的能见度。通常汽车上装有前风窗刮水器;有些型号的汽车装有后风窗刮水器。

2. 电动刮水器的结构

电动刮水器主要由直流电动机和传动装置组成,如图 7-7-1 所示。

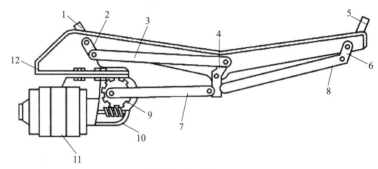

图 7-7-1 典型电动刮水器结构原理图

1,5—刷架;2,4,6—摆杆;3,7,8—拉杆;9—蜗轮;10—蜗杆;11—电动机;12—底板

3. 电动刮水器的变速原理

刮水器的变速是利用直流电动机的变速原理来实现的,改变电动机磁极磁通量的强弱或通过改变两电刷之间的绕组数的多少就可以实现变速。

永磁式刮水电动机体积小,质量轻,结构简单,使用广泛。永磁式电动机主要由永久磁铁、电枢、电刷等组成。

为满足实际使用的要求,刮水电动机有低速、高速和间歇三个挡位,且在任意时刻刮水结束后,刮水片均能回到挡风玻璃最下端,即自动复位。

永磁式刮水电动机是利用 3 个电刷来改变正负电刷之间串联线圈的个数实现变速的,其工作原理图如图 7-7-2 所示。

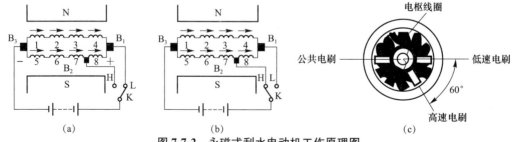

图 7-7-2 永磁式刮水电动机工作原理图

二、电动车窗

1. 电动车窗的组成

电动车窗主要由车窗玻璃、车窗玻璃升降器、电动机、主动臂、从动臂、控制开关等组成。

(1)电动机。

作用:为车窗玻璃的升降提供动力。

类型:采用直流双向的电动机,有永磁型和双绕组型两种。

每个车门各有一个电动机,通过开关控制电动机中的电流方向,从而控制玻璃的升降。

(2)控制开关。

作用:控制电动机中电流的方向。

控制开关一般有两套,一套为总开关,装在仪表板或驾驶员侧的车门上,驾驶员可以控制每个车窗玻璃的升降。另一套为分开关,分别安装在每个车窗上,以便乘客对每个车窗进行升降控制。

2. 电动车窗控制原理

每个车窗都装有一个电动机,设计成能正反方向旋转,通过开关控制其旋转方向,使车窗玻璃上升或下降。

图 7-7-3 所示为电动车窗直接搭铁式控制电路,电动机采用双绕组直流电动机。电机的一端直接搭铁,电机内部有两组磁场线圈。通过接通不同的线圈,使电机的转向不同,实现车窗的上升和下降动作。

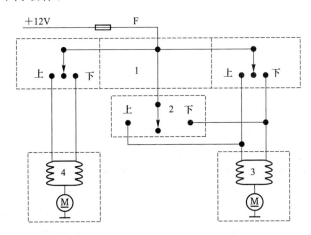

图 7-7-3 电动车窗直接搭铁式控制电路

图 7-7-4 所示为电动车窗控制搭铁式控制电路,电动机采用直流永磁式电动机,通过改变电动机电枢绕组的电流方向改变转动方向。电动车窗的电机结构简单,开关和控制线路复杂一些,在实际当中应用较广泛。

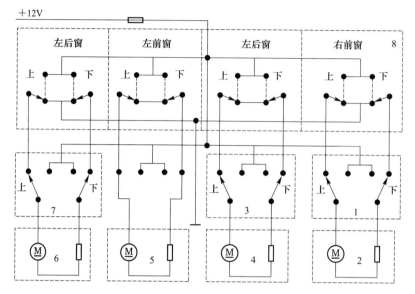

图 7-7-4　电动车窗控制搭铁式控制电路

1—右前车窗开关；2—右前车窗电机；3—右后车窗开关；4—右后车窗电机；
5—左前车窗电机；6—左后车窗电机；7—右前车窗开关；8—驾驶员主控开关组件

三、电动后视镜

1. 电动后视镜的作用与组成

组成：电动后视镜一般由镜片、驱动电机、控制电路及操纵开关等组成。

作用：在每个后视镜镜片的背后均有两个可逆电动机，可操纵其上下及左右运动。通过改变电动机的电流方向，就可完成对后视镜的上下左右方向的调整。有的电动后视镜还带有伸缩功能，由伸缩开关控制伸缩电机工作，使整个后视镜回转伸出或缩回。

2. 电动后视镜的控制电路及工作原理

在进行调整时，首先通过左/右调整开关选择好要调整的后视镜，如调整左镜时，开关打向左侧，此时开关分别与 7、8 接点接通，再通过控制开关即可进行该镜的上下或左右调整。如果进行向上调整时，可将控制开关推向上侧，此时控制开关分别与向上接点、左上接点结合。电流由蓄电池正极→熔断器→点火开关→控制开关向上接点→左/右调整开关→7 接点→左侧镜上下调整电机→1 接点→电动镜开关 2 接点→控制开关左上接点→电动镜开关 3 接点→蓄电池负极，形成回路，左镜上下调整电机运转，完成调整过程。其他调整过程与向上调整过程类似，通过接通不同的开关即可完成。

电动后视镜的伸缩是通过电动镜开关上的伸缩开关控制的，该开关控制继电器动作，使左右两镜伸缩电机工作，来完成伸缩功能。

四、汽车辅助电器设备常见故障

1. 电动雨刮各挡位都不工作

故障现象：接通点火开关后，刮水器开关置于各挡位，刮水器均不工作。

故障原因：

(1)熔断器断路；

(2)刮水电动机或开关有故障；

(3)机械传动部分锈蚀或与电动机脱开；

(4)连接线路断路或插接件松脱。

2. 电动雨刮个别挡位不工作

故障现象：接通点火开关后，刮水器个别挡位(低速、高速或间歇挡)不工作。

故障原因：

(1)刮水电动机或开关有故障；

(2)刮水器继电器有故障；

(3)间歇继电器有故障；

(4)连接线路断路或插接件松脱。

3. 所有电动车窗均不能升降

故障现象：接通点火开关后，所有电动车窗均不能升降。

故障原因：

(1)熔断器断路；

(2)有关继电器、开关损坏；

(3)搭铁点锈蚀、松动。

4. 部分车窗不能升降或只能一个方向运动

故障现象：接通点火开关后，某一个电动车窗不能升降或只能一个方向运动。

故障原因：

(1)该车窗按键开关损坏；

(2)连接导线断路；

(3)安全开关故障。

5. 两个电动后视镜都不能动

故障现象：接通点火开关后，两个电动后视镜均不能调节。

故障原因：

(1)熔断丝熔断；

(2)搭铁不良；

(3)后视镜开关损坏；

(4)电动机损坏。

习题及答案

一、判断题

1. 电动后视镜不能正常调节，不会影响驾驶员安全行驶。　　　　　　　（　　）
2. 汽车电动车窗的电机为永磁式双向直流式电动机。　　　　　　　　　（　　）
3. 每个电动后视镜的镜片后都有 4 个电动机来调节视野。　　　　　　　（　　）
4. 电动车窗的升降主要是利用电动机的正转和反转实现的。　　　　　　（　　）
5. 刮水器可刮除挡风玻璃上的雨水、积雪或灰尘，确保驾驶员良好的视野。（　　）
6. 晴天刮除挡风玻璃上的灰尘时，应先接通刮水器，再接通洗涤器。　　（　　）
★7. 汽车后视镜不工作，应先检查熔断器。　　　　　　　　　　　　　　（　　）
★8. 雨刮电机失效会导致雨刮器的高、低速挡正常工作，间歇挡不工作。　（　　）
★9. 驾驶员可以不用打开点火开关，便可调节后视镜。　　　　　　　　　（　　）
★10. 电动车窗的主开关接地失效会导致所有车窗均不能动作。　　　　　（　　）
★11. 一个车窗只能朝一个方向运动，应检查分开关到总开关连接导线是否断路。
　　　　　　　　　　　　　　　　　　　　　　　　　　　　　　　　　（　　）
★12. 左侧电动后视镜电机故障可能导致所有电动后视镜都不能调节。　　（　　）

二、单项选择题

1. 电动后视镜一侧上下不能调整的原因是(　　)。
   A. 电动机故障　　　B. 熔断器熔断　　　C. 开关故障　　　D. 搭铁不良
2. 电动刮雨器属于电气设备中的(　　)系统。
   A. 电源　　　B. 点火　　　C. 起动　　　D. 辅助
3. 汽车电动车窗的电机一般为(　　)。
   A. 单向交流式　　　　　　　　　　B. 双向交流式
   C. 永磁单向直流式　　　　　　　　D. 永磁双向直流式
4. 对于电动车窗玻璃升降电路来说，下列说法错误的是(　　)。
   A. 每个车门必须设有一个分控制开关，但主控制开关可不设
   B. 在电路中必须设有断电器，当玻璃达到上下极限位置时，自动切断电路
   C. 玻璃升降电机是可逆的，改变通电方向，就可以改变转动方向
   D. 车上可装一个延时开关，在点火开关断开约 10 min 后，仍有电流供应
5. 汽车在大雨天行驶时，电动雨刮应选用(　　)。
   A. 快速挡　　　B. 慢速挡　　　C. 间歇挡　　　D. 点动挡
6. 汽车上的电动刮水器都设有(　　)。
   A. 自动复位装置　B. 电脑控制装置　C. 自动断水装置　D. 自动开启装置
7. 下列描述不属于雨刮不工作故障原因的是(　　)。
   A. 雨刮开关损坏　B. 雨刮电机烧毁　C. 控制线路短路　D. 刮水器刮片偏移
8. 若雨刮器低速挡不工作，则不需要检查的项目是(　　)。
   A. 保险丝　　　B. 雨刮电动机　　　C. 雨刮开关　　　D. 雨刮系统控制线路

9. 下列不属于电动后视镜常见故障现象的是(　　)。
   A. 后视镜运动卡滞　　　　　　　　B. 后视镜片无法调节
   C. 电动后视镜不动　　　　　　　　D. 后视镜开关损坏

10. 每个电动后视镜后面都有(　　)电动机驱动。
    A. 1个　　　　B. 2个　　　　C. 3个　　　　D. 4个

11. 检查电动后视镜电动机时，用蓄电池正负极分别接电动机连接器端子后，电动机转动。互换正负极和端子的连接后，电动机反转，说明(　　)。
    A. 电动机状况良好　　　　　　　　B. 不能判断电动机好坏
    C. 电动机损坏　　　　　　　　　　D. 电动机控制线路出现故障

★12. 雨刮器的高、低速挡正常工作，间歇挡不工作，可能的原因是(　　)。
    A. 雨刮系统控制线路故障　　　　　B. 洗涤电动机失效
    C. 雨刮开关故障　　　　　　　　　D. 雨刮电动机失效

★13. 引起车辆某一扇车窗不能工作的可能原因是(　　)。
    A. 电路短路　　B. 主开关短路　　C. 车门开关断路　　D. 主熔断丝熔断

★14. 某车窗只能朝一个方向运动的可能原因，描述不正确的是(　　)。
    A. 安全开关故障　　B. 车窗开关损坏　　C. 连接线路短路　　D. 车窗电机损坏

★15. 电动后视镜有一侧不能前后调整。甲认为，前后调整电动机损坏；乙认为，搭铁不良。你认为(　　)。
    A. 甲正确　　　　B. 乙正确　　　　C. 两人均正确　　　　D. 两人均不正确

答　案

一、判断题
1. ×　　2. √　　3. ×　　4. √　　5. √　　6. ×
7. √　　8. ×　　9. ×　　10. √　　11. √　　12. ×

二、选择题
1. A　　2. D　　3. D　　4. A　　5. A　　6. A
7. D　　8. A　　9. D　　10. B　　11. A　　12. C
13. C　　14. C　　15. A

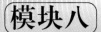

汽车维护与保养

项目一　汽车维护的基本知识

一、汽车维护的意义

定期维护是用户车辆按一定的行驶间隔里程或使用间隔时间，定期到授权服务站对车辆进行检查和维护，定期维护包括更换发动机机油和机油滤清器等项目。汽车由大量的零部件构成，车辆在使用过程中，各零部件会受到磨损、老化或腐蚀导致汽车性能的降低。车辆的技术性能随着行驶里程的增加以及各种环境因素的影响而发生变化，导致汽车的动力性、经济性和可靠性逐渐变差，各易损、易耗件需要更换或补充，有些损耗和早期故障在使用过程中不容易发现和感觉到。用户通过定期回到服务站，按标准的规范对车辆进行维护和检查，可以及时更换易损、易耗件，发现和消除早期的故障隐患，防止故障的发生或损坏的扩大，恢复车辆的性能指标，提高车辆的完好率，有效地延长汽车的使用寿命。

二、汽车维护的目

汽车维护的目的在于保持汽车外观整洁，延长零部件使用寿命，减少不应有的损坏，而且同时实现下述功能：
（1）车辆经常处于良好的技术状况，随时可以出车；
（2）在合理使用的条件下，不致因中途损坏而停车，以及因机件事故而影响行车安全；
（3）在运行过程中，降低燃、润料以及配件和轮胎的消耗；
（4）各部总成的技术状况尽量保持均衡，以延长汽车大修间隔里程；
（5）减少车辆噪声和排放污染物对环境的污染。

三、我国的汽车维护制度

我国现行的汽车维修制度是：预防为主，定期检测，强制维护，视情修理。
（1）预防为主：保持车容整洁，及时发现和消除故障、隐患，从而防止车辆早期损坏。
（2）定期检测：通过现代化的技术手段，定期对汽车进行检查测量，以正确判断汽车的技术状况，根据车辆的技术状况，确定维护作业内容，从而保证车辆的技术状况和使用性能。二级维护前要进行检测诊断，确定附加作业项目。

（3）强制维护：为了进一步强调维护的重要性，防止追求眼前利益和不重视及时维护所造成的车辆故障，汽车维护必须是定期进行的，基本作业项目为定期维护内容。

（4）视情修理：视情修理经过检测诊断和技术鉴定，确认确实需要进行修理的项目后而执行，其中，二级维护附加作业项目为视情修理内容。

四、汽车维护周期制定的依据

汽车维护周期是根据国家标准《汽车维护、检测、诊断技术规范》（GB/T 18344—2016）中所有汽车维修最基础的技术规范来制定，对汽车维护周期、维护作业内容和标准、竣工检验等做出了明确的规定，且对汽车维修原则做了适当调整，为"定期检测、周期维护、视情修理"。

汽车维护不仅仅是汽车维修人员的工作，也是汽车驾驶员使用汽车必须掌握的内容。汽车驾驶员完成汽车的日常维护，汽车维修人员完成汽车的一级和二级维护。

1. 日常维护

日常维护一般由驾驶员每天进行。日常维护是日常作业，是保证车辆各部分清洁和润滑，各总成、部件工作正常，尤其是要掌握车辆安全部件的技术状况的经常性、必需性的工作；是发挥车辆效率，减少行车事故，节约维修成本，降低能源消耗和延长车辆使用寿命的重要环节。

日常维护主要作业内容是清洁、补给和安全检视，具体要求做到车容整洁，工作介质（燃油、润滑油、动力传动液、冷却液及制动液等）充足，密封良好无泄漏，附件齐全无松动，制动可靠，转向灵敏，灯光喇叭等工作正常。有出车前、行车中、收车后三个重要环节。

2. 一级维护

一级维护周期：一般为 5 000~7 500 km（或 6 个月），根据具体车型而定，以先到者为准。一级维护由专业维修厂维修人员负责执行。其主要内容除日常维护工作外，以清洁、润滑、紧固为主，并检查有关制动、操纵等安全部件。

3. 二级维护

二级维护周期：一般为 20 000 km、40 000 km、80 000 km，根据各个制造厂商要求不同，所维护的项目有所不同。二级维护是由维修企业负责执行的车辆维护作业。其作业中心内容是除一级维护作业外，以检查、调整转向节、转向摇臂、制动蹄片、悬架等经过一定时间的使用容易磨损或变形的安全部件为主，并拆检轮胎，进行轮胎换位。

 习题及答案

一、判断题

1. 汽车二级维护作业包括基本作业项目和根据车辆实际情况确定的附加作业项目。

但不包括一级维护作业项目。   (   )

2. 车辆"三级维护"制度是指一级维护、二级维护和三级维护。   (   )

★3. 一级维护是由维修企业负责执行的汽车维护作业，其作业中心内容以检查调整为主，并拆检轮胎进行换位。   (   )

★4. 日常维护，以清洁、补给、紧固和安全检视为作业中心内容，由驾驶员负责执行的车辆维护作业。   (   )

5. 汽车维护的分级：日常维护、一级维护、二级维护。   (   )

二、单选题

1. 汽车一、二级维护是(   )进行操作。
  A. 汽车维修工   B. 驾驶员   C. 服务顾问   D. 技术总监

★2. (   )是为了进一步强调维护的重要性，防止追求眼前利益和不重视及时维护所造成的车辆故障，汽车维护必须是定期进行的，基本作业项目为定期维护内容。
  A. 强制维护   B. 预防为主   C. 定期检测   D. 视情修理

★3. 汽车一、二级维护周期的确定，应以汽车(   )为基本依据。
  A. 行车时间间隔   B. 行驶里程   C. 诊断周期   D. 修理厂规定

答　案

一、判断题

1. ×　　2. ×　　3. √　　4. √　　5. √

二、单选题

1. A　　2. A　　3. B

项目二　汽车维修工基本知识

一、汽车维护操作工艺安排原则

定期维修时，技术员主要检查保证车辆安全运行所必需的功能。检查按表 8-2-1 方法进行：

表 8-2-1　定期维护项目

工作检查	灯、发动机、刮水器、转向机构等
目视检查	轮胎、外观等
定期更换零件	发动机机油、发动机机油滤清器等
紧固检查	悬架、排气管等
机油和液位检查	发动机机油、动力转向液、防冻冷却液、制动液等

关于检查项目，包括标准值、旋紧力矩和润滑剂量的细节，请参考修理手册。

在维护作业时，常用的举升工位有 5 种不同高度，分别是举升机未举升工位、举升至低位、举升至中位(轮胎中心齐胸)、举升至高位(维修工可在车下站立)、举升至最低位(举升机举升在最低位置，轮胎接触地面)，其中举升机可在不同高度停留多次，如图 8-2-1 所示。

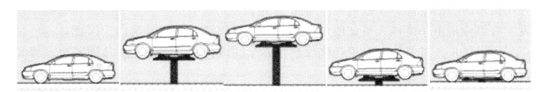

图 8-2-1　维护举升工位

例如：在举升机未举升时可进行车门锁、安全带、灯光、制动液液面高度检查等项目。

二、维修车间的"6S"管理

要保持车间环境，实现轻松、快捷和可靠(安全)工作就必须对在生产现场中的人员、机器、材料、方法等生产要素进行有效管理，"6S"活动是一种公认对现场进行管理的有效手段，即在生产中坚持开展以整理(Seiri)、整顿(Seiton)、清扫(Seiso)、清洁(Seiketsu)、素养(Shitsuke)和安全(Security)为内容的活动，这六个词在日语的罗马拼音或英语中的第一个字母是 S，所以简称 6S。开展以整理、整顿、清扫、清洁、素养和安全为内容的管理活动，称为"6S"管理。

(1)整理。整理即区分要与不要的物品，现场只保留必需的物品。通过整理可以改善和增加作业面积；保持现场无杂物，行道通畅，提高工作效率；减少磕碰的机会，保障安全，提高质量；消除管理上的混放、混料等差错事故；有利于减少库存量，节约资金；改变作风，提高工作情绪。

(2)整顿。整顿即将必需品依规定定位、定方法摆放整齐有序，明确标示，可以避免浪费时间寻找物品，提高工作效率和产品质量，保障生产安全。

(3)清扫。清扫即清除现场内的脏污、清除作业区域的物料垃圾，可以保持现场干净、明亮。

(4)清洁。清洁是将整理、整顿、清扫实施的做法制度化、规范化，维持其成果，用于维护并坚持整理、整顿、清扫的效果，使其保持最佳状态，消除发生安全事故的根源。创造一个良好的工作环境，使职工能愉快地工作。

(5)素养。素养就是要人人按章操作、依规行事，养成良好的习惯，可以提升"人的品质"，培养对任何工作都讲究认真的人。通过素养的培养使人员养成严格遵守规章制度的习惯和作风，是"6S"管理的核心。

(6)安全。所谓安全，就是通过制度和具体措施提升安全管理水平，防止灾害的发生。

三、汽车维护与保养中的安全问题

工作场地的安全是每一个人的责任，汽修车间内尽可能地保证安全。每一个车间都存在很多的事故隐患，事故的发生常常是由于人们做事不小心造成的。而有些事故的发生有可能是由于维修人员试图走捷径，不按照规范操作而导致的。因此，这些情况应当予以纠正。维修人员有责任确保在维修车间内没有危险情况，从而减少汽修车间的事故隐患。

1. 工作着装

为防止事故的发生，工作服必须结实、合身，以便于工作。为防止工作时损坏汽车，不要暴露工作服的带子和纽扣。防止受伤或烧伤的安全措施是不要裸露皮肤。工作时要穿安全鞋。

2. 在车间内的安全

不要把工具或零件留在你或者其他人有可能踩到的地方。将其放置在工作架或工作台上，并养成好习惯。立即清理干净任何飞溅的燃油、机油或者润滑脂，防止自己或者他人滑倒。工作时不要采取不舒服的姿态，否则会影响工作效率，而且有可能会跌倒和伤害到自己。

3. 使用工具工作时注意安全

请正确地使用电气、液压和气动设备，否则可能导致严重的伤害。使用操作旋转的工具或者工作在一个有旋转运动的地方时，不要戴手套。手套可能被旋转的物体卷入，伤到手臂。用升降机升起车辆时，初步提升到轮胎稍微离开地面为止。然后，在完全升起之前，确认车辆牢固地支撑在升降机上。升起后，千万不要试图摇晃车辆，否则可能导致车辆跌落，造成严重伤害。

4. 防火安全

如果火灾警报响起，所有人员应当配合扑灭火焰。要做到这一点，就应知道灭火器放在何处，应如何使用。除非在吸烟区，否则不许抽烟，并且要确认将香烟熄灭在烟灰缸里。在机油存储地或可燃的零件清洗剂附近，不要使用明火。

四、汽车维护常用的工具

1. 扳手

扳手是一种常用的安装与拆卸工具，是利用杠杆原理拧转螺栓、螺钉、螺母和其他螺纹紧持螺栓或螺母的开口或套孔固件的手工工具。扳手种类繁多，常见的有梅花扳手、开口扳手、组合套筒扳手、气动扳手以及活动扳手等。

使用原则：首选套筒扳手，其次选用梅花扳手，最后选用开口扳手。

注意事项：选用扳手的规格应该与螺栓或螺母规格保持一致。使用时都要采用向身体方向用力，并控制好力度，切记不可用力过猛。

（1）梅花扳手和开口扳手，这种结构便于拆卸装配在凹陷空间的螺栓、螺母，并可以为手指提供操作间隙，以防止擦伤。

（2）扭矩扳手有可调式和不可调式之分，主要用于按规定扭矩的最终拧紧。

（3）气动扳手，也称为风动扳手，俗称风炮，主要是一种以最小的消耗提供高扭矩输出的工具。

（4）成套套筒扳手，因其是套在各类扳手之上并且形如筒状，故俗称为套筒，是常用的生产、维修、生活工具。

2. 螺钉旋具

螺钉旋具又称螺丝刀，俗称起子或改锥，主要用于旋拧小扭矩、头部开有凹槽的螺丝钉。

起子的类型取决于本身的结构及尖部的形状，常用的有一字起和十字起。一字起用于单个槽头的螺丝钉，十字起用于带十字槽头的螺丝钉。

3. 钳子

钳子是一种用于夹持、固定加工工件或者扭转、弯曲、剪断金属丝线的手工工具。常用的钳子有鲤鱼钳、尖嘴钳和老虎钳。

五、汽车常用量具

（1）钢直尺是最基本的测量工具，是用薄钢板制成的，它一般用于精度要求不高的测量，可以直接测量出工件的尺寸。钢尺一般有钢直尺、钢卷尺等。它的长度有150、300、500和1 000 mm四种规格。

（2）百分表利用指针和刻度将心轴移动量放大来表示测量尺寸，主要用于测量工件的尺寸误差以及配合间隙，测量精度可达0.01 mm。

（3）游标卡尺又称四用游标卡尺，简称卡尺，是由刻度尺和卡尺制造而成的精密测量仪器，能够正确且简单地从事长度、外径、内径及深度的测量。在汽车维修工作中，0.02 mm精度的游标卡尺使用最多。

（4）千分尺也称为螺旋测微器，它是利用螺纹节距来测量长度的精密测量仪器，是一种用于测量加工精度要求较高的仪器，汽车维修工作中一般使用可以测至1/100 mm的千分尺，其测量精度可达到0.01 mm。

（5）万用表又叫多用表、三用表、复用表，是一种多功能、多量程的测量仪表，一般万用表可测量直流电流、直流电压、交流电压、电阻和音频电平等，有的还可以测量交流电流、电容量、电感量及半导体的其他参数。

六、举升机的分类

1. 单柱式举升机

单柱式举升机是将停放在地面上的轿车等交通工具举升到一定的高度进行维修的专用设备，如图8-2-2所示，是一种典型的用于汽车及工程车辆的局部举升，以便更换车轮轮胎或对车辆底盘进行各种维修作业的机具。

2. 双柱式举升机

双柱式汽车举升机是一种汽车修理和保养单位常用的专用机械举升设备，如图 8-2-3 所示，广泛应用于轿车等小型车的维修和保养。双柱式汽车举升机将汽车举升在空中的同时可以节省大量的地面空间，方便地面作业。

图 8-2-2　单柱式举升机

图 8-2-3　双柱式举升机

3. 四柱式举升机

四柱式汽车举升机是一种大吨位汽车或货车修理和保养单位常用的专用机械举升设备，四柱式汽车举升机也很适合于四轮定位用，因为一般四柱式汽车举升机都有四轮定位挡位，可以调整，可以确保水平，如图 8-2-4 所示。

4. 剪式举升机

剪式举升机执行部分采用剪式叠杆形式，电力驱动机械传动结构，目前广泛用于大型车辆维修。剪式举升机分为大剪（子母式），如图 8-2-5 所示；小剪（单剪）举升机，如图 8-2-6 所示；超薄系列剪式举升机等几种类型。

图 8-2-4　四柱式举升机

图 8-2-5　子母剪举升机

图 8-2-6　单剪举升机

模块八 汽车维护与保养

习题及答案

一、判断题

1. 汽车维修操作时，维修技师为了掌握时间，可佩戴手表作业。（   ）
2. 为方便行走，维修技师可穿着运动鞋进行汽车维护作业。（   ）
3. 公制扳手型号是指所拆卸螺母或螺栓头部六面体对边的距离。（   ）
★4. 梅花扳手和套筒扳手在拆装过程中优先选用。（   ）
5. 棘轮扳手一般不能作为安装螺母最终紧固工具，最终紧固选用滑杆来完成。
（   ）
6. 百分表长指针转动一圈，短指针移动 2 mm 的指示行程。（   ）
7. 操作风炮时，一定不能佩戴手套。（   ）
8. 举升机举起车辆时，首先了解被举升车辆的质量，以此判断是否超出了举升机的安全负荷标准。（   ）
★9. 车辆被举升到规定位置，进行维护作业时，必须将举升机锁止。（   ）
10. 车辆在起升或下降过程中，为了提高作业效率，可进行车下部分维护操作。
（   ）
11. 车辆与举升机之间必须施加橡胶垫块，确保彼此之间有最大的摩擦系数。（   ）
12. 车辆维护作业时，若停在较平整的地面上，可不施加车轮挡块。（   ）

二、选择题

★1. 6S 现场管理中的整理是根据物品的（   ）来决定取舍。
   A. 购买价值   B. 使用价值
   C. 是否需要   D. 是否能卖好价钱
2. 整顿的目的是（   ）。
   A. 方便使用   B. 节约空间   C. 保持清洁   D. 形成自律
3. 拆卸螺栓时应尽量不使用的工具是（   ）。
   A. 套筒   B. 活动扳手   C. 开口扳手   D. 梅花扳手
★4. 在拆卸螺栓时，应优先选用（   ）。
   A. 活动扳手   B. 开口扳手   C. 梅花扳手   D. 套筒扳手
5. 万用表在不使用时，应将选择旋钮放在（   ）位。
   A. 直流 V 最高挡   B. 电阻 Ω   C. 直流 A   D. 交流 V 最高挡
6. 用数字式扭力扳手可以拆卸螺栓或螺母？（   ）
   A. 完全可以   B. 不能使用   C. 没有明确规定   D. 其他
★7. 千分尺的精度等级为（   ）。
   A. 0.01 mm   B. 0.02 mm   C. 0.05 mm   D. 其他
★8. 百分表的精度等级为（   ）。
   A. 0.01 mm   B. 0.02 mm   C. 0.05 mm   D. 其他

答 案

一、判断题

1. ×　　2. ×　　3. √　　4. √　　5. √　　6. ×
7. √　　8. √　　9. √　　10. ×　　11. √　　12. ×

二、选择题

1. C　　2. A　　3. B　　4. D　　5. D　　6. B
7. A　　8. A

项目三　汽车的日常维护与不定期维护

一、日常维护

汽车的日常维护属于预防性的维护，由驾驶员负责执行。它以清洁、检查、紧固等为主要内容。目的是使汽车各部分零部件工作可靠，及时发现和消除运行中产生的缺陷，保证运行安全。日常维护分为运行前的检查维护、行车途中的检查维护和收车后的检查维护。

汽车日常维护主要内容是坚持"三检"，即出车前、行车中、收车后检视车辆的安全机构及各部机件连接的紧固情况；保持"四清"，即保持机油滤清器、空气滤清器、燃油滤清器和蓄电池表面的清洁；防止"四漏"，即防止漏油、漏水、漏气和漏电；以保持车容整洁、车况良好。

二、走合期维护

为保证汽车的使用寿命，新车、大修车以及装用大修发动机的汽车必须进行走合期的磨合，并在走合期结束时进行一次走合维护，其作业项目和深度按汽车生产厂家的要求进行。

新车走合期结束的维护，一般是由生产厂家免费提供服务。走合期间的维护内容比较简单，在不出现特殊情况下，驾驶员自己可以完成。汽车走合期的里程为 1 500～3 000 km(部分进口汽车将首次维护里程定为 7 500～10 000 km)，维护内容主要是清洁、润滑、紧固等。

三、季节性维护

在季节交替时，必然导致与汽车运行条件相关的气温、气压等参数的变化。为了使汽车在不同的地区、不同的季节里都能可靠的工作，在季节转换之前，结合定期维护保养，并附加一些相应的作业项目，使汽车能顺利地适应变化的环境，这种附加性维护保养称为季节维护保养或换季维护保养。换季维护保养有进入夏季和进入冬季时两种典型的季节性维护保养。例如，换用适合季节要求的润滑油，加装或拆除冷却系的保暖装置等，汽车每个工作日的例行保养作业多由驾驶员在出车前、行驶中和收车后进行，其他各级保养作业一般由汽车保养厂或服务站的专业技工承担。

习题及答案

一、判断题

1. 新车交车检验就是在新车交付用户之前实施交车前的检验，以保证车辆处于最佳状态，用户在提车后即可使用。（ ）

★2. 汽车日常维护与保养：包括出车前的维护与保养、行驶中的检查、收车后的维护与保养。（ ）

★3. 汽车走合期的维护与保养：包括走合前的维护与保养、走合中的维护与保养、走合后的维护与保养。（ ）

★4. 日常维护的中心内容为：坚持三检、保持四清、防止四漏。（ ）

5. 汽车的日常目的是使汽车各部分零部件工作可靠，及时发现和消除运行中产生的缺陷，保证运行安全。

二、单选题

1. 日常维护由（ ）来完成。
   A. 维修工　　　B. 驾驶员　　　C. 生产厂　　　D. 销售商

2. 汽车主要是根据（ ）选用汽油。
   A. 发动机压缩比　B. 生产厂家规定　C. 汽车使用条件　D. 发动机性能

★3. 日常维护的中心内容是（ ）。
   A. 清洁、润滑、紧固　　　　B. 清洁、检查、紧固
   C. 清洁、补给和安全检视　　D. 检查、调整、拆检

4. 车辆走合期间，始终要保持限速、限载，车辆的最高时速不超过（ ）。
   A. 40～50 km/h　B. 90～100 km/h　C. 140～150 km/h　D. 其他

★5. 车辆走合保养的周期一般为（ ）。
   A. 6个月　　　　　　　　　B. 2 000～3 000 km
   C. 严格按厂家规定执行　　　D. 其他

6. 新制动器摩擦片也需"磨合"，因为在第一个（ ）内，摩擦片还不具备理想的摩擦状态，必须加大制动踏板力进行补偿。
   A. 200 km　　　B. 400 km　　　C. 600 km　　　D. 其他

7. 新车出厂后，走合期内限速、限载的主要原因为（ ）。
   A. 配合副之间没有达到最佳配合状态　B. 用户特别关注新车，不想高速运行
   C. 用户对车辆不熟悉，不能高速运行　D. 其他

答 案

一、判断题

1. √ 2. √ 3. √ 4. √ 5. √

二、单选题

1. B 2. B 3. B 4. B 5. C 6. A 7. A

项目四　汽车一级维护

一、汽车照明与信号系统的作用与组成

汽车照明系统是汽车安全行驶的必备系统之一。它主要包括外部照明灯具、内部照明灯具、外部信号灯具、内部信号灯具等。汽车照明灯按照其安装的位置及功用包括前照灯、雾灯、牌照灯、仪表灯、顶灯、工作灯。汽车灯光信号灯又包括转向信号灯、危险报警灯、示宽灯、尾灯、制动灯、倒车灯。

二、更换发动机机油及滤清器

1. 机油的作用

机油是发动机零部件润滑的液态工作介质，机油滤清器是发动机润滑系统非常重要的组成部分，更换机油和机油滤清器，是保证发动机润滑、延长发动机使用寿命非常重要的维护操作。发动机润滑油，被誉为汽车的"血液"，能对发动机起到润滑、清洁、冷却、密封、减磨、防锈、防蚀等作用。

2. 发动机机油的标号的含义

机油标号在机油的外包装上，我们都经常会看到 SAE 和 API，包括分级和黏度规格两部分。机油标号通常表示黏度和品质。其中 SAE 是美国汽车工程协会的简称，API 是美国石油协会的简称。SAE 后边的标号标明机油的黏度值，而 API 后边的标号则标明机油的质量级别。

(1)黏度表示 10 W－40 就是它的 SAE 标准黏度值，这个黏度值首先表示这个机油是复级润滑油(民用领域已经基本没有单级润滑油了)，W 代表 WINTER 冬天，W 前面的数字是代表倾点温度，简单来说就是结冰点温度。10 W 的机油对应的结冰点温度是 －25 ℃，其他常见的 0 W 是－35 ℃，5 W 是－30 ℃，15 W 是－20 ℃。W 后面的数字代表机油在 100 ℃时的运动黏度，数值越高说明黏度越高。40 代表 100 ℃时运动黏度标准为 12.5 mm^2/s 到 16.3 mm^2/s 之间，如图 8-4-1 所示。

(2)品质表示。SL/SL：表示汽油发动机车使用；CF/CG：表示柴油发动机车使用。API 发动机机油分为两类："S"开头系列代表汽油发动机用油，规格有 API SA、SB，

模块八 汽车维护与保养

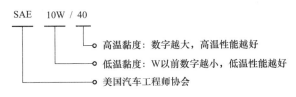

图 8-4-1 发动机机油黏度表示

SC，SD，SE，SF，SG，SH，SJ，SL，SM，SN。"C"开头系列代表柴油发动机用油，规格有 API CA，CB，CC，CD，CE，CF，CF－2，CF－4，CG－4，CH－4，CI－4。当"S"和"C"两个字母同时存在，则表示此机油为汽柴通用型。

3. 选用发动机机油的标准

选择合适的机油是保证发动机正常工作、延长使用寿命的重要条件，机油的选择要兼顾使用性能级别和黏度级别，首先根据发动机的结构特点和要求确定合适的使用性能级别，然后再根据发动机使用的外部环境温度，选择合适的黏度等级，其次选用时尽可能选择正规厂家产品，不可与其他品牌润滑油混用，如图 8-4-2 所示。

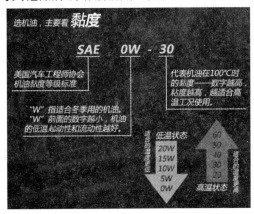

图 8-4-2 机油的选择

4. 更换机油周期的界定

新车买回来后前面都是在 4S 店里进行保养的，保养用的机油也都是所谓的原厂机油。在这种情况下，只需要遵循汽车保养手册上面指引的周期来更换机油即可，如表 8-4-1 所示。各种型号机油的更换周期也不同，如表 8-4-2 所示。

5. 机油滤清器的作用

机油滤清器也称机油滤芯，发动机工作过程中，金属磨屑、尘土、高温下被氧化的积碳和胶状沉淀物、水等不断混入润滑油中。机油滤清器的作用就是过滤掉这些机械杂质和胶质，保持润滑油的清洁，延长其使用寿命。

6. 检查机油液面高度

拧松机油加注口盖，取出机油尺擦拭干净，插入直至机油尺手柄限止位，然后取出读取发动机机油液面高度，正常值在 Max－Min 之间。部分发动机会发生机油稀释的现象，油尺上会有机油稀释限位，该发动机液位应在低位和机油稀释限位之间，如图8-4-3所示。

表8-4-1 科鲁兹轿车保养计划

保养操作	按月数①	6	12	18	24
	公里(×1000)①	10	20	30	40
与排放相关的项目					
传动皮带		每10年/5 000公里更换			
检查发动机机油油位		每3 000公里/1个月更换			
发动机机油和机油滤清器		每5 000公里/6个月更换			
燃油滤清器		○	●	○	●
燃油管路和连接		○	○	○	○
添加燃油添加剂(适用)		参见附注②			

①以先到者为准。
②对于使用Turbo发动机的车辆，建议用户在每次更换机油时，向油箱中添加一瓶燃油添加剂。在此间隔内可视发动机工作状况应添加，但无需频繁添加。
○：检查这些项目及其相关零件。必要时，进行校正、清洗、添加、调整或更换。
●：更换。

表8-4-2 机油更换周期

油品 路况	矿物质	半合成	全合成
北上广拥堵	5 000公里或6个月	7 500公里或1年	10 000公里或1年
一般城市	7 500公里或1年	40 000公里或1年	1 000～15 000公里或1年
城市高速	10 000公里或1年	10 000～15 000公里或1年	15 000公里或1年

注：以先到者为准

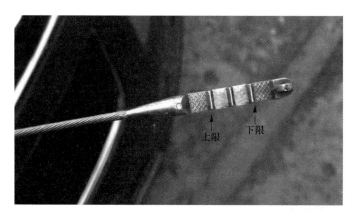

图8-4-3 机油合格位置

三、检查和更换发动机冷却液

1. 汽车发动机冷却液的作用

为保证汽车发动机正常工作和延长发动机的使用寿命，要求汽车发动机冷却液应具备冷却作用、防腐作用、防垢作用、防冻、防沸作用。

2. 冷却液的成分组成

汽车发动机冷却液主要由水、乙二醇和添加剂组成，而添加剂以腐蚀抑制剂为主。添加剂的主要作用是防腐，同时兼有防垢和抗泡作用。目前最常用的防冻剂是乙二醇。防冻剂有防止防冻液过早沸腾的附加作用。

3. 定期检查或更换冷却液

不同的车厂对冷却液的更换周期会有所差异，但其中绝大部分厂商建议车主每 2 年或 4 万公里更换一次冷却液。如果发现冷却液低于最小的刻度值(冷却液正常值应在 Max 和 Min 之间)，就要及时添加，不然会影响发动机的冷却性能。我们应该两年或三四万公里就更换防冻液。当然，也可以根据车辆的具体情况适当延长或缩短更换的期限，但最长不要超过 4 年。

4. 检查冷却液液面高度及冰点

在冷却系统冷却的情况下，用手电筒检查冷却液液位，应在最低液位线标记和最高液位线标记之间，如果液位过低，需查明是否存在泄漏，修复后添加冷却液至正常液位。使用冰点测试仪检查冷却液冰点，查阅维修手册如低于－35 ℃ 则应更换。注意：必须在发动机冷却前提下，才能打开发动机散热器盖或冷却液补充罐盖，以免烫伤。

四、检查和更换制动液

1. 制动液的作用

车辆的制动系统是决定汽车能不能停下来的关键系统。制动液是液压制动系统中传递制动压力的液态介质，使用于采用液压制动系统的车辆中。制动液又称刹车油或迫力油，其英文名为 Brake Fluid，是制动系统制动不可缺少的部分，而在制动系统之中，它是作为一个力传递的介质，因为液体是不能被压缩的，所以从总泵输出的压力会通过制动液直接传递至分泵之中。

2. 合成型制动液的类型

合成型制动液又分为醇醚型(DOT3)、酯型(DOT4)和硅油型(DOT5)三大类型，但使用最多的是醇醚型和酯型。由于刹车油的沸点会随着水分含量的增高而降低，所以其制动性能会随之下降。当你发现需要用力踩刹车才能制动时，一个很可能的原因就是刹车油的水分含量过高。建议换制动液的时间最好是：4 万公里或者是 2 年换一次(依照先到原则为准)，如果当地的多雨潮湿天气比较多，建议 3 万公里或者是 2 年进行更换(也是依照先到原则为准)。也可根据制动液含水率的检测结果(小于 2.5%)

确定是否需要进行更换。

3. 检查制动液液位

(1)使用手电筒照射,检查制动液液面高度,若液面无法看清可适当敲击储液罐。制动液液面应在 Max 与 Min 之间,并尽量接近 Max。若制动液液面过低,应及时检查制动系统是否有泄漏。

(2)检查制动液含水率,测量时,将探测头完全插入待测量的制动液中,一直按下红色按钮开关数秒后,根据工作指示灯判断制动液液体的状态。所有的绿色指示灯亮,表示制动液是正常的,如图 8-4-4 所示,含水量低于 0.5%;黄色的指示灯亮,则表示制动液不良,水分含量已经高于 0.5%,如图 8-4-5 所示,可选择更换;红色警示灯亮,并伴随着蜂鸣器响,则说明制动液严重变坏,含水量已经高于 2.5%,制动力严重下降,必须更换。

图 8-4-4　制动液含水率合格

图 8-4-5　制动液含水率不合格

五、检查和更换发动机空气滤清器

1. 发动机空气滤清器的作用

发动机在工作过程中要吸进大量的空气,如果空气不经过滤清,空气中悬浮的尘埃被吸入气缸中,就会加速活塞组及气缸的磨损。空气滤清器装在化油器或进气管的前方,起到滤除空气中灰尘、砂粒的作用,保证气缸中进入足量、清洁的空气。

2. 发动机空气滤清器的更换周期

一般来说每 5 000 公里/6 个月清洁一次,每 1 万公里/12 个月更换一次,每次一个。当然,不同品牌的保养周期不完全相同,具体更换周期以汽车厂商要求和自己的使用情况、环境等因素作出具体时间安排。例如:雾霾比较严重的情况下用车,最好是 3 个月更换一次。

六、检查和更换雨刮器

汽车雨刷器是安装在风窗上的重要附件。因此，它对于行车安全具有重要的作用。刮水器按其驱动方式可分为机械式、真空式、气压式、液压式和电动式等。

1. 雨刮器的作用

雨刮器是用来刷刮除附着于车辆挡风玻璃上的雨点及灰尘的设备，以改善驾驶人的能见度，增加行车安全。一般情况下在汽车组合开关手柄上有雨刮器控制旋钮，设有低速、高速、间歇 3 个挡位，如图 8-4-6 所示。

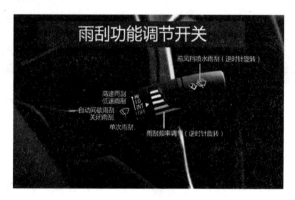

图 8-4-6 雨刮器开关

2. 雨刮片更换周期

汽车雨刮器是汽车的重要组成部分，它在雨季起着重要作用。然而，汽车雨刮器也是消耗品，经过长时间使用，不可避免地会导致老化。因此，需要定期检查和更换。

七、车轮的检查和换位

1. 车轮的作用

在车辆使用中，必须定期对车轮与轮胎实施维护，其目的是为延长其使用寿命，使车轮与轮胎性能保持或恢复至尽可能好的状况，防止小问题将来变成大问题，并且确保行车安全。

2. 车轮维护的目的

汽车车轮主要用来承受汽车的质量，承受路面传来的各种载荷；起缓和冲击的作用，保证汽车行驶的平稳性；保证车轮和路面接触具有良好的附着性，提高汽车的动力性、制动性和通过性，保持汽车行驶稳定性。

3. 认识轮胎的型号

轮胎规格常用一组数字表示，前一个数字表示轮胎断面宽度，后一个表示轮辋直径，以英寸为单位。例如 225/65 R17 102 H 表示胎宽 225 毫米，扁平率 65，轮辋直径 17 英寸的子午线轮胎，承载系数 102，速度等级 H，如图 8-4-7 所示。有的轮胎还含有其他的字母或符号，是有特殊含义的："X"表示高压胎；"C"表示加强型；"B"表示斜交胎；"—"表示低压胎。M、S 分别是英文"Mud"和"Snow"的缩写，它表示这种轮胎适合于在泥泞和冰雪的道路上使用。

图 8-4-7 轮胎的型号

如果轮胎上有"4117"这个标记，这表示轮胎的生产日期。17 即 2017 年，41 即第 41 周，如图 8-4-8 所示。

图 8-4-8 轮胎生产日期

4. 轮胎的胎压及花纹深度

一般来说，每种车型对胎压的要求是不一样的，即使是同一台车的前后轴车轮的胎压要求也不一样，标准胎压可以在用户手册或驾驶室车门的纵梁标示上查询，胎压偏高、偏低都会造成轮胎的异常磨损，减少轮胎的使用寿命。

轮胎花纹深度是指花纹最表面至花纹沟底的距离。在花纹的纵贯沟内有轮胎"磨耗标记"，轿车车轮当轮胎磨耗到胎面花纹沟深仅剩 1.6 mm 时，就必须更换。

5. 轮胎换位

四条轮胎的磨损是不可能一致的,通常是 8 000～13 000 km 进行轮胎换位,是比较合理的。由于子午线轮胎内部的结构原因,使用时其旋转方向必须是唯一的,所以子午胎只能单边前后换位。

习题及答案

一、判断题

★1. 轮胎规格:P215/65R15。P 为乘用车标识,215 指的是轮胎断面的宽度为 215 mm。 (   )
2. 胎面是轮胎的外表面,可分为胎冠、胎侧和胎肩三部分。 (   )
3. 调整喷嘴位置时应使用专用工具,以免损坏喷嘴。 (   )
★4. 随时可以检查机油液面高度。 (   )
5. 当机油滤芯堵塞时机油将不会从机油滤清器流出。 (   )
6. 更换机油时机油滤清器可以不更换。 (   )
★7. 安装机油滤清器滤芯时应安装方向。 (   )
8. 加注润滑油时,加入量越多,越有利于发动机的润滑。 (   )
9. 空气滤清器的纸质滤芯使用寿命较短,在恶劣环境条件下工作不可靠。 (   )
★10. 空气滤清器需要根据使用情况来判断清洁的时间和更换的频率。 (   )
11. 液压制动系统中进入水分不会对制动效果造成影响。 (   )
12. 如果不同型号的制动液混合在一起,很有可能会发生反应,损坏制动元件,影响制动效能。 (   )
13. 冷却液的选择一般会是比当地气温低 10 ℃左右。 (   )
★14. 冷却液的液位应位于膨胀箱的 Min 或 Max 刻度线之间。 (   )
15. 无级变速器和有级变速器的 ATF 可以互换使用。 (   )
16. 如果不同型号的 ATF 混合在一起,很有可能会发生反应,损坏制动元件。 (   )
17. 润滑油的主要作用有润滑、清洗、密封、冷却等。 (   )
18. 当发动机冷却系"开锅"时,应立即打开散热器盖添加冷却液。 (   )
★19. 制动液中水分越少,沸点越低,制动时则越易沸腾。 (   )
20. 汽车行驶里程不到发动机更换机油的规定路程,但更换机油的时间已经超过 6 个月,此时必须更换机油。 (   )
21. 子午线轮胎 175/70R13 中 R 是指半径,单位英寸。 (   )
22. 子午线胎与普通斜线胎可以使用相同的轮辋,也可以同装在同一辆车上。 (   )
23. 一轮胎规格是 P215/80R15 89H,其中 80 表示轮胎的扁平率,即轮胎断面宽度与断面高度的比值。 (   )
24. 检查排气管是否泄漏时不可触摸排气管,以免烫伤。 (   )
25. 为确保行车安全,刮水器的刮片需要每 6 个月至 1 年更换一次。 (   )

二、单选题

★1. 一级维护的作业内容，除了日常维护的作业的内容外，以（　　）为主。
　　A. 清洁、润滑、紧固　　　　　　　　B. 清洁、补给、紧固
　　C. 清洁、紧固、调整　　　　　　　　D. 清洁、润滑、调整

2. 轮胎规格 P215/65R15 其中 R 表示（　　）。
　　A. 普通轮　　　B. 胎子午线轮胎　　C. 无内胎轮胎　　D. 其他

3. 轮胎型号 185/70R14 86H 中 14 的含义是（　　）。
　　A. 载重指数　　B. 速度等级　　　　C. 轮辋直径　　　D. 轮胎断面宽度

4. 机油中渗入冷却液，机油数量将变多，机油颜色将变成（　　）。
　　A. 深色　　　　B. 乳白色　　　　　C. 浅红色　　　　D. 其他

★5. 关于汽油发动机使用机油的说法，（　　）是正确的。
　　A. SF 级可替代 SJ 级使用　　　　　B. SJ 级可代替 SF 级使用
　　C. 没有明确规定　　　　　　　　　D. 其他

6. 发动机机油数量检查要求在发动机停转至少（　　）后进行。
　　A. 1 分钟　　　B. 5 分钟　　　　　C. 10 分钟　　　D. 其他

★7. 普通级别机油更换周期为（　　）。
　　A. 5 000 km 或 6 个月　　　　　　　B. 7 500 km 或 12 个月
　　C. 10 000 km 或 8 个月　　　　　　 D. 其他

8. 制动液定期更换的主要原因是（　　）。
　　A. 制动液具有吸湿性　　　　　　　B. 制动液分解产生气体
　　C. 制动液冰点降低　　　　　　　　D. 其他

★9. 汽车制动液更换周期为（　　）。
　　A. 20 000 km 或 1 年　　　　　　　 B. 40 000 km 或 2 年
　　C. 80 000 km 或 4 年　　　　　　　 D. 其他

10. 车轮轮胎换位的操作周期为（　　）。
　　A. 10 000 km　　B. 20 000 km　　　C. 30 000 km　　D. 其他

★11. 用轮胎沟槽深度尺测量轮胎沟槽深度时，在轮胎表面间隔 120°位置处测量，每位置测量（　　）。
　　A. 1 个槽　　　B. 3~4 个槽　　　　C. 5~7 个槽　　　D. 其他

12. 用轮胎沟槽深度尺测量轮胎沟槽深度时，在轮胎表面间隔 120°位置处测量，每位置记录沟槽深度的（　　），作为该处轮胎的沟槽深度。
　　A. 最大值　　　B. 最小值　　　　　C. 平均值　　　　D. 其他

13. 使用轮胎沟槽深度尺检测轮胎沟槽深度时（　　）。
　　A. 必须校准　　　　　　　　　　　B. 没有必要校准
　　C. 没有明确规定　　　　　　　　　D. 其他

★14. 有的车型转向灯带故障报警功能，当其中一只转向灯灯泡发生断路故障时，该侧转向灯就（　　），发出信号，提醒驾驶员及时更换灯泡。
　　A. 不闪烁　　　B. 快速闪烁　　　　C. 慢速闪烁　　　D. 其他

15. 检查刮雨器、洗涤器工作性能时,发动机状况为( )。
    A. 运行状态　　　　　　　　　B. 停转状态
    C. 没有明确的规定　　　　　　D. 其他

答　案

一、判断题
1. √　　2. √　　3. √　　4. ×　　5. ×　　6. ×　　7. √
8. ×　　9. √　　10. √　　11. ×　　12. √　　13. √　　14. ×
15. ×　　16. √　　17. √　　18. ×　　19. ×　　20. √　　21. ×
22. ×　　23. ×　　24. √　　25. √

二、单选题
1. D　　2. B　　3. C　　4. B　　5. B　　6. C　　7. A
8. A　　9. C　　10. A　　11. B　　12. B　　13. A　　14. B　　15. A

项目五　汽车二级维护

一、检查和更换盘式制动器

1. 盘式制动器的结构

盘式制动器主要由制动盘、制动片、制动钳壳体、制动钳支架、前制动轮缸等组成。

2. 定期检查盘式制动器

汽车盘式制动器在使用的过程中,制动盘和摩擦块主要的消耗形式是磨损,当磨损到一定极限就会使得制动器的制动效能急剧下降,一般情况下摩擦块厚度小于 2 mm 就视为磨损至极限需要更换,为此制动片一般会有摩擦块磨损极限报警装置。制动器失效是不定期的,所以必须定期对制动盘进行状态检查,若超过极限值必须及时更换;安装过程必须按照规范进行,确保行车安全。

3. 检查制动片

使用游标卡尺在多个点处测量剩余的摩擦块厚度,测量时需要减去底板厚度,测量值接近或低于 2 mm 必须更换。

4. 检查制动盘厚度

(1)使用游标卡尺测量距离制动盘边缘 13 mm 的位置做标记,并在圆盘上等分 4 个测量点,以确保在摩擦面内进行测量。

(2)使用千分尺在上述标记处测量制动盘厚度并进行记录,如果制动盘的最小厚度测量值等于或低于报废厚度规格(23 mm),则制动盘需要更换。如果制动盘厚度偏差测量值超过规格(0.06 mm),则制动盘需要进行表面修整或更换。

5. 测量端面跳动量

使用百分表测量制动盘，正确读取百分表摆动量，测量值不得大于 0.1 mm。

二、检查和更换鼓式制动器

鼓式制动器是利用制动传动机构使制动蹄将制动摩擦片压紧在制动鼓内侧，从而产生制动力，根据需要使车轮减速或在最短的距离内停车，以确保行车安全，并保障汽车停放可靠，不能自动滑移。

1. 检查制动鼓

制动鼓标准直径为 254 mm，极限直径为 256 mm。如果制动鼓的最大直径测量值低于表面修整后最大允许内径规格，根据表面状况和磨损情况，可以对制动鼓进行表面修整。如果制动鼓的最大直径测量值等于或者大于报废的直径规格，则更换制动鼓。

2. 检查制动蹄

使用专用工具测量制动蹄摩擦衬片的厚度，如果制动蹄摩擦衬片厚度小于 1.6 mm 或发现瑕疵，则更换摩擦衬片。

三、车辆底部的检查

1. 检查发动机底部

检查发动机机油排放塞、前后油封和各配合表面是否漏油。检查发动机散热器是否漏水。检查空调冷凝器是否漏油。

2. 检查车辆底部转向系统与制动系统

（1）检查左右两侧转向球节防尘套。检查左右两侧传动轴护套，检查左右两侧球头座套，检查转向护套，检查下控制臂衬套，检查有无老化、裂纹、破损或漏油。

（2）检查左右横拉杆，分别检查左右横拉杆是否裂纹、弯曲、变形和损坏。

（3）检查车辆制动管路，检查制动管路是否有裂纹、磕碰及漏油，安装是否松动，向一侧转动轮胎是否有擦碰并逐一检查四个车轮。

3. 检查车辆排气管和安装件

（1）检查消声器是否损坏，学生戴手套触摸消声器，检查消声器表面是否变形、裂纹、锈蚀、泄漏。

（2）检查消声器安装件是否损坏，消声器的"O"形圈是否腐蚀和损坏，安装件是否良好。

（3）检查排气管是否损坏，双手戴好手套，从消声器开始由车后部向车前边走边检查，检查有无变形、裂纹、锈蚀、泄漏。

（4）检查密封垫片损坏，学生走到车前部，双手检查排气管密封垫片是否有损坏和泄漏。

模块八 汽车维护与保养

4. 检查车辆的后桥

(1)检查后减振器密封和状况,是否有裂纹、压痕、弯曲、变形和泄漏。

(2)检查减振弹簧工作状况。

(3)检查后桥横梁,用双手去摸后桥横梁,检查是否有裂纹、凹痕、弯曲、变形等损坏。

四、汽车空调及风机的检查

汽车空调系统是实现对车厢内空气进行制冷、加热、换气和空气净化的装置。它可以为乘车人员提供舒适的乘车环境,降低驾驶员的疲劳强度,提高行车安全。

1. 汽车空调维护原因

汽车空调用久了难免会出现故障,比如空调制冷效率低或者不制冷,耗油量增加。

2. 检查汽车空调工作状况

起动发动机,打开鼓风机开关至最大挡,按下空调开关,将温度旋钮旋到蓝色位置。

3. 检查各出风口工作状况

通过冷热切换及风向调整检查各出风口工作状态,并保证吹进来的空气无异味,无粉尘。

五、汽车尾气排放

1. 汽车尾气污染物

汽车所产生的污染包括排放污染、噪声污染和电磁污染等,其中排放污染的影响最大,排放污染物有汽车排放的主要污染物有一氧化碳(CO)、碳氢化合物(HC)、氮氧化合物(NO_x)、二氧化碳(CO_2)和微粒物(PM)。

汽油机从排气管排出的气体除原来空气中所包含的 N_2 外,大部分是完全燃烧产物 CO_2 和 H_2O,还包括一些污染物 CO、HC 和 NO_x 等。柴油机也同样有 CO、HC、NO_x 等废气产生,与汽油机相比,柴油机的平均过量空气系数大,燃烧相对较完全,CO、HC 也相对较少。尾气排放主体以微粒(PM)为主,对人体的呼吸极为有害。炭烟由多孔性粒状物构成,是柴油在高温缺氧区脱氢反应所致。

2. 我国汽车排放性能及国家标准

2017 年《中国机动车环境管理年报》显示,部分城市机动车排放已成为大气细颗粒物(PM2.5)的首要来源。为了贯彻《中华人民共和国大气污染防治法》,严格控制机动车污染,全面实施《轻型汽车污染物排放限值及测量方法(中国五阶段)》(GB 18352.5—2013)和《车用压燃式、气体燃料点燃式发动机与汽车排气污染物排放限值及测量方法(中国Ⅲ、Ⅳ、Ⅴ阶段)》(GB 17691—2005)中第五阶段排放标准(以下简称国五标准)要求。国五汽车尾气排放标准,相当于欧盟的欧五标准,欧盟已经从 2009 年起开始执行,其对氮氧化物、碳氢化合物、一氧化碳和悬浮粒子等机动车排放物的限制更为严苛。从国Ⅰ提至国Ⅳ,每提高一次标准,单车污染减少 30%至 50%。全国将于 2018 年 1 月 1 日起实施第五阶段国家机动车排放标准。

239

六、维护完毕复检工作

汽车在维修企业进行二级维护后,为了确保汽车的各项目参数符合国家或行业及地方标准,需要对维护后的车辆进行检验,对于检验不合格的车辆应进行进一步的检验、诊断和维护直到达到维护竣工技术要求为止,竣工检验合格的车辆填写维护竣工进厂合格证后方可出厂。

习题及答案

一、判断题

1. 踩下制动踏板,车辆不减速,即使连续几脚制动也无明显减速作用的现象称为制动失效。（ ）

★2. 连续踏几次制动踏板,每次都可以一下就踩到底且无力,这是因为制动系统渗入空气或制动液汽化。（ ）

3. 盘式制动器安装好以后,要用力地踩制动踏板到底,连踩数次。这样做的目的是为了让制动管路充满制动液。（ ）

4. 驱动轴护套损伤后,会引起漏油、灰尘和水分等杂质进入万向节,引起万向节出现异常磨损。（ ）

5. 转向连接构球头间隙过大,不会引起方向盘自由行程过大。（ ）

6. 转向连接机构变形,会直接影响到车辆前轮定位。（ ）

7. 制动分泵密封皮碗渗漏制动液,是由制动管路安装状况不良引起的。（ ）

8. 当制动管路上出现明显的压痕时,一定要更换制动管路。（ ）

9. 燃油管路和制动管路渗漏的检查,主要集中在管路与软管相连接的接头处。（ ）

★10. 一般情况下,车下燃油管路和制动管路都是固定在一起排列的,管道直径较细的为燃油管路。（ ）

11. 后消声器渗漏,会直接影响到发动机的工作性能。（ ）

12. 排气管路上与发动机排气歧管相邻最近的部件总成为三元催化装置。（ ）

13. 排气管与消声器组成的排气组件,通过"O"形橡胶圈吊装在车下,实现了该组件与发动机和底盘间的软连接。（ ）

★14. 制动片磨损到报警装置工作时,还能行驶1 000 km,再更换新制动片。（ ）

15. 对车辆两侧同轴间制动器而言,更换摩擦片时,若一侧摩擦片磨损较轻,可单独更换另一侧,没有必要同时更换。（ ）

16. 一般情况下,新制动片没有内外侧区分标志,可随便安装。（ ）

★17. 更换新制动片时,一定要将制动分泵回位,否则制动片将无法安装。（ ）

18. 制动蹄片表面不平整度标准为沟槽深度不大于1 mm。（ ）

模块八 汽车维护与保养

19. 更换新制动蹄片时,一定要将制动间隙调整装置回位,否则无法安上制动鼓。
（　　）

20. 制动鼓表面沟槽深度大于 1 mm 时,应该镗削加工制动鼓,恢复表面正常的平整度。（　　）

二、单选题

★1. 测量制动盘厚度时,测量点需要选择(　　)。
A. 1 处　　　　B. 2 处　　　　C. 3 处　　　　D. 其他

★2. 制动轮盘的摆动量极限为不大于(　　)。
A. 0.05 mm　　B. 0.10 mm　　C. 0.15 mm　　D. 其他

3. 对于浮动钳盘式制动器,制动片回位装置为(　　)。
A. 回位弹簧
B. 制动分泵皮碗
C. 制动结束时制动盘对分泵活塞的弹力
D. 其他

★4. 用千分尺测量制动盘厚度时,测量点选在距轮盘外边缘(　　)。
A. 20 mm 处　　　　　　　　B. 15 mm 处
C. 10 mm 处　　　　　　　　D. 其他

5. 用脚踩住制动踏板起动车辆,发动机着火后,感觉到踏板下沉,说明车辆(　　)。
A. 真空助力器密封状况良好　　B. 真空助力器使用状况良好
C. 预留制动踏板余量过大　　　D. 其他

6. 带助力装置的转向系统,随着车速的提升,助力作用会(　　)。
A. 逐渐增强　　　　　　　　B. 逐渐减弱
C. 保持不变　　　　　　　　D. 其他

7. 用尾气检测仪检测汽车尾气成分为 CH=120 ppm,CO=0.4%,该结果为(　　)。
A. 排放合格　　　　　　　　B. 排放不合格
C. 不能确定,因为没有显示 NO 值　　D. 其他

★8. 车辆尾气检测时,尾气检测管插入排气管长度为(　　)。
A. 10～20 cm　　　　　　　　B. 20～30 cm
C. 30～40 cm　　　　　　　　D. 其他

答　案

一、判断题
1. √　2. ×　3. ×　4. √　5. ×　6. √　7. ×
8. √　9. √　10. ×　11. √　12. √　13. √　14. ×
15 ×　16. ×　17. √　18. √　19. √　20. ×

二、单选题
1. C　2. A　3. C　4. C　5. C　6. C　7. B　8. C

项目六　汽车零部件拆装与检修

一、汽车维修制度

汽车维修制度是指为保证汽车完好技术状态，实施汽车维护修理工作所采取的技术组织措施的规定。体现技术维护和修理的性质和原则。车辆技术维护和修理的性质分为计划预防性和非计划预防性两种。

中国近代的汽车维修制度采用三级维护制（日常维护、一级维护、二级维护），并在二级维护前强制进行检测诊断，根据诊断结果按不同作业范围和深度进行视情修理。修理分四类：车辆大修、总成大修、车辆小修和零件修理。

二、汽车修理工艺

汽车修理工艺过程是指按一定方式组合，顺序、协调完成汽车修理各种工艺作业的过程。采用就车修理法的汽车修理工艺过程次序是验收、外部清洗、汽车与总成解体、检验分类、零件修理、总成装配与试验、汽车装配与试验。其特点是从车上拆下的总成、组合件经修理后装回原车。采用总成互换修理法的修理工艺过程特点是用修好的（或新的）周转总成代替从车上拆下的原车总成装配汽车，从而减少停厂待修的时间。

三、汽车维修工艺组织形式

汽车修理作业的组织形式，包括修理的基本方法、作业方式和劳动组织形式三个方面。修理企业只有根据自己的生产规模、设备条件、人员素质及外部环境等因素，合理地组织生产，才能获得良好的经济效益。

(1) 汽车修理的基本方法可分为就车修理法和总成互换修理法两种。
(2) 汽车修理的作业方式，一般分为固定作业法和流水作业法。

项目七　发动机控制系统诊断原理与故障诊断

一、发动机电控系统的组成

发动机控制系统，又称为发动机管理系统（EMS），由传感器、控制器、执行器三大部分组成。它能最大限度地提高发动机的动力性，改善经济性能，同时降低汽车尾气中有害物质的排放量，如图 8-7-1 所示。

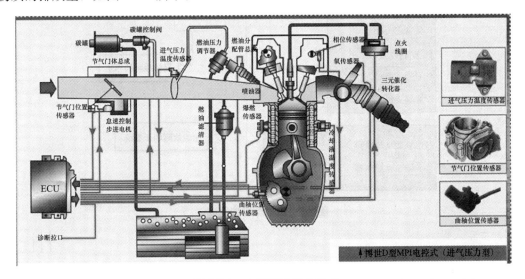

图 8-7-1 电控发动机的组成

二、汽车电控系统故障检查

随着技术的进步，汽车上使用的电控系统越来越多，出现故障的概率也越来越大，在汽车维护的过程中要及时发现电控系统的故障，确定附加作业，保障汽车的使用性能。在维护过程中电控故障检查层次主要是电控系统的外观和常规检查、使用检测设备检测电控系统和利用工作原理和电路图解析电控系统故障。维修人员通过故障诊断仪可以将故障代码从发动机电脑中读出，能迅速准确地确定故障的性质和部位，提升故障诊断的效率，如图 8-7-2 所示。

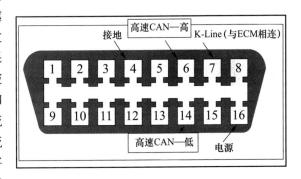

图 8-7-2 OBD—Ⅱ接口

三、科鲁兹轿车故障码组成

OBD—Ⅱ故障码由 1 位字母和 4 位数字组成，包含四部分信息。

P0 302 是 SAE 定义的通用型故障码，表示发动机第二缸失火。代码区域为 00～99，不同区段的两位数代码代表不同的传感器、执行器和电路，如图 8-7-3 所示。

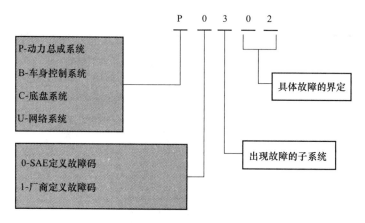

图 8-7-3 故障码的组成

四、读取和清除故障码

（1）能够选用正确的诊断接头，正确连接 OBD－Ⅱ接头。

（2）正确选择车型及发动机型号。

（3）正确读取车辆故障码信息。

（4）排除故障进行清除故障码操作后，应该再次读取故障码确认故障排除。

（5）诊断仪关机前应先退出系统（进入初始界面），诊断仪关机后方可关闭点火开关、拆除连接线束。

习题及答案

一、判断题

1. 诊断仪关机前应先退出系统（进入初始界面），诊断仪关机后方可关闭点火开关、拆除连接线束。（　　）

2. 故障代码所反应的是某个器件的状态，而不是某个系统的状态。（　　）

3. 在根据故障代码进行故障诊断时，维修技术人员一定要考虑该元件所处的工作环境。（　　）

4. 车载网络系统大多数通信协议都是专用的，因此维修诊断时需要专门的软件。（　　）

5. 为了防止外界电磁干扰和数据传输时对外辐射，CAN－BUS 数据总线采用双绞线连接方式。（　　）

6. 未进行保养初始化操作，不影响汽车的正常工作。（　　）

7. 不同厂家生产的汽车所有故障代码的含义完全一样。（　　）

8. 随着汽车电子技术的发展，车载故障自诊断系统可以诊断出汽车中各种类型的故障。（　　）

二、单选题

★1. 在OBD系统中给出的P0300故障代码的含义是"检测到发动机不规则缺火"。其中的"火"是指(　　)。

　　A. 点火　　　　　B. 燃烧　　　　　C. 喷油　　　　　D. 蓄电池

2. 在汽车遭受碰撞使气囊引爆后，ECU引爆状态的故障代码一般不能直接清除，因此在气囊引爆后必须(　　)。

　　A. 更换碰撞传感器　　　　　　　B. 更换SRS ECU
　　C. 更换转向盘　　　　　　　　　D. 更换点火开关

★3. 车载故障自诊断系统的英文简称是(　　)。

　　A. DTC　　　　　B. OBD　　　　　C. CAN—BUS　　　　　D. ABS

4. 行车电子稳定程序英文缩写为(　　)。

　　A. CVT　　　　　B. ABS　　　　　C. ESP　　　　　D. VVT

答　案

一、判断题

1. √　　2. ×　　3. √　　4. √　　5. √　　6. √　　7. ×　　8. ×

二、单选题

1. A　　2. B　　3. B　　4. C

参 考 文 献

[1] 余明星,张宏立.《汽车文化与概论》[M].北京:人民交通出版社,2012.
[2] 孟范辉.《汽车电工电子基础》[M].北京:北京理工大学出版社,2018.
[3] 刘惠明,李丹.《汽车发动机机械系统》[M].北京:人民交通出版社,2012.
[4] 朱军.《汽车底盘常见维修项目实训教材》[M].北京:人民交通出版社,2009.
[5] 卜显平.《汽车修理工》[M].2版.北京:中国劳动社会保障出版社,2011.
[6] 张柏荣.《汽车电气设备构造与维修》[M].沈阳:东北大学出版社,2014.
[7] 蔡希贵.《汽车空调原理与检修》[M].沈阳:东北大学出版社,2013.
[8] 任晓农,张生强.《汽车传动系统》[M].北京:人民交通出版社,2012.
[9] 林德华.《汽车构造与拆装》:上册[M].北京:人民交通出版社,2011.
[10] 林德华.《汽车构造与拆装》:下册[M].北京:人民交通出版社,2011.